全国船舶工业职业教育教学指导委员会“十三五”重点规划教材

计算机辅助游艇设计

主　编　赵艳杰
副主编　由广辉
主　审　毕坚裔

哈尔滨工程大学出版社
Harbin Engineering University Press

内容简介

本书主要介绍如何利用 Rhino 5.0 软件进行游艇造型设计，从专业角度对 Rhino 5.0 的使用做了细致分析和阐述。本书由八个项目组成：项目一、项目二主要从设计理论方面对游艇的美学及造型设计进行基础性阐述；项目三至项目七主要对 Rhino 5.0 的实际操作方法和技巧进行详尽介绍；项目八主要介绍游艇设计综合实例。本书知识结构由浅入深，内容通俗易懂。

本书面向广大 Rhino 5.0 软件爱好者，尤其适合各大院校造型设计、工业设计等相关专业的师生选用，也可作为相关培训机构的教材。

图书在版编目（CIP）数据

计算机辅助游艇设计 / 赵艳杰主编. — 哈尔滨 ：哈尔滨工程大学出版社，2019.8
ISBN 978-7-5661-2241-4

Ⅰ.①计… Ⅱ.①赵… Ⅲ.①游艇-船舶设计-计算机辅助设计-应用软件 Ⅳ.①U674.910.2-39

中国版本图书馆 CIP 数据核字（2019）第 148063 号

选题策划 史大伟 薛 力
责任编辑 张 彦 于晓菁
封面设计 李海波

出版发行 哈尔滨工程大学出版社
社　　址 哈尔滨市南岗区南通大街 145 号
邮政编码 150001
发行电话 0451-82519328
传　　真 0451-82519699
经　　销 新华书店
印　　刷 哈尔滨圣铂印刷有限公司
开　　本 787 mm×1 092 mm 1/16
印　　张 12.75
字　　数 326 千字
版　　次 2019 年 8 月第 1 版
印　　次 2019 年 8 月第 1 次印刷
定　　价 36.00 元
http://www.hrbeupress.com
E-mail:heupress@hrbeu.edu.cn

船舶行指委“十三五”规划教材编委会

前　　言

本书是针对游艇设计与制造专业编写的综合性教材。本书除了全面、详细地介绍了Rhino 5.0设计软件的使用方法与技巧外，还介绍了船舶美学、人机工程学等与造型相关的理论知识。本书具有以下特点。

●内容权威

本书由高校教师按照企业需求精心策划，并与企业专家合力编写。

●内容新颖

本书采用目前最新版本的Rhino 5.0作为教学软件，综合运用"一体化解决问题"的思路进行编写，分别介绍了遥控器基础建模、游艇主船体建模和游艇上层建筑建模实战。

●内容经典

本书按照循序渐进的方式安排内容。首先，对造型基础理论知识进行概述；然后，采用手把手的方式讲解典型造型实例，使学生掌握Rhino 5.0软件的基本操作流程，同时有针对性地进行建模练习。本书将理论知识与实例建模相结合，真正做到有的放矢，以实现"理论与实践一体化"教学。

●内容安排合理

本书的章节结构经过精心策划，安排合理，依照最佳的学习接受方向进行教学。本书内容由浅入深，实例由简到难，能够逐步提高读者在游艇设计过程中的操作能力与解决问题的能力。

本书由赵艳杰任主编并负责统稿，由由广辉任副主编。全书共八个项目，其中项目一、项目二、项目三、项目六由赵艳杰编写；项目四、项目五、项目七、项目八由由广辉编写。渤海船舶重工有限责任公司副总工程师毕坚裔担任本书主审，大连獐子岛玻璃钢船舶制造有限公司的高岩在本书的编写过程中提供了宝贵的意见和资料，在此向他们表示衷心感谢！

在本书的编写过程中，我们力求精益求精，但难免存在一些不足之处，恳请广大读者批评指正。

编　者

2018年10月

目　　录

项目一　游艇美学基础

【项目描述】

游艇美学是一门综合学科，是实用美学、建筑学和游艇建造学有机结合而派生出来的学科，从技术的角度和观点来探讨与研究有关美的理论及应用，是美学理论在游艇工程学科领域的应用和拓展，是技术和美学相结合的实践指导。

本项目主要研究游艇造型、游艇建筑和游艇舱室内装的美。本项目从造型、色彩、人机工程学角度，根据游艇技术美学的标准指导实践活动，为游艇的造型设计和三维造型设计提供理论基础。

【项目目标】

知识目标

1. 了解游艇分类与特点；
2. 掌握游艇造型美学基础和形态分析；
3. 了解游艇色彩基础；
4. 了解游艇人机工程学。

能力目标

1. 能够理解游艇分类、色彩基础、人机工程学；
2. 能够进行游艇造型形态分析。

素质目标

1. 培养学生的自学能力；
2. 培养学生分析问题、解决实际问题的能力。

【学习任务】

学习任务1：游艇分类与特点
学习任务2：游艇造型美学基础
学习任务3：游艇造型形态分析
学习任务4：游艇色彩基础
学习任务5：游艇人机工程学

【任务实施】

任务1.1　游艇分类与特点

现代游艇用途各异，分布广泛，个性化设计突出，种类繁多，一般可从以下几个方面进行分类。

1.1.1 按游艇长度分类

游艇的大小一般按总长(L_{OA})来分类。

1. 小型游艇($L_{OA} \leqslant 12$ m)

小型游艇是游艇界的“普罗大众”。其设计和建造都比较简单,一般是批量生产,价格也相对便宜。尺寸稍大的小型游艇会在甲板下面配备1~2个简易住舱和盥洗室,艇主或客人可以在艇上住宿、用餐、娱乐;但尺寸较小的小型游艇只有一些座位,只适合日间游玩。小型游艇最受青年人或者游艇初涉者的青睐。

2. 中型游艇(12 m $< L_{OA} \leqslant 24$ m)

中型游艇是游艇界的“中产阶级”,也是“主力军”。这种游艇的设计和建造都比较讲究,装潢华丽,造型漂亮。尺寸小一些的中型游艇也有批量生产的,但大一点的中型游艇会根据客户的要求采用个性化的设计。这种游艇的价格很高,但其性能优越,装配齐全,有驾驶室、飞桥甲板、沙龙,有的还设置软篷或硬顶,一般配备2~4个舒适住舱、1~3个盥洗室、1个厨房,有的还配备专用办公室、船员专用舱。中型游艇可以在海上航行较长的时间,是资深玩家的最爱。

3. 大型游艇(24 m $< L_{OA} \leqslant 32$ m)

大型游艇是游艇界的“贵族”。这种游艇的设计和建造都很讲究,一般会根据客户的要求采用个性化的设计,装潢也由专业的室内设计师设计。这种游艇的价格昂贵,其性能更加优越,装备更加高级,一般有两层及以上的上层建筑,有两个驾驶室、多个沙龙或会务室、多层甲板,一般配有4个或以上的豪华住舱、3个或以上的盥洗室、多个厨房、专用办公室、船员专用舱。大型游艇可以长期在全球的海上航行,是富豪们彰显身份的最佳产品。

4. 超大型游艇($L_{OA} > 32$ m)

如果大型游艇是游艇界的“贵族”,那么超大型游艇就可称为“皇族”。超大型游艇的设计和建造都非常讲究,当然其价格也极其昂贵,不是普通人可问津的。

1.1.2 按用途分类

游艇按照用途可分为以下几种类型。

1. 高速运动型

高速运动型游艇包括水上运动快艇、高速赛艇等。其尺寸较小,速度很高。为了减小高速航行时的空气阻力,其甲板一般为敞篷式,造型呈流线型,能够让乘客体验飞翔的感觉。

2. 休闲商务型

休闲商务型游艇尺寸不一,功能齐全,内装豪华,造型各异,其配套设施可按功能或客户的需求来设计。这种类型的游艇既可以用于家庭的休闲娱乐,也可以作为朋友聚会或商务联络的场所。休闲型游艇比较注重家庭氛围,配备有豪华的主人舱、客舱、盥洗室、厨房,也有驾驶室、沙龙、飞桥甲板、前后甲板、日光浴平台,还有电视、音箱、卡拉OK等多种娱乐器材和先进的科技设备,有的还设置办公室。商务型游艇除了有与休闲型游艇相似的配套设施外,更注重设计的品位,配备有专用会务室。

3. 出海钓鱼型

出海钓鱼型游艇除了有若干舒适的住舱、盥洗室以及必要的航海设备外,还有完整的钓鱼设备。其主要特征是驾驶室处于游艇最高位置,便于观测,后甲板高度较低,并离水面很近。

4. 综合用途型

综合用途型游艇兼具休闲、商务、钓鱼等多种功能。

1.1.3　按造型分类

近年来,游艇的造型如同其他工业产品一样,逐渐采用较具亲和力的圆弧线条来代替尖锐的折角或直线。当然,这与生产技术的提升有很大关系。

1. 巡航艇

巡航艇是指大型、快速、内部布置豪华、设备完善、适合长距离航行的游艇。其外形的色彩线条简单,呈现出沉稳且典雅的风格,如图1-1所示。

2. 无后舱式游艇

无后舱式游艇无钓鱼设备,具备上、下驾驶台及大型沙龙间,其船尾无住舱,为一开放空间,线条更圆弧化,如图1-2所示。

图1-1　巡航艇

图1-2　无后舱式游艇

3. 太阳甲板型游艇

太阳甲板型游艇的船尾多了一个住舱,其后甲板的开放空间加盖遮阳板,如图1-3所示。

4. 敞露甲板型游艇

敞露甲板型游艇无船楼,其主甲板以上为露天的驾驶区及开放空间,如图1-4所示。

图1-3　太阳甲板型游艇

图1-4　敞露甲板型游艇

5. 小快艇

小快艇的甲板以下无住舱,船速高,如图1-5所示。

6. 海钓艇

海钓艇有完整的钓鱼设备,其驾驶室位于上甲板,板的高度非常接近水面,这样的造型主要是为了满足海钓者的使用需要,如图 1-6 所示。

图 1-5　小快艇

图 1-6　海钓艇

7. 多用途艇

多用途艇与海钓艇类似,但其驾驶台上方的遮阳棚及钓鱼架可拆除,如图 1-7 所示。

8. 高速滑航艇

高速滑航艇的甲板以上受风面积较小,其目的在于减少该艇于高速航行时受到的风阻,如图 1-8 所示。

图 1-7　多用途艇

图 1-8　高速滑航艇

9. 拖网型游艇

拖网型游艇的船艏线型较圆滑,船速较慢,如图 1-9 所示。

10. 双体游艇

双体游艇拥有较大的起居室,其上层甲板空间宽阔,如图 1-10 所示。但是,由于双船体的先天限制,在下层船体部位配置较大空间的住舱不大可能,仅能布置数间狭窄舱房。由于其船宽比一般的游艇要大,停船位较难得到,停泊费也必定较贵,所以双体船在市场上较不普遍。

图 1-9　拖网型游艇

图 1-10　双体游艇

1.1.4　其他分类

1. 按艇体材料分类

游艇按照艇体材料可分为木质、金属、玻璃钢游艇等。

2. 按推进系统分类

游艇按照推进系统可分为风帆推进、传统轴系推进、Z形传动推进、舷外挂机推进、喷水推进游艇等。

3. 按速度高低分类

游艇按照速度高低可分为低速(排水式)、中低速(高速排水式)、中速(半滑行式)、中高速(滑行式)、高速(全滑行式)游艇。

4. 按价格档次分类

游艇按照价格档次可分为经济型、中档型、豪华型、超豪华型游艇等。

5. 按艇体数量分类

游艇按照艇体数量可分为单体、双体、三体游艇等。

【项目测试】

按要求填写下列表格。

游艇种类	造型特点	用途
巡航艇		
无后舱式游艇		
太阳甲板型游艇		
敞露甲板型游艇		
小快艇		
海钓艇		
多用途艇		
高速滑航艇		
拖网型游艇		
双体游艇		

任务1.2　游艇造型美学基础

游艇作为一种高级耐用的水上娱乐消费品,集航海、运动、娱乐、休闲等功能于一体,能够满足个人及家庭享受生活的需要。在发达国家,游艇像轿车一样多为私人拥有。游艇与其他工作船或渡轮的最大不同点在于,游艇以造型优美为第一要务,其外观要引人注目,线条流畅,符合美的观感。但造型优美的设计仍需考虑实用性及安全性。

1.2.1 游艇美学的基本特征

美是具体的、感性的,它是直接通过人的视、听感官引起人们愉悦之情的事物。因此,虽然某一事物是真的、善的,但我们感受不到美的存在,其主要原因是缺少具体的感性存在形式和形象。现实美是美的客观存在形态,艺术美只是这种客观存在的主观反映,所以游艇的美就其性质而言属于现实美。

游艇属于一种建筑艺术,因此它具备建筑艺术的基本特征,但它的水上移动性和动态平衡状态又有别于陆地上的一切建筑物。这决定了人们对游艇艺术美的探究态度。总而言之,游艇艺术美有以下基本特征。

1. 实用性

游艇并不是作为审美对象供人欣赏,它是在社会历史发展中根据人类的交通、运输、考察、旅游等各种实际需要而产生的,因此实用性是游艇设计的目的。其建筑形式完全取决于客观实际的需要,以便让使用者和观赏者得到快感,而不是由纯粹的审美因素决定的。所以在理解和鉴赏游艇美的时候,绝不能脱离它的功能性;在设计游艇的时候,也绝不能只从审美的角度来考虑,将游艇由一个实用的实体降低为雕塑的一个分支。

但是,纯功能主义也可能走向另一个极端,即在游艇设计中只讲究功能,完全不考虑游艇的外形与内部布置需要给人带来美的享受。

因此,游艇美的实用性要求游艇的设计不仅要考虑视觉上美的感受,还要考虑使用中美的感受。

2. 技术性

游艇从功能到外形能否达到设计的要求,很大程度上取决于设计者所处时代的科技水平。

游艇自诞生至今已有三百多年的历史。游艇源自渔船。1660 年,英国查尔斯二世继承王位时,人们呈献一艘狩猎用船,名叫“YACHT”,成为现在游艇的语源。在此之前,船只都是因实用性而制造,自“YACHT”诞生后,才开始有了游乐用帆船。

18 世纪,欧洲海洋国家的贵族、富豪竞相以改装帆船来彰显自我,游艇生活成为一种风尚。19 世纪,英国人开始把螺旋桨和蒸汽机用在游艇上。到了 20 世纪,所有现代工业的新式动力机器都被安装在游艇中,甚至是利用风力的古老帆船也要配备小功率的马达和自动导航的驾驶仪器。

新材料的出现也给游艇美的实现开辟了广阔的天地。20 世纪初期,由于玻璃纤维增强塑料(玻璃钢)在游艇建造技术上的发展和生产成本的下降,玻璃钢游艇开始进入市场。20 世纪中叶,游艇产业得到蓬勃发展,西方国家几乎把所有最先进的科技产品都装备到游艇上,建造游艇时几乎使用了所有类型的材料,使游艇成为当今世界仅次于私人飞机的高档行走游玩工具。

因此,对游艇美学的要求不可能脱离时代的技术水平,游艇艺术上的变化只能在当代技术水平所能提供的条件下变化,而不能脱离现实仅随艺术意识变化。

3. 动与静的统一

陆上建筑具有区域性。为了达到美的效果,陆上建筑的总体构成始终要考虑它的周围环境、地形布局特征,使其与周围环境协调地组合在一起。随心所欲地复制某一单个建筑物会带来荒诞的效果,因为环境的变化会破坏建筑物本身美的效果。因此,陆上建筑的美是一种静止的形式美。

游艇的独特之处就在于它是航行在水上的建筑物，有着动与静的结合，体现动与静的统一。就游艇本身来说，它与陆上建筑一样，有静止形式美的一面；从游艇功能的角度来说，它又有运动形式美的一面。游艇的功能决定了其形式美建立在动态平衡的基础之上，它应在运动中给人以美的感受，所以在它的形式美中，美感包含许多动的因素。譬如，高速运动的船舶要求外形给人一种强烈的速度感，并表现出它是动的；又如航行的客船不像陆地上的旅馆，它所要求的平稳是使旅客有运动中的平稳感。舱内的布置、设备的取舍、家具外形的设计、光线的明暗都要考虑船体运动过程中的变化给舱内布置美带来的影响。

综上所述，在进行游艇设计时，要使上层建筑和船体外形表现出"动"的速度特性，以获得"动"的均衡与稳定，实现动与静的统一，切勿使一条具有相当速度的船舶感觉像是一只浮在水上的趸船或浮码头。

4. 整体性

游艇空间低矮、狭小，所以设计游艇时不能单纯追求外形的美，而应在注意外形美的同时实现其附加功能，更要考虑环境的变化对其带来的影响。对于游艇来讲，一个美的外形只有实用才有实现它的可能，只有与内部的布置装饰联系起来才能取得协调和统一的效果。因此，任何严谨的设计都应十分讲究整体统一，要让环境和外形与内部布置、功能相协调。

外形与环境、外形与功能的协调在我国古代的造船业中也备受重视。唐宋时期，活跃在北部海域和广泛航行于江西、安徽、湖北等省份江河湖面上的沙船，就是外形与环境、外形与功能相协调的例子。人们根据水浅滩多的环境条件，把沙船做成一种平底、方头、方艄的海船，是我国最古老的一种船型。在唐宋时期，它已成型，成为我国北方海域航行的主要船型。因其适于在水浅滩多的航道上航行，所以被命名为沙船，也称为防沙平底船。宽、大、扁、浅是其最突出的特点。为提高抗沉性，沙船上还配备有"太平篮"，当风浪大时，从船上适当位置放下装有石块的竹篮，悬至水中，能够使船减少摇摆。此外，为了适应我国南方海域水深岛多的地理特征，福船和广船具有体长、吃水深、两头翘的特点，这是为了实现功能上的"耐波"。

综上所述，设计游艇时应满足其整体性要求。

5. 客观性

无论是货船、工作船、军舰还是游艇、客船等，都是为某一社会目的而建造的。人们在船上生活、工作、休息，因此它是一个公共生活的区域，是一个客观的存在。这就是船舶建筑以及游艇艺术不同于其他艺术（如文学等）的最后一个特性——客观性。

既然游艇的美具有客观性，那么这种美不仅要受到所处时期科技水平的制约，其外形和内部布局的设计还必须符合客观的科学规律。在游艇艺术中，主观主义是很难被人们理解和接受的，只有极少数人才会把船舶建筑设计（特别是游艇设计）看作设计者个人情感的体现，那些只凭个人情感所形成的脱离或违背科学规律的外形设计，必将会被历史淘汰。

1.2.2　游艇形式美的基本原则

游艇设计不仅要满足人们的基本需求，还应遵循一定的设计原则。形式美的组合规律就是形式美法则，它是对美的形式规律的总结和概括，具体应遵循以下原则。

1. 统一与变化原则

“统一与变化”是形式美的基本原则。统一是不同形式因素的共性或整体联系的体现。它发挥物质和形式中因素的一致性，形成视觉上的和谐，从而达到美感。统一的实现一般借助于稳定、均衡、调和、呼应等形式法则。变化是一种智慧想象力的表现。它发挥物质和形式中因素的差异性，形成视觉上的跳跃，从而产生新颖感。变化主要借助于“对比”这种形式法则。在游艇设计中，要遵循“统一与变化相结合”的原则。可以运用调和、稳定、均衡等形式美的法则，使游艇在形态、材质、装饰、色调、布置上协调统一，从而增强游艇外形的整体感。但过分统一又会给人死板、单一的印象，所以要在统一中求变化，体现出游艇的个性。设计时可以运用直线与曲线相结合、圆形与三角形相结合的技巧，以增强游艇的动感和层次感，塑造游艇与众不同的个性。

2. 节奏与韵律原则

节奏与韵律是物体具有的普遍规律。节奏是构成物体的有关因素，以有规律的重复的形式出现在物体运行过程中，如心脏的跳动、行星运行的轨迹等。韵律是一种节奏美，即在节奏中注入个性，形成美的因素，如音乐。在设计中，运用节奏和韵律就是将组成审美对象的一些基本单元(线条、门窗、支柱等)在平面或立面上有规律地进行安排，形成节奏，并在有节奏的重复中加上不同组件的变化，从而产生不同韵律，形成节奏韵律美。一个好的游艇设计应体现节奏感和韵律美，宛如一首“凝固的乐曲”。一艘外观色彩简约的游艇在水面上航行会随着海浪起伏摇曳，富有节奏感和韵律美；在室内装饰方面，颜色的渐变及图案形状大小的变化也会增强节奏感和韵律感。

3. 比例与尺度原则

比例和尺度是形式美的必备要素。比例是指事物形式因素部分与整体、部分与部分恰当的数量关系。数量关系主要是指事物各部分的长度、面积关系等，通过大小、长短、轻重等质与量的差异显示出来，如不同线条的长度比、不同色彩的面积比、不同形体的体积比等。尺度的实质是物体与人的关系方面的一种要素，它与比例密切相关。最具代表性的尺度比是黄金分割，即一条线段分为长短两部分，较长部分与较短部分之比正好等于全长与较长部分之比，比值为1.618:1。世界各地建筑中，采用黄金分割的方式进行建造的不胜枚举。一艘完美的游艇必须具备良好的比例与尺度，既要满足人们的使用需求，又要符合人们的审美观。

运用形式美的法则进行设计时，首先要透彻领会不同形式美法则的特定表现功能和审美意义，明确想要达到的形式效果，之后再根据需要正确选择适用的形式美法则，从而体现适应需求的形式美。形式美的法则不是一成不变的，随着美的事物的发展，形式美的法则也在不断发展，因此在美的创造中，既要遵循形式美的法则，又不能犯教条主义错误，生搬硬套某一种形式美法则，而是要根据内容的不同，灵活运用形式美法则，在形式美中体现创造性。

【项目测试】

1. 游艇美学有哪些主要特征？
2. 游艇形式美的基本原则有哪些？

任务 1.3　游艇色彩原理

色彩是一种设计语言，是形状和情绪的延伸。可以说，色彩之于设计，相当于血液之于人。作为一种与人们生活息息相关的特殊水上建筑，游艇应美观大方、赏心悦目，而色彩的运用是其中至关重要的一环。

色彩是游艇的外衣，体现其特点与气质，与造型构成游艇建筑艺术的两大要素。色彩与造型搭配得好，自然相得益彰，游艇在水面上航行自然富有节奏感、充满韵律美。运用色彩对游艇的外观进行装饰、设计，不仅能增加游艇的美感，还能直观地表现游艇的风格。

1.3.1　色彩基础

在光谱中，色彩由七种标准色组成，即红、橙、黄、绿、青、蓝、紫，如图 1－11 所示。光和色是不能分家的，世上有无色的光，但没有无光的色。光的成色原理是加色法，多种光混合后为白色的光，即在黑色环境中用光后环境会变亮；颜料的成色原理是减色法，多种颜料混合后会变成黑色，即在白色材料上使用颜料后会使它变暗。

物体本身对光的吸收和反射不同，因而会产生无限的变化。当色彩被用在不同质地的材料表面上时，这些表面会发生不同的受光作用和反射作用，呈现不同的色彩效果。

颜色	名称	波长
	红色	约 625～740 nm
	橙色	约 590～625 nm
	黄色	约 565～590 nm
	绿色	约 500～565 nm
	青色	约 485～500 nm
	蓝色	约 440～485 nm
	紫色	约 380～440 nm

图 1－11　可见光谱

固有色是日光照射下物体所呈现的颜色。由于光源的色彩成分、照射角度、距离等不同，而且物体对色的吸收与反射性能不同，固有色也就不同。

光源色是光源本身的颜色倾向。光源色包括自然光和人工光。

环境色是物体所处环境的色彩，是由环境色光影响而产生的颜色。

人们在研究配色方案时，往往通过某种体系去表现色彩的三个特性：色相、明度、纯度。

1. 色相

色相也称色别，是指色彩的相貌，是颜色最明显的特征，如“红”色的西红柿，“紫”色的茄子，“绿”色的树叶等。一般的色相都能在太阳的光谱中找到。在配色的过程中，用得较多的方法是运用色相环来区别各种色相以及色彩的类别。

色相环就是将太阳光谱中的六个基本色相（红、橙、黄、绿、蓝、紫）以及位于它们之间细分而成的各色相（红橙、橙黄、黄绿、绿蓝、蓝紫、紫红等）等距离地分布在一个圆环上，形成一个色相环，如图 1－12 所示。依据这个色相环，就可以十分方便地划分色彩的类别。色相包括以下几个种类。

（1）原色　又称基色，即用以调配其他色彩的基本色。原色纯度最高，最鲜艳。从调配其他颜色的情况来看,以黄、品红、青为其原色,色彩更为丰富,色光更为纯正、鲜艳,所以把黄、品红、青称为色彩三原色(图1-13),把朱红、翠绿、蓝紫称为色光三原色(图1-14)。

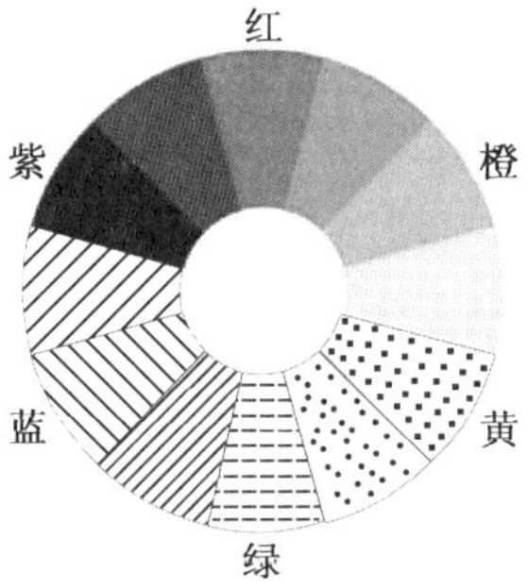

图1-12　色相环

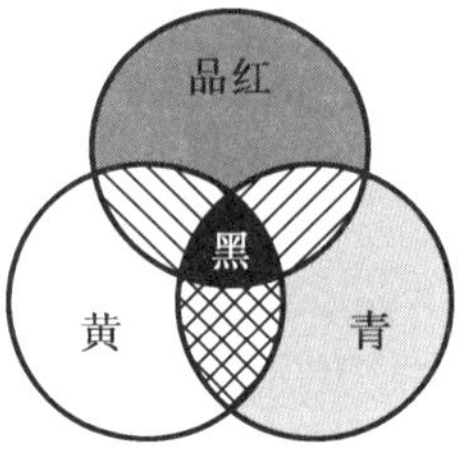

图1-13　色彩三原色

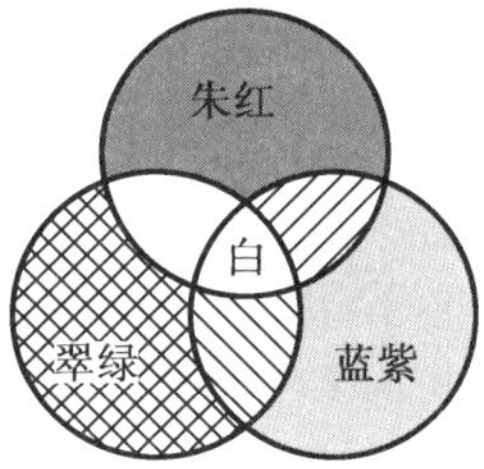

图1-14　色光三原色

(2)间色　在十二色相环中,橙色由红和黄调配而成,绿色由黄和蓝调配而成,紫色由蓝和红调配而成。橙、绿、紫三种颜色分别由两种不同的原色调配而成,称为间色。

(3)复色　如上述调配颜色方法,倘若将两种间色再进行调配,就可以得到另外三种颜色,即　橙绿=橙+绿,绿紫=绿+紫,紫橙=紫+橙。这种由两种间色调制而成的颜色称为复色。

(4)互补色　当色相环上直线相对的两种颜色调和在一起时,彼此中和后将趋于灰色,这样的一组色称为互补色,如红与绿、黄与紫、蓝与橙等。互补色能够产生强烈的对比效果,传达出活力、能量、兴奋等意义。互补色要达到最佳效果,最好是其中一种面积比较小,另外一种面积比较大,比如在一个蓝色的区域里搭配橙色的小圆点。

还有一种分裂补色,即同时用互补色及类比色的方法来确定的颜色关系。这种颜色搭配既具有类比色的低对比度的美感,又具有互补色的力量感,形成了一种既和谐又有重点的颜色关系。

(5)暖冷色　色相环一边的颜色(如红、橙、黄系列)看起来似乎突出,属于暖色;色相环另一边的颜色(如绿、蓝、紫系列)看起来似乎后退,属于冷色;至于两系列的中间色(黄绿色和红紫色),看起来不进不退,可以称为温色。

(6)邻色　在色相环中,分布在临近位置的颜色称为邻色。其特点是包含一种共同的色相,如红橙、红、红紫这三色在一起成为邻色,其中都包含红色。

2. 明度

明度是指色彩的明暗程度。衡量色彩明度的尺度通常是从黑到白将其分成几个相等的距离。一般要提高色彩的明度,可在该色彩中增加白色;要降低色彩的明度,可在该色彩中调入黑色。对于不同的色相而言,其明度是不相同的。在各种色彩中,黄色的明度最高,然后由黄色向两端明度逐渐降低,到达它的补色(紫色)时,明度达到最低。对于同一色相而言,由于光线的照射强度不同,其明度也不相同。受光最强的部位,色彩明度最高,光照越弱,明度越低,因此红有浅红、深红、暗红之分,绿有淡绿、中绿、暗绿之分。

明度在物理性能上与热反射作用密切相关,明度越高,热反射作用越强。将热反射率达50%以上的、光亮浅明的、明度较高的色调称为明调;而将热反射率仅10%的、灰蒙深暗的、明度较低的色调称为暗调。不同程度的明度给人的感觉也有所不同。

3. 纯度

纯度也称彩度，是指色彩的纯粹程度。色彩越纯，彩度越高。标准色因色素含量充分饱和，既不掺入黑色，也不掺入白色，故纯度最高。一旦掺入白色或黑色，色彩的纯度便会相应降低。如果某色相掺入白色，则明度高、纯度低；如果掺入黑色，则明度低，纯度也低。

1.3.2　色彩的作用

色彩作为视觉传播要素，在船舶建筑设计中有着十分重要的作用。船舶建筑设计师十分重视色彩给人带来的美感以及心理感受，以便在立面造型和室内设计中创造出富有个性、层次分明、美感较强的色彩环境。色彩的作用大致包括以下几个方面。

1. 美感作用

色彩美感即色彩通过诸多形式有机结合在一起，并给人带来一种精神和感官上“美”的审美体验。其含义和性质是多方面的。人类生存的环境由于光和色的存在而充满勃勃生机和无限魅力，色彩赋予人类情感的寄托和对生存的积极向往。在某种层面上，色彩就是生命的符号。试想人类生存的空间失去了色彩的装点将会是何等的沉闷和寂寞。其他视觉元素很难像色彩那样能够给心灵以强大的抚慰和支撑。

自然界中的色彩可以说触目皆是，变化万千，具有无穷的魅力，有着无限美的因素，色彩也因此变得更加地耐人寻味。有效运用色彩不仅能加强事物的视觉效果，也能丰富事物的视觉语言信息，对突出表现事物美感与情感有着深远意义。

2. 视感作用

色彩有强烈的视感作用。这种视感作用是人们营造室内环境气氛、协调和改变室内空间环境的有力杠杆。色彩的视感作用源于人们在日常生活中对色彩的联想而形成的物理效果。这种物理效果将改变人们对室内环境物体大小、重力、温度等的感觉，因此色彩的视感包括距离感、重力感和温度感。视觉对色彩的反应随外在环境而改变，视觉受色彩明度及纯度的影响，会产生冷暖、轻重、远近、胀缩、动静等不同感受与联想。

冷暖感　色彩的冷暖感被称为色性，主要取决于色调。在色彩的各种感觉中，首先被感觉到的是冷暖。在设计中，色彩的冷暖有很大的适用性，因此得到广泛应用，如表现热烈、欢乐的气氛多考虑用暖色调。

轻重感　色彩的轻重感主要取决于明度。明度高的色感觉轻，富有动感，明度低的色具有稳重感。明度相同时，纯度高的色比纯度低的感觉轻。色相从轻到重可排列为白、黄、橙、红、灰、绿、蓝、紫、黑。设计师常利用色彩的轻重感使画面均衡，往往会得到良好的效果。

远近感　正如上节色彩的特性中所述：在色相环中有一部分色彩明度高，让人感觉犹如灯火一般，距离较近；另一部分色彩明度低，像远山一般使人觉得远。将这两种颜色用于舱室内，能分别产生醒目性前抢和抑制性后退的效果，因此我们将它们分别称为前进色和后退色。远近感是色相、明度、纯度、面积等多种对比给人造成的错觉：如红、橙、黄暖色系看起来有逼近感，称为“前进色”；青、绿、紫冷色系有推远感，称为“后退色”。色彩的前进和后退还与背景密切相关，还在很大程度上受面积对比的影响。进退效果在画面上可以形成空间感觉，是设计师重要的造型手段之一。色彩的远近感能使人产生千变万化的美妙构想并使主题得以突出。

胀缩感　色彩的胀缩感是一种错觉，明度的不同是形成色彩胀缩感的主要原因。运用色彩胀缩感的一个典型实例就是法国三色国旗的设计。其红、白 、蓝三色的宽度分别为33、30、37,三色虽不等分,却造成了视觉上的等分,这是个很有说服力的例子。

动静感　动静感是人的情绪在视觉上的反映:红、橙、黄色给人以兴奋感;青、蓝色给人以沉静感;而绿色和紫色属中性,给人的感觉介于两种感觉之间;白色和黑色及纯度高的色给人以紧张感;灰色及纯度低的色给人以舒适感。动静感也来源于人们的联想,它与色彩对心理产生的作用有密切联系。色彩的动静感与画面的色调气氛和意境也有紧密联系。色彩的运用应服务于主题。在进行色调设计时,色彩的动静感效果是必不可少的考虑因素。

3. 心理作用

由于人们年龄、性别、经历、修养、性格、情绪、民族传统、宗教信仰、地域风俗环境的不同,人们对色彩的心理反应也不尽相同,所以不能把色彩的心理反应绝对化。

从色彩的心理作用来分析,色彩的运用可以使房间看起来扩大或缩小,给人以凸出或缩进的感觉:如冷色调使空间给人以强烈的扩大感觉,因为冷色调使人感觉墙壁向后缩进了;暖色调则相反,它使墙壁给人以向前凸出的感觉。

如果房间层高太低,使人压抑,则可刷上明亮色或"缩进"的色彩;如果感到层高太高,想要缩小空间,则可将天棚处理成深色或"凸出"的色彩等;如果想改善长房间的形状,则可以在长的两面墙上刷上向后"缩进"的色彩,在短的两面墙上刷上向前"凸出"的色彩。

高彩度和高明度的亮色让人联想起花朵、棉絮、云彩,显得质量轻;低明度的暗色让人联想起泥土、钢铁,显得十分沉重:这就是色彩的质量感。将不同质量感的色彩恰当地用于室内,如墙的上部采用高明度亮色,墙的下部采用低明度暗色,将会取得平衡稳定的效果。温暖的太阳和灼热的火将高温与红、橙、黄联系在一起,使人感到热;冰天雪地、月光、海水,将低温与白、蓝、绿联系在一起,使人感到冷:形成了色彩的温度感。所以色彩又有暖色和冷色之分。

色彩对人的心理影响也十分明显。首先反映在人体视觉本身,其实质就是补色效应;其次色彩对人体血压、脉搏、心率、肌肉等也会产生影响。

(1)增强某种色相的色调。如果后看到的色相正好是之前看到的色相的补色,则后看到的色相色调会增强,如看了绿色以后再看红色,红色会显得更加鲜艳。

(2)室内包括多种色相时,某些色相往往会朝着想象不到的方向发展。其结果可能使人产生好的印象,也可能使人产生不好的印象。譬如,在医院的病房应避免使用紫色调,以免使病人面部蒙上不健康的黄绿色。

(3)色彩对人的血压、脉搏、心率与肌肉等也有较强的影响:譬如红色能刺激和兴奋神经系统,加速血液循环,促使脉搏跳动加快;橙色能使人产生活力,增进人的食欲,有助于钙的吸收;黄色也可刺激神经系统和消化系统,对提高逻辑思维能力有帮助;绿色能促进身体平衡,帮助消化,对大脑神经起镇静作用;蓝色则能减轻头痛、失眠等症状,缓解紧张情绪。

诸如此类,不胜枚举。因此,色彩的心理作用与人机工程学密切相关,在研究室内外色彩的调和与选择上有着十分重要的现实意义,它将直接影响室内环境、工作效率和舒适程度。

4. 标志作用

色彩有很强的标志作用。通过不同的色彩可以区分危急与安全、停止与通过、注意与禁止等。除此之外,色彩在船舱建筑上还常常用于空间导向、空间识别与设备识别等:如门厅、过道、地面可采用不同的延伸色带把人流导向各个舱室；多层甲板、楼梯间、地面可以用不同的色调显示不同层甲板面的信息；各种管道（油管、水管、气管）和各种电缆线路、各类设备机具也可涂以不同的颜色以示区别。

安全色的使用还有助于防止事故的发生。为了使人们对周围存在不安全因素的环境、设备引起注意，需要涂以醒目的颜色（安全色），用色光和颜色引起人们注意，用其产生的心理联想来警示人们，以保障正常生活和工作。安全色有红、黄、蓝、绿四种。安全色的组成和规定如表 1－1 所示。

表 1－1　国家标准安全色

色彩	含义	用途	背景色
红	停止、禁止、消防	停止信号、禁止标志、紧急停止装置、消防器材及位置	白
黄	注意、警告	危险信号	黑
蓝	指令和强制遵守的规定	必须穿戴个人防护用品	白
绿	提示、安全状态、通过	太平门、安全通道、急救站	白

总之，对于游艇这个特殊的建筑而言，不同类型的游艇具有不同的色彩需求：比如水上快速航行的游艇需要突出高速、运动、灵活的特点，色彩上常采用鲜艳、明快的色调，如黄、红、白色；休闲游艇以娱乐休闲为主，外观上讲究稳定性与安全性，色彩上普遍采用偏中性的浅绿、浅黄或白色。此外，游艇水线区常被海水浸泡、冲刷，易脏、易腐蚀，所以通常采用深蓝、铁红色等深色防腐和防锈涂料；而船底一般采用棕色、黑色或与水线区相同的颜色。

色彩通过影响人的生理和心理来传达不同的含义、思想、魅力甚至象征，不同的色彩搭配产生的格调、情趣也千差万别。游艇是船东的海上之家，其内饰空间承载着待人接物、休闲、娱乐的功能，色彩还直接影响着人们的情绪、心理，因此内饰色彩搭配决定着海上生活品质的高低。

科学的用色有助于工作人员工作的开展，也有利于船东、宾客的健康。游艇色彩处理得当既能符合各空间的功能需求，又能给人以美的享受。

【项目测试】

1. 色彩在游艇设计中的作用是什么？

任务 1.4　游艇人机工程学

对于任何与人相关的精心设计而言，其内在基础都是对运动学和人体解剖学的概念认知，他们被综合定义为人机工程学。人机工程学诞生于第二次世界大战之后。随着工业产品的优化，该学科得到了广泛的发展和普及。人机工程学研究人在某种工作环境中的解剖学、生理学和心理学等方面的因素；研究人与机器及环境的相互作用；研究在工作、家庭生活中和休假时，怎样统一考虑工作效率以及人的健康、安全和舒适等问题。它包括工程技术心理学、人类学、艺术等多学科内容。随着人类进入自动化、电子化时代，人机关系问题愈来愈引起设计师们的注意。

人机工程学对于设计来说非常重要，忽略这门学科会导致严重、甚至致命的后果。试想一下，在乘客被疏散撤离船舶或飞机时，正确尺寸的紧急逃生滑道是多么重要。除此之外，还有为防止意外事故发生而依据人机工程学原理设计的正确尺寸的儿童玩具、带栏杆的车载儿童安全座椅、摩托车头盔的盔型以及汽车安全带的位置等。这些产品的尺寸都与人体特征有关。

1.4.1 人机工程学的基础数据和测量手段

1. 人体基础数据

人体基础数据主要包括三个方面，即人体构造、人体尺度和人体动作域等的相关数据。

(1) 人体构造　与人机工程学联系最为紧密的是运动系统中的骨骼、关节和肌肉。这三部分在神经系统的支配下，使人体各部分完成一系列的运动。骨骼由颅骨、躯干骨、四肢骨三部分组成；脊柱可完成多种运动，是人体的支柱；关节起到骨间连接且能活动的作用；肌肉中的骨骼肌受神经系统指挥而收缩或舒张，使人体各部分协调运动。

(2) 人体尺度　是人机工程学研究的基本数据之一。与人体尺度相对应的人体参数主要包括人体结构尺寸和人体功能尺寸。人体结构尺寸是指静态尺寸；人体功能尺寸是指动态尺寸，包括人体在各种工作姿势下或在某种操作活动状态下被测量的尺寸。

①人体静态尺寸　又称人体结构尺寸，是人体处于相对静止状态下所测得的尺寸，如头、躯干及手足四肢的标准位置等。静态尺寸的计测可在立姿、坐姿、蹲姿、跪姿和卧姿五种形态上进行，这些姿势均有人体结构上的基本尺度，如图 1－15 所示。

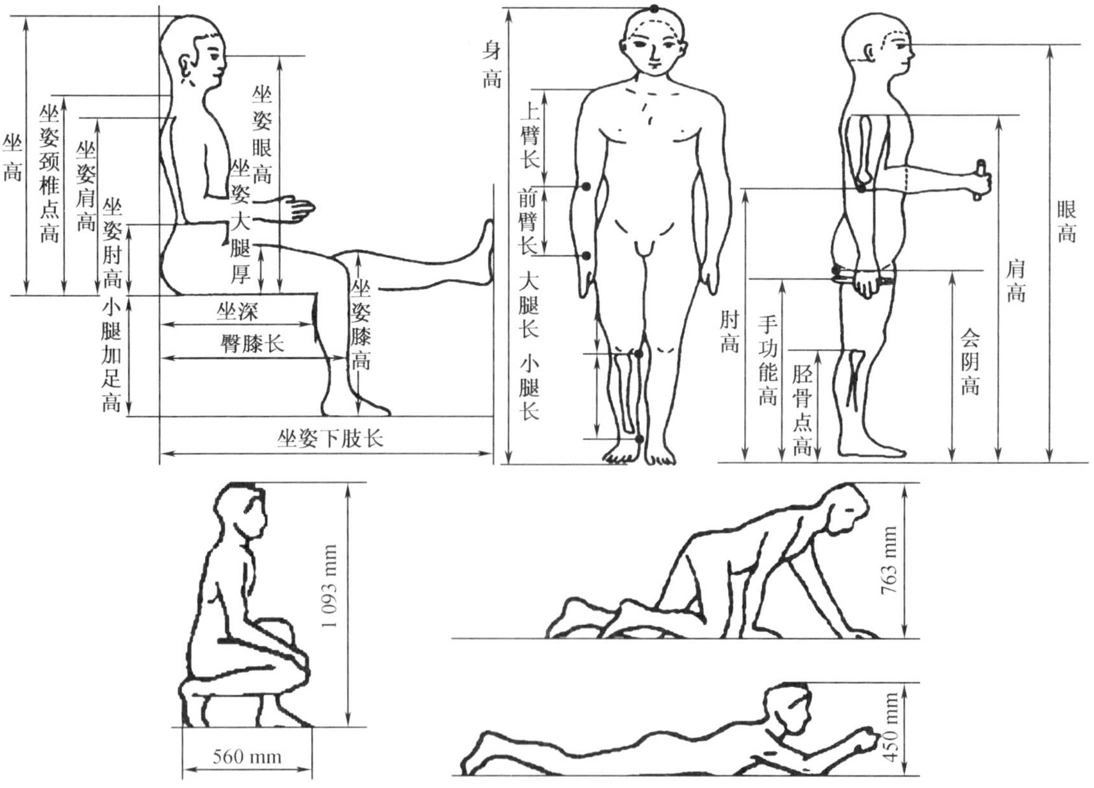

图 1－15　人体坐、立、蹲、跪、卧基本尺寸

②人体动态尺寸　人们在生活和工作时会有各种各样的人体姿势，通过人体各关节的活动，能有各种各样的动作，这种情况下的人体尺寸称为动态人体尺寸，如图 1 - 16—图 1 - 19 所示。

人体动态尺寸通过测量人体各部位的尺寸来确定个体之间和群体之间在人体尺寸上的差别，被用于研究人的形态特征，从而为各种安全设计、工业设计和工程设计提供人体测量数据。

(3)人体动作域　人们在室内各种工作和生活活动范围的大小即为动作域，它是确定室内空间尺度的重要依据之一。以各种计测方法测定的人体动作域也是人机工程学研究的基础数据。如果说人体尺度是静态的、相对固定的数据，那么人体动作域的尺度则为动态的数据，其动态尺度与活动情景状态有关。人体动作域分为水平作业域和垂直作业域。

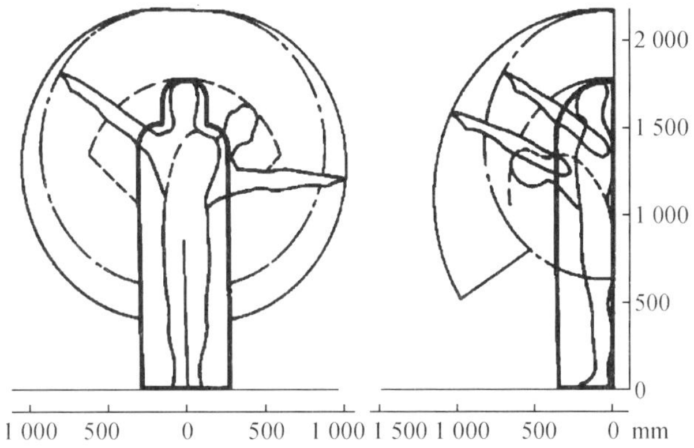

图 1 - 16　立姿上身和手的可及范围

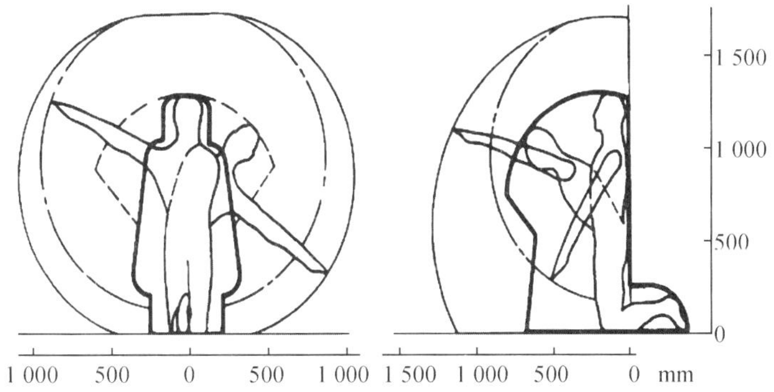

图 1 - 17　单腿跪姿上身和手的可及范围

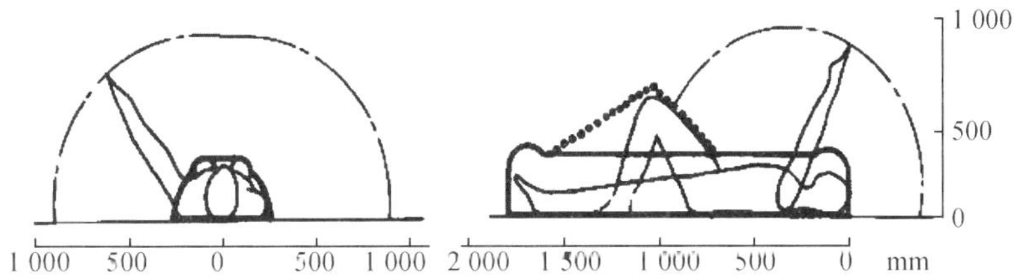

图 1 - 18　仰卧姿势手和腿的可及范围

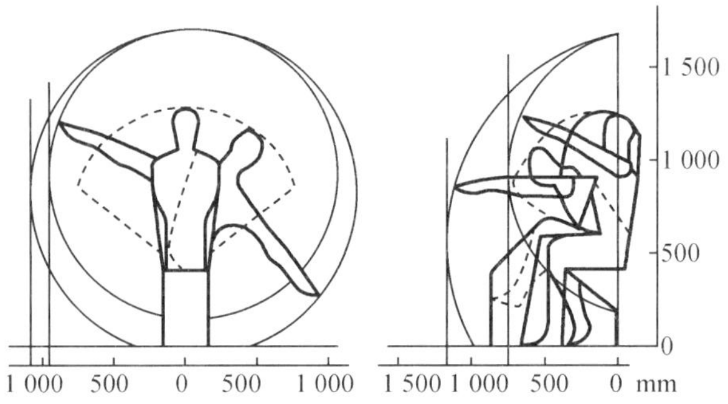

图 1-19　坐姿上身和手的可及范围

①水平作业域　人在台面上左右运动手臂而形成的轨迹范围。手尽量外伸所形成的区域为最大作业域，手臂自然放松运动所形成的区域为通常作业域，如图 1-20 所示。

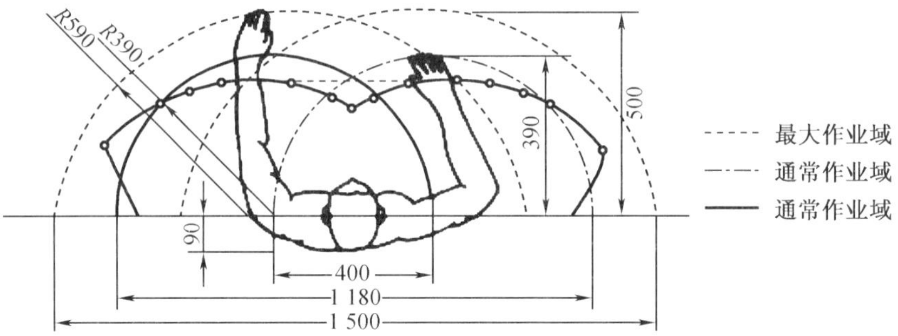

图 1-20　手的水平作业域(单位:mm)

②垂直作业域　手臂伸直，以肩关节为轴做上下运动所形成的范围，如图 1-21 所示。垂直作业域可以用于决定人在某一姿态时手臂触及的垂直范围，如搁板、挂件门拉手的设计等，设计带书架的桌子时也常用到垂直作业域。

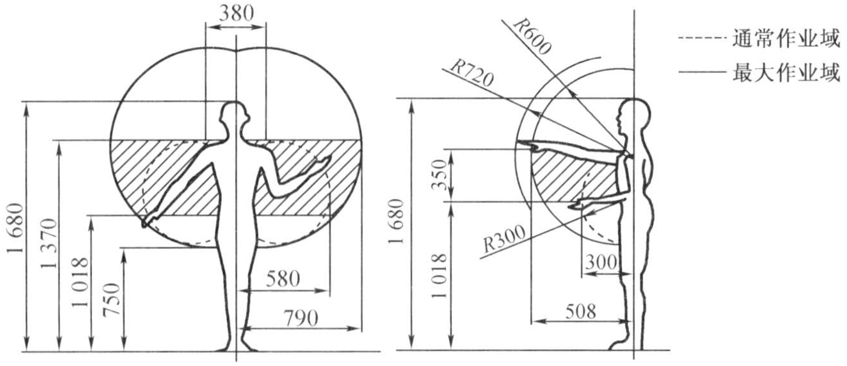

图 1-21　手的垂直作业域(单位:mm)

2. 测量手段

根据人体在进行各种活动时的生理及心理状态变化的情况，运用一定的测量手段可以进行客观、科学的测定，以分析人在活动时的能量和负荷大小。测量手段应从生理测量和心理测量两方面进行考虑。

（1）人体生理测量方法

①肌电图方法　把人体活动时肌肉胀缩的状态以电流图形式进行记录，从而可以定量地确定人体进行该项活动的强度和负荷。

②能量代谢率方法　将人体活动消耗能量而引起的耗氧量值与其平时耗氧量相比，可以得到能量代谢率的计算式，从而计算不同活动的能量代谢率，以此测定活动状态的强度。

③精神反射电流方法　对人体因活动而排出的汗液量做电流测定，从而定量地了解外界精神因素的强度，以此确定人体活动时的负荷。

（2）人体心理测量方法

①精神物理学测量法　用物理学的方法测定人体神经的最小刺激量，以及感觉刺激量的最小差异。

②尺度法　按顺序在心理学中划分量度，如在一条直线上划分线段，按顺序标定评语。可由专人相应地对美丑、新旧、优劣进行评测。

1.4.2　人体测量数据的表示方法

人体测量数据常以百分位数（Pk）来表示人体尺寸等级，最常用的是第5%（P5）、第50%（P50）、第95%（P95）三种百分位数。P5代表“小”身材，是指有95%的人群人体尺寸大于此值；P50代表“中”身材，是指大于和小于此人群人体尺寸的各占50%；P95代表“大”身材，是指有95%的人群人体尺寸都小于此值，有5%的人体尺寸大于此值。

1.4.3　选用人体尺寸数据应注意的问题

应用人体测量数据进行设计时，应考虑90%以上用户的适应性和操作性，同时，还应认识并注意以下问题，使设计更合理。

1. 最大、最小人体尺寸的选用

设计办公大楼的层高、门和通道的最小高度时，通常要根据设计目的选用合适的人体身高尺寸。为了使所有人都能正常工作且感觉舒适，就必须选用最高百分位身高数据，即选用最大人体尺寸；而办公大楼门、窗、水电开关的位置则要按人的最小操作力进行设计，以方便所有人的工作与生活。

2. 可调节设计

设计办公座椅时，为了使人安全健康和减轻工作疲劳，必须考虑使5%～95%的人可对座椅的高度、靠背角度、前后距离等尺寸任意调节。

3. 折中性设计

设计门铃、门把手、电灯开关等的安装高度时，为了使人舒适，应选用第50%百分位数据，即采用折中性设计。

4. 考虑与人体尺寸相关的因素

人体尺寸与国家、区域、民族、年龄、性别、职业等因素有关，设计时必须给予充分考虑，做到宜人化设计。

5. 适当地修正

已经公布的人体数据都是在特定的条件下得到的，而非在设计对象所处的条件下得到的，因此要根据设计对象的实际情况做适当修正。

6. 选择最新适用的人体尺寸数据

资料表明,近20年来,世界各国的人体身高均呈增长趋势,平均每10年增长1cm,我国的人体身高增长更快。设计时应选用最新适用的人体尺寸数据。

1.4.4 人机工程学在设计中的应用

1. 人机工程学中设计的基本原则

(1)以人为中心;

(2)合理的人、机功能分配;

(3)防错、容错设计;

(4)先评价,再设计。

设计时应对与人有关的诸因素统一、协调地加以考虑。机器和环境的设计要考虑人的特性,不能超过人的能力限度,而且要力求人操作时最省力、最方便、最舒适,使机器和环境适宜,使人适应机器和环境。

2. 评价一件产品是否符合人机工程学规范的主要标准

(1)产品与人体的尺寸、形状及力度是否配合;

(2)产品是否顺手和便于使用;

(3)是否能够防止使用、操作时的意外伤害和错用时产生的危险;

(4)各操作单元是否实用,各元件在安装时能否使其意义毫无疑问地被辨认;

(5)产品是否便于清洗、保养及修理。

在人机工程学中,产品的设计重点应放在操作者方面。一般来说,有反复性或持久性使用动作的产品都会受到人体尺寸的影响,这包括静态和动态两种人体测量尺寸数据的影响。一般在产品的设计中,许多环节并不都能得到充足的人机工程学方面的数据,此时设计者就要采取假设、验证、综合等方法加以解决。

人的诸多因素都会对设计产生影响。有些因素(如人体测量尺寸、人的肌力、运动特性、生理特性等)是可以测量的,是理性方面的;有些因素(如心理变化、环境作用等)则不易直接测量;有些因素属于情感方面,还很难找出一套标准作为依据。因此不能以机械的态度对待人机工程学中的设计。

3. 与设计关系最为密切的需求因素

(1)生理性需求　对待这种类型的需求,最重要的观念就是借助产品功能来弥补人们无法完成或不方便完成的许多工作。这种设计不外乎就是把设计看作人类本身系统的再延伸:例如,电话就是人类听觉能力的再延伸,计算机是人脑的延伸;又如,各类椅子、床等就是为弥补人类支撑能力和范围的不足而产生的。

(2)心理性需求　审美需求、归属需求、认知需求或自我实现的需求都属于心理性需求。产品设计中的造型美观、精致等一些使人赏心悦目的要求,就是出于这方面的考虑。为满足这种需求,对设计的要求是很高的:例如,要求产品能适合使用者,要体现使用者的身份、地位、个性,要满足使用者的成就感和归属要求等。

(3)智性需求　这类需求一般是指所设计的产品对人有一种特别的意义,如具有开拓智慧、智力的意义等。智性需求大致包括人们提高智能水平和解决问题的能力、效益、速度等。现代计算机代替算盘,现代电子衡器代替以前的机械衡器,现代办公系统的产生等,都是为了满足人们的这种需求。从广义上讲,现代的符号语言也是为满足信息传递高效、简便、可靠的要求而设计的，也是为了满足人们的智性需求，产品造型上强调信息传达性也是如此。

4. 在具体设计中要考虑的人机工程学因素

（1）运动学因素　即研究动作的几何形式，探讨产品操作上的动作形式、人的操作动作轨迹以及与此有关的动作协调性与韵律性等。

（2）动量学因素　即研究动作与其产生的动量，如水龙头把手和打火机的设计等。

（3）动力学因素　主要讨论人体在产品动态操作上所需花费的力量和动作的大小。

（4）心理学因素　主要探讨操作空间和动作等对人安全感、舒适感、情绪等的影响。

（5）美学因素　主要是指在心理能够承受的基础上，产品形态的设计如何满足人的审美要求。

1.4.5　人机工程学在生活中的应用

人机工程学不仅可以应用于宇宙飞船、喷气飞机、电气火车、汽车、轮船、游艇等复杂的机械系统，而且可以应用于日常生活用品的设计，如台架、水龙头、把手、椅子、桌子的设计等。人机系统并不是人与机械的简单结合，它们有着复杂的关系，因此在人机系统中，不能将人和机械割裂开来研究，应该根据人与机械的关系，用系统的观点对作业和环境条件进行分析、研究，并正确使用分析结果。

【项目测试】

1. 选用人体尺寸数据应注意哪些问题？
2. 人机工程学在设计中的应用有哪些？

项目二　游艇造型设计

【项目描述】

游艇的外观造型设计和内装设计是游艇设计的基础,也是游艇外在特点和内在特点的直接体现,它们是一艘游艇的灵魂。

本项目主要研究游艇造型、游艇上层建筑和游艇内装设计的理论基础,结合实际案例从造型、功能、美学等角度,利用游艇造型的标准指导实践活动,为游艇的造型设计和三维造型设计提供理论依据。

【项目目标】

知识目标

1. 了解游艇造型设计基础;
2. 掌握游艇造型设计的总体要求;
3. 了解游艇上层建筑的设计;
4. 了解游艇内装设计的技巧及方法。

能力目标

1. 能够理解游艇外观造型及内装设计;
2. 能够进行游艇造型设计。

素质目标

1. 培养学生的自学能力;
2. 培养学生分析问题、解决实际问题的能力。

【学习任务】

学习任务 1:游艇造型总体设计
学习任务 2:游艇艏艉造型设计
学习任务 3:游艇上层建筑设计
学习任务 4:游艇内装设计

【任务实施】

任务 2.1　游艇造型总体设计

游艇的总体设计是一个宏观概念,是对游艇所有设计内容的总称。总体设计包括外形设计、内饰设计、内部结构设计等一系列内容。所有设计都应从客户需求出发,并结合船舶设计原理和设计者本身的设计经验来进行。

2.1.1　游艇外观造型设计

一艘游艇的存在意义是设计游艇外观造型时需要最先考虑的因素。总体来说，游艇是一种具有不菲价格和很高艺术价值的消耗品，它本身扮演着提升拥有者身份、地位的角色，因此在设计游艇时应考虑其象征意义，如一艘豪华游艇的整体设计除了要考虑功能、技术、环境、人文等因素外，更应该考虑其作为一种奢侈品的象征意义。游艇作为人类“创造文化”的一部分，具有人文美的特点。每一位游艇设计者都应该在不断的实践中完善对游艇美的认识，并提高创造游艇美的能力。

在外观造型设计方面，设计师应考虑游艇的总体形态特征，如窗户构成的点、游艇轮廓线、船壳侧面、空间体量、色彩、材质等设计元素，然后按照一定的构成手法创造出游艇的整体美感，体现出游艇的美学功能。

关于游艇形态的构成手法，设计师需要充分认识并掌握古典的构图原理和传统的“形式美规律”，如图 2－1、图 2－2 所示。只有将两者融会贯通于头脑中，才会形成完美的创造意识。同时，设计师需要继承优秀的地域文化与民族文化，并且有勇气打破以往直接搬用传统形式的做法，将形似与神似、可见元素与不可见元素、直觉与理性、现象与本质相结合，进而对抽象要素进行加工处理，打开新的思路，为设计开辟一条新途径。

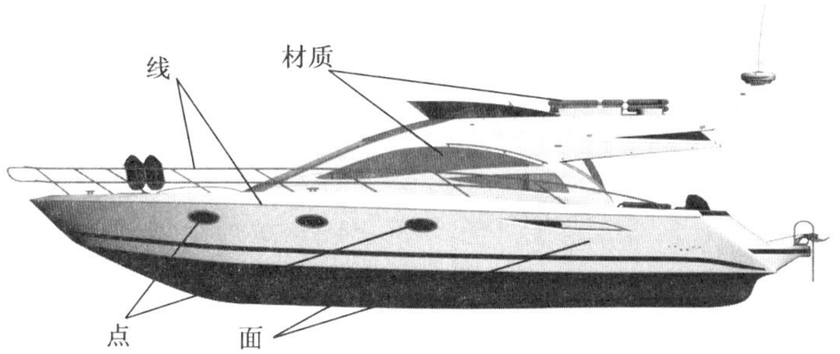

图 2－1　游艇形态构成

图 2－2　古典构图与比例形式

设计师在设计具体项目时都会把使用功能作为首要考虑因素，游艇更是如此。游艇外观造型设计必须从游艇功能的合理性出发，考虑艇体材料和施工工艺的特点、航速快慢、主尺度、吨位、定员等因素，以及结构的合理性、使用的安全性和方便性等要求。离开这些条件孤立地谈造型艺术是没有任何意义的。当然在进行游艇外观造型设计时，设计师也可以借鉴母型船的造型特点进行创新,如图 2 - 3 所示的创意游艇设计。

图 2 - 3　创意游艇

制约游艇造型设计的条件可分为客观条件与主观条件。

1. 客观条件

(1)材料工艺

(2)使用环境

(3)结构技术、施工条件

(4)国家相关设计规范

2. 主观条件

(1)功能及使用要求

(2)文化因素

(3)工程造价

这些条件和因素有些是不可改变的,有些是可以改变的。设计作为一种解决问题的手段,是个人思路、经验、直觉等因素共同作用的创造过程。综合考虑这些制约条件,从而总结出游艇造型设计的规律,巧妙地运用构图方法和形式美法则,打破常规,大胆创新,才可以创造出具有艺术价值的游艇。

2.1.2　造型与功能

由于游艇的功能和用途不一,因此国际上对其并没有一个通用的定义。目前诸多船舶产品(包括个人娱乐艇、家庭游艇、公共游览艇、多用途游艇、公务艇、钓鱼艇和赛艇等)在广义上都可以称作游艇。游艇的各种用途以及在性能上的各种要求使得游艇在造型方面各有差别：如私人游艇更多地体现个人对海洋生活的追求，在造型方面更注重个性化，能体现个人品位、心理认同感，在空间布置上更注重舒适性；商务艇在造型方面更注重考虑体现企业形象，在内装上更注重内部空间的交流性与舒适性；钓鱼艇是针对钓鱼爱好者而设计的，因此在造型上会体现更多的亲水性。

在功能尺度设计方面，游艇与其他工业产品是有一定差异的。普通轿车会考虑乘员舒适度等人机工程学以及交通法规等的要求，其尺度设计要保证一致性。而游艇的尺寸变化范围则比较大：如追求速度的游艇应选择小尺寸的船型，对船室的空间要求不高，其外观设计要体现出流线造型特征；用于家庭休闲或集体商务的游艇则对航行稳性有着较高的要求，因此要选用更稳重的船型。

2.1.3 造型与材料工艺

游艇的材料选择、工艺差别也会影响游艇的外观造型设计，如图 2－4 所示。目前，以玻璃钢为代表的复合材料是制造游艇的主要材料，此外还有铝合金游艇、钢制游艇、碳纤维游艇和木制游艇等。不同的材料应采用不同的加工工艺，不同的加工工艺又会形成不同的造型特点，它们既有差别又有联系。例如，多数游艇建造工艺中还传承着手工制船的模式，这不仅能够满足游艇的个性化需求，而且能够赋予每艘游艇不同的意义。

复合材料更适合建造小尺度游艇，其工艺多为将两个部分分别成型，最后组合在一起；金属材料更适合建造大尺度游艇，其工艺为根据造型和功能，将材料分成若干模块进行建造，最终组合，因此曲面造型简单，比较板直，如图 2－4(a)所示；而目前的玻璃钢游艇多采用手糊成型和树脂传递模塑成型工艺，制造出来的曲面造型复杂，如图 2－4(b)所示；图 2－4(c)为木质游艇。

(a) (b) (c)

图 2－4 不同材质的游艇

(a)铝制游艇；(b)玻璃钢游艇；(c)木质游艇

2.1.4 造型与品牌

品牌是一种无形资产，其表现形式是与竞争产品相比较的名称、象征、符号等。优秀的品牌可以提高产品价值并为品牌拥有者带来利润，其增值的源泉便是顾客心中形成的产品整体印象优势。

意大利法拉帝集团是欧洲第一大豪华游艇制造公司和最大的运动型海钓游艇供应商。该集团旗下拥有八大游艇品牌：Ferretti Yachts、Pershing、Riva、Itama、Apreamare、Mochi

Craft、Custom Line 和 CRN。部分品牌游艇如图 2 - 5 所示。其中 Ferretti Yachts 游艇拥有最先进的工艺技术以及最精湛的设计,凭借强大的品质体系而享誉全球;Pershing 游艇具有优异的性能和速度至上的运动气息,是非常现代化的品牌;象征着无与伦比的尊贵并拥有一百多年历史的 Riva 游艇,一直延续着其奢华、优雅、独一无二的完美品质。

品牌的力量不容小觑,因此在设计下一代产品的时候,要考虑品牌基因的传承。为了将设计语言、工艺品质永恒地传递给消费者,设计师在发挥创作灵感的同时也要回顾品牌历史中独特的品牌语义来表达设计想法。

(a)

(b)

(c)

图 2 - 5　法拉帝集团品牌游艇

(a) Ferretti Yachts; (b) Pershing; (c) Riva

2.1.5　造型与船舶原理

要想使造型设计更具可行性,首先需要考虑主尺度。主尺度的确定随艇的大小、设计速度和用途的不同而有所区别。确定主尺度和总体型式要考虑船型特征参数:其中艇长的选择主要取决于乘员舱的布置;艇宽的选择要满足总体布置及稳性要求;型深的选择主要取决于稳性、主机的安装空间以及造型的需要。

同时在进行线型设计时,要注意艉部特征、艏部线型(图 2 - 6)、横剖面线型、是否断级、压浪板等特征因素。例如关于线型问题,国内玻璃钢游艇、快艇因航速要求都很高,均属滑行艇范围,其线型以折角型为主,有的为消除飞溅影响而采用"W"线型,以及在折角线型基础上增设"隧道"的槽道线型。但无论何种线型,都必须确保艇底有足够的升力面使艇产生足够的升力,从而突破滑行艇阻力峰值使艇进入滑行状态。这对延长机器使用寿命、提高航速、产生良好的营运经济是必不可少的。如果达不到滑行状态,主机长期在重负荷下工作,则有百害而无一利。所以线型设计应以快速性为主,兼顾适航性要求。

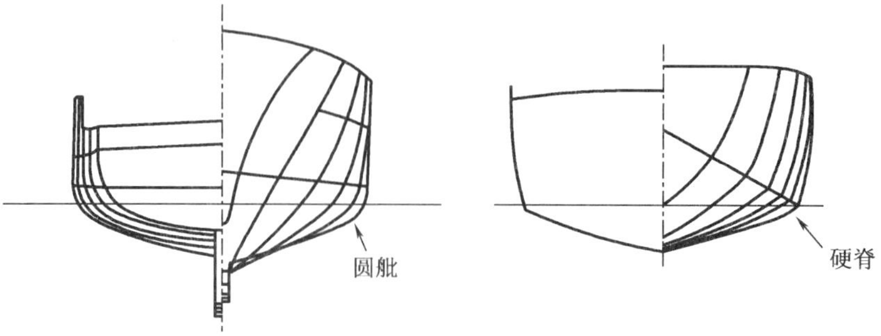

图 2 - 6　船体艏部线型

此外，要对其他船舶原理内容（如艇体阻力预报、稳性、适航性等许多性能）进行综合分析，同时要顾及艇的用途、建造成本以及游艇市场等诸多因素。

2.1.6 游艇外观造型设计方法

1. 确定形态构成与船舶风格

优秀的外观造型必须考虑形态与结构两个设计要素。形态设计可以确定形象，选择比例与尺度；结构设计则是为了保证产品的功能和外观造型效果而采取的具体措施。形态和结构需同时考虑、同时进行。船舶形态包括形状与情态，即总体形状与各部分的比例配置，以及人对船舶的心理感受。

船舶造型艺术与陆地建筑艺术的一般原则有同有异。它们在空间组合、尺度比例、平衡、协调、对比等方面的概念相同，但船舶作为水上流动建筑物应符合流体力学的原理。房屋建筑是固定的、稳定的静态美，而船舶应具有动态美。轮廓线型设计必须考虑各种动态，使船舶形态的感觉在动态中不失平衡感：轮廓竖向线型应做适当处理，矫正视觉中心；应注意各部分的体量平衡分布，使轮廓符合流畅自然的曲线或规律变化的几何曲线。

线型风格即由船舶的轮廓线条反映出的船舶特征和个性。例如，长江船应能体现长江这一特定的地域风格：其外观造型应能够创造与客观环境和时代背景相融合、相协调的视觉形象；其外观应能给人高速、轻巧、秀丽的印象，隐喻性地反映楚地吴歌等人文特征；其比例和尺度应尽可能使人产生狭长、高度适中的视觉感受；其色彩和构形应能反映快速和流动的特征。

风格的形成主要依赖线条的运用、变化及色彩的运用。例如直线能体现现代风格；色彩反映某种民族、人文倾向；材质则表现某种气质和技术水平。其中，线的运用发挥主要作用：各种不同的线条形成船舶的主要轮廓和比例分割，通过视觉效果使人产生不同的联想。

2. 选取比例及确定轮廓

正确的比例是美的造型的基础。船舶外观造型中的比例关系应根据功能要求及材料、结构、工艺性和人机关系等因素，结合人们对各种船舶的习惯认识与审美标准而确定。在尺度由技术设计确定之后，船舶各部分应该有一个美的相对比例关系，比例的具体内容是因对象而异的。由于船舶主尺度、重心高度、性能要求和经济性等限制，造型中的比例关系仅仅是一种相对的近似关系。从理论上讲，船舶的整体与各局部之间、各局部相互之间愈具有良好的相似性（即使用同一比例因子），则愈容易取得美的造型效果。

（1）确定比例的方法

即使在规范和结构上不加以限制，船体各部分之间的比例也应综合使用功能、人机关系和技术特点中所蕴藏的数比因素来确定，而不是纯粹地从所谓美学法则出发进行主观判断。确定比例的一般方法有模数法和相似矩形法。

①模数法　模数法又称比例尺法，就是按照总体布局和人机关系确定体量关系，依照《船舶起居舱室的尺寸协调》所建议的尺度模数选取某一基本模数，并以其为公因子，用计算或作图的方式确定其他尺寸。由于各部分尺寸中含有相同的比例因子，因此这些尺寸构成的形体关系能满足协调统一的要求。例如，确定船舶有关尺度或部件的轮廓尺寸时，可

选取甲板间高、单元舱室的长度或者宽度尺寸作为基本因子，使船体各部分与之形成一定的倍数关系，从而达到协调尺度、调和视觉效果的目的。在技术设计中，这种方法也常常被采用，如在船舶设计中，可以以船长为比例因子，各部分按一定的比例关系确定尺寸，保证整体尺度的统一协调。

②相似矩形法　相似矩形法又称特征矩形法，是指在满足布置的前提下，将造型物各部分分割为若干相似或类似矩形。这些矩形有其内在的联系，形成和谐的整体。在技术设计的基准上，相似矩形可以检验、分析和调整船体的宏观比例。

(2)外形轮廓线的确定

根据船舶设计原理的要求，船舶轮廓应鲜明完整、主次分明并具有稳定向前的动感。在布置完成的基础上，由各层高度和长度建立起的上层建筑轮廓由一条光顺的曲线或折线组成，这条轮廓线也称包络线。船舶外观形态、风格和比例可以通过包络线的特征要素来形成或改变。包络线有以下特征。

①光顺性体现船舶外观的整体效果；

②包络线下的实面积、虚面积(等效面积)均影响造型整体效果；

③包络线的线型风格体现船体风格；

④包络线尺度比基本体现船舶外观轮廓的尺度比；

⑤包络线的形状体现船舶各向均衡感；

⑥包络线包围面积形心位置，体现船舶动态感。

【项目测试】

1. 游艇外观设计应考虑哪些因素？
2. 游艇外观造型有哪些设计方法？

任务 2.2　游艇造型总体设计分析(以“海狼号”游艇为例)

调查研究发现，多数游艇设计师在构思阶段主要从侧视图开始着手。一般来说，侧视图可以传达更多的造型信息，侧视图通过几条关键线就可以迅速地勾画一艘游艇的大体轮廓，其中的几条关键线条对游艇造型意象风格的形成也有着十分关键的作用。

图 2－7 中标注的船总长度、船室长度、水线以上高度和船室高度确定了船体的主体轮廓；船室前窗夹角、船艏夹角、船艉夹角和船室后支柱夹角等决定了游艇的大概特征；船室窗户和舷侧窗户的形状起到填充画面的效果，其造型也影响着游艇整体外观的感觉。

在进行游艇造型设计时，将游艇的所有造型信息系统地进行统计分析可以更加清晰地明白设计目的。图 2－8 所示的游艇造型分析把游艇的形态特征按一定层级排列出来：第一层级包括船壳和船室特征以及配色、飞桥、跳水板、扶手栏等游艇轮廓的局部特征；第二层级包括船壳和船室的主要构成特征以及它们的关系、位置和比例；第三层级是第二层级的细化，包括防溅条、前窗等细节特征。

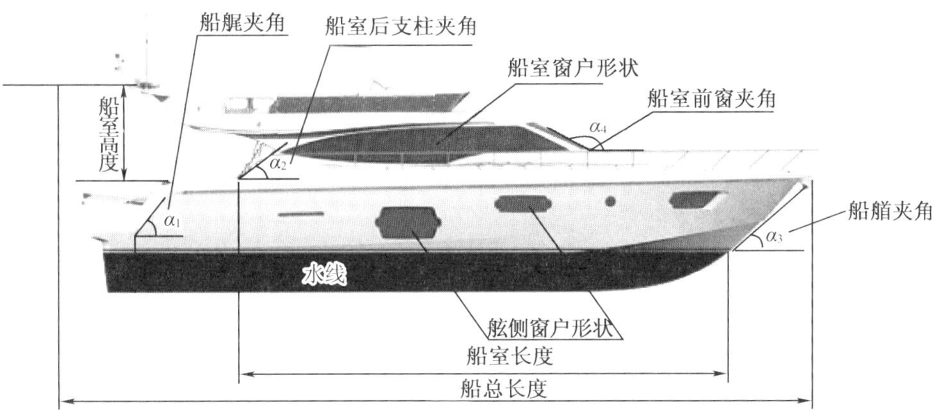

图 2－7　主要特征

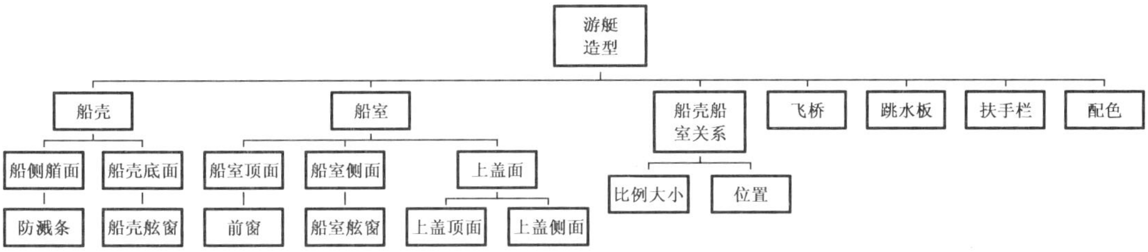

图 2－8　游艇造型分析

2.2.1　船体造型影响权重

为了更深入地研究船体造型设计，相关工作人员对一些游艇造型设计师进行了访问和调查，他们让设计师们对所有的游艇造型相关元素（船壳与船室大小比例、船壳与船室位置关系、配色、船侧艏面、船壳底面、船室顶面、船室侧面、船壳舷窗、扶手栏、跳水板、上盖、甲板材质、前窗）进行打分，从而确定造型元素的权重。游艇特征提取分析表（表 2－1）为部分分析结果。

通过分析结果可以得出表 2－2 所示统计结果。在造型设计中起到重要作用的是船壳和船室的大小位置关系以及船壳、船室主体形状；其他影响因素（如游艇的配色特征等）起到一定的造型作用；但是船壳底面特征、扶手栏、跳水板、甲板材质、上盖等细节特征只起到了点缀作用。

总体而言，船壳、船室的形状以及它们的舷窗造型对外观风格有着决定性作用。设计师首先需要确定它们的关系，然后才能深入研究船室侧面、船艏侧面、船室顶面、船室舷窗、船壳舷窗和前窗等次要因素，最后便是完善跳水板、上盖等附加特征。对于一艘游艇来说，其外观风格的重要性不言而喻，但提升游艇的高贵性还在于细节，因此对此类特征的推敲设计是非常有意义的。

表 2－1　游艇特征提取分析表

游艇效果图	规格	游艇类型	船壳造型	船室窗户造型	船室造型
Ferretti Yachts 450 	艇长:14.20 m 艇宽:4.33 m 时速:31 节	飞桥游艇			
Ferretti Yachts 550 	艇长:16.89 m 艇宽:4.85 m 时速:30 节	飞桥游艇			
Ferretti Yachts 800 	艇长:24.69 m 艇宽:20.60 m 时速:32.5 节	飞桥游艇			
Ferretti 830 	艇长:25.3 m 艇宽:6.26 m 时速:33 节	飞桥游艇			
Ferretti Yachts Altura 840 	艇长:25.79 m 艇宽:6.16 m 时速:31.50 节	飞桥游艇			
Ferretti 881 	艇长:26.85 m 艇宽:6.72 m 时速:32 节	飞桥游艇			

表 2－2　法拉帝游艇造型规律总结

船室整体造型		平缓的船室顶部线条扩大了上层甲板空间，使船室显得宽阔大气，突出了商务艇端庄稳重的气质
舷侧线造型	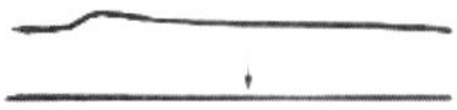	60 ft（约 18.29 m）以下游艇舷侧线稍有起伏，60 ft（约 18.29 m）以上游艇舷侧线都为平稳的直线型
船室舷窗造型		船室舷窗形状与船室外形吻合，高大方正，更大的面积带来更广阔的视野
船壳舷窗造型		多为有圆角的大矩形，加上数个小的倒角矩形，符合整个游艇稳重的视觉感受

2.2.2　实例解析——“海狼号”游艇的外观设计

结合上述设计理论，通过调研分析，本节将结合设计实例（“海狼号”游艇）的设计过程对游艇造型设计进行更具体的解析。在此需要指出的是，游艇设计首先要结合船舶原理，不能凭空臆想，严格意义上需要参照母型船，分析主尺度，最终确定型线值。游艇的外观设计应根据艇的大小、设计速度和用途功能的不同而有所区别。

1.“海狼号”设计定位

“海狼号”的定位是一艘60 ft（约18.29 m）的豪华商务游艇。借助于对现有产品的分析，经过大量的市场调研发现，法拉帝游艇的品牌形象更加契合于“海狼号”的设计定位。设计一艘充满商务气息的游艇，只分析游艇造型特征是不够的，还需深入研究商务游艇的造型法则，为此设计人员对表2－1中法拉帝集团旗下的多种型号游艇做了综合分析。

考虑到“海狼号”的主尺度，最终选择尺度较为接近的法拉帝一款65 ft（约19.81 m）游艇作为母型船参考，如图2－9。在造型上，其高长比、主要轮廓线确定了这艘船在整体上具有明显的商务特征。其中在侧面特征中，它采用了新一代的舷窗——“海上之窗”，其材料是一种高强度水晶玻璃。新颖的材料既符合结构强度的要求，又满足了造型的创新性，同时在空间上满足了客户在船舱内欣赏海景的需求。

图2－9　法拉帝游艇外观

2. 设计目标解析

法拉帝65 ft（约19.81 m）游艇的船型造型特点为：船壳造型现代、大气、稳重，起伏的船舷线又能为这份稳重增添一丝活力。为了保留大气的现代感，需要保证船室前窗线与水平线的夹角在25°之上，后侧支柱夹角在45°以上；此外，为方便设置上层甲板空间，由船室前窗线向后过渡的线条应是平缓而悠长的。这样整个船室就显得高挺和宽敞，带有端庄稳重的气质。同时为了增加速度感，在飞桥与船艏线增加衔接，不仅能够保持视觉的延伸，而且显得更加灵动。

3. 草图描绘

基于前期的设计分析，在方案设计阶段要先从意象出发，按照设计者对法拉帝品牌的理解寻找合适意象作为游艇设计出发点。经过多次对比评价，最终确定了方案概念，如图2　10。方案的主要意象特征通过前窗和船室舷窗造型特征体现，辅以流畅的横向线条（比如船舷线、舭折线和船室顶面线），船室和船壳同样采用大舷窗，整体呼应，使船壳舷窗的主要意象特征得到保留。另外，对游艇进行的调整也使其更好地与整体轮廓相匹配。

图 2－10 “海狼号”草绘方案

4. 方案优化

在方案修改阶段，既要保持初步方案的造型意象，也要使方案更为合理。应在保证船室顶面线、船舷线、船艏线、舭折线和船室舷窗线等主要线条正确的情况下进行微调，同时更加注重细节，而且对船壳部分也应进行色彩加工。

为了使方案更具备合理性，就要考虑造型工艺、人机工程学等因素。在造型工艺上，初步的方案为船壳一体成型，其中船室需要以侧面舷窗为界限分两部分成型，以保证前窗部分在开模时候的结构强度，后面支撑部分也需要单独制作再黏结上去；考虑人机工程学，以及船室与船壳的相对位置，在建模时一定要严格控制，需要考虑行人的安全性和舒适性，保证两侧走廊的宽度符合人机工程学的要求。

5. 效果展示

经过建模、选择材质，可以得到多个角度的游艇效果图，这样可以更方便与客户进行沟通。图 2－11、图 2－12 为“海狼号”游艇效果图。

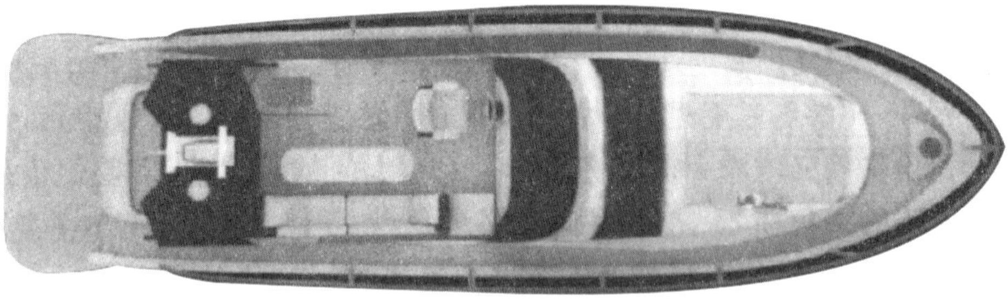

图 2－11 “海狼号”游艇俯视效果图

图 2－12 “海狼号”游艇侧视效果图

任务2.3　游艇上层建筑造型设计

2.3.1　上层建筑的外观造型

1. 上层建筑的结构形式

由于性能和使用要求不同,且各层甲板的高度不同,上层建筑外观形式可分为开式、闭式和混合式。

(1)开式上层建筑　开式上层建筑以吊檐、舷樯和栏杆作为造型要素,主甲板以上各层建筑设外走道。这种结构形式多为内河船舶和海洋船舶的局部造型所采用,便于交通和观赏风景。

(2)闭式上层建筑　闭式上层建筑主要用于海船。因为海船甲板容易上浪,影响船舶稳定性。

(3)混合式上层建筑　混合式上层建筑是指同一船上兼有开式和闭式建筑。如果外观上处理得当,那么这种结构形式就会兼有开式、闭式的造型效果,一般情况下多为"首闭后开"或"上开下闭",使人感到变化中有统一、统一中有变化。

2. 首尾端壁处理

首尾端壁是影响船舶上层建筑整体造型风格的关键部位,它体现船舶的时代感和工艺美。在上层建筑中,色条、色块的分割也是一种有效的造型手段。它不仅能改变大平板式的单调和呆板感,而且能够降低上层建筑的视觉高度,提高视觉稳定感。

3. 撑杆与栏杆

在开式上层建筑中,撑杆与栏杆对造型非常重要。栏杆主要由垂直和水平两种构件组成。错视使得垂直线的瞩目性比水平线强,实际等长的垂直线看上去要比水平线长,容易引起人的注意力。垂直构件的尺度在满足强度的前提下一般比水平构件要细一些,以形成视觉上的统一感。舷边栏杆所形成的虚面与两层甲板之间的空间能够形成虚实对比。

在技术条件可行的情况下,应充分体现船舶局部和整体统一的原则,在设计过程中充分研究内部空间的形状和体积,以丰富的空间想象力去表现内外形态,使之成为一个和谐的整体。现代船舶建筑在外观造型及艺术处理上有广阔的、多样的可能性。船舶建筑及舱面设备的形象必须满足一定的技术和艺术要求,既有动态建筑的美感,又能相互协调,在总体船型上表现出紧凑、流线及整体塑性。

任务2.4　游艇内装设计

游艇布置要合理、有序、舒适、美观,游艇室内布局是关键。游艇不仅仅是供人暂时居住、游玩娱乐的地方,同时要给人以愉悦的心理感受。现代的游艇室内设计逐渐强调重陈设、轻装修。家具陈设是游艇室内设计中不可或缺的组成要素,它能更好地适应不规则平面形状和特殊空间类型与结构的限制。内部设计易与界面的造型形成统一感，对地面、墙面和顶棚有着重要的影响和补充作用，常利用材质和色彩的变化，配合灯饰表现，结合陈设点缀，与室内环境的艺术格调形成一致效果，如图 2－13 所示。

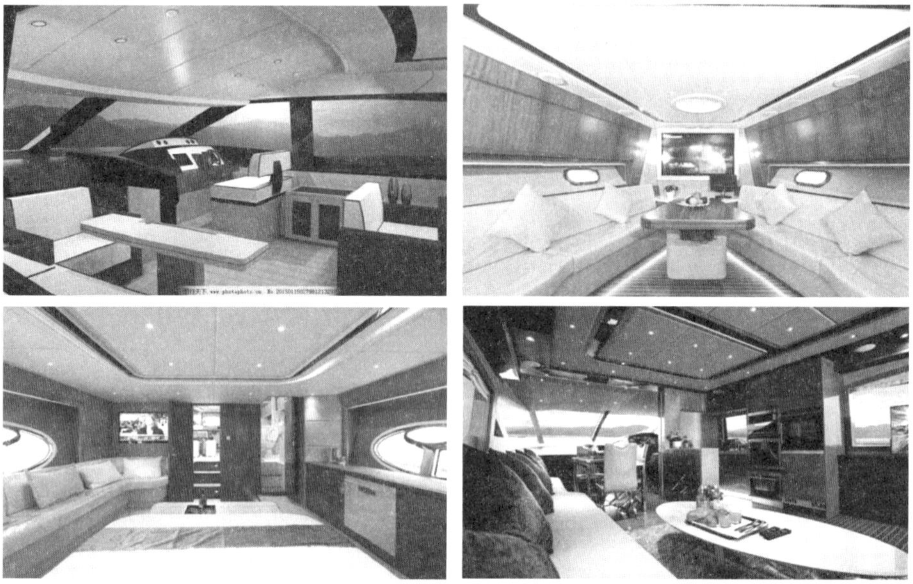

图 2－13　游艇内装效果图

2.4.1　游艇内装设计要点

影响游艇室内布局的主要因素有功能因素、经济因素和心理因素。室内布局一般会根据游艇的具体情况而定，如游艇面积的大小，不同房间(卧室、客厅、厨房等)的功能需求，主人的职业性质、生活习惯、个人爱好与文化修养等。应根据功能需求，结合经济状况，再依据心理需求，因艇、因人精心统筹设计与安排。

游艇内装设计一般按照船舶舱室内装设计的流程进行，具体实施方案如图 2－14 所示。

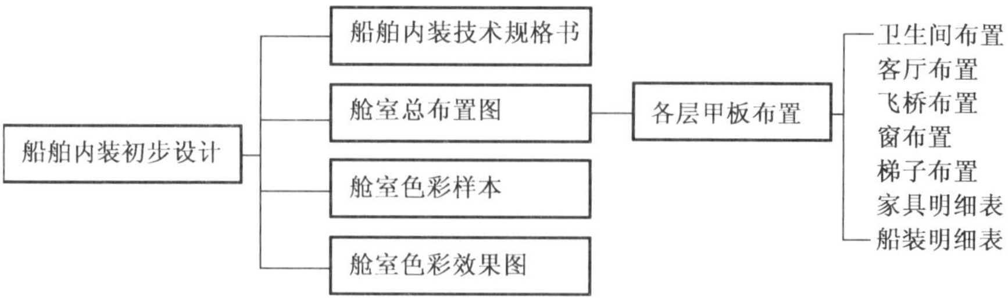

图 2－14　游艇设计初步方案

游艇内装设计首先要考虑其功能性，功能不同，空间设施也略有不同。对游艇功能的分析如表2－3 所示。

表 2 - 3　功能分析

功能	类型	要求
运动	水上运动	加速快、操作性强
休闲	家人、朋友聚会	设施完备、布置精巧
	娱乐(如钓鱼等)	公共空间布置合理
	游览	公共空间布置合理
工作游览	游览	公共空间大
	运输	公共空间大、动力强劲
商务	商务会议	空间大、设施完备
	公司聚会	空间大、设施完备
	小型聚会	空间大、设施完备
	家人、朋友聚会	设施完备、布置精巧

经过功能分析,会得到不同种类游艇内装设计的特征。例如:运动型游艇一般配套大功率的发动机,更侧重驾驶室的设计,要能够充分体现驾驶的愉悦,空间设施相对简单;商务游艇的空间布局更加精巧,要营造出多样化的空间,以满足宾客休闲、享受的需要;家庭休闲型游艇则会更加注重整体氛围的营造,如厨房、客房、卡拉 OK 设备、电子游戏房等,加长的钓鱼船艉甲板等设施都是必不可少的。

游艇在水面航行,除了美观性和舒适性外,更重要的是安全性。如果一艘游艇的内饰材料没有足够的刚度和强度,那么它们在使用过程中就很容易走形、损坏,所以对游艇内饰的用材有更高的要求。一般来说,游艇的内饰材料要比一般船舶用的材料更加高档。

此外,若要将游艇布置得舒适、漂亮、有序、合理,家具的布局是关键。游艇家具布局有以下几方面因素需要考虑。

(1)线条要流畅　直线线条流动较慢,给人以庄严感;曲线线条流动较快,给人以活跃感。家具的线条应与游艇的线条相适应。例如,若游艇较窄,可将家具由高到低排列,形成视觉上的变化,使房间显得宽敞。

(2)风格要统一　最好选用成套家具,使其大小、颜色、风格和谐统一。另外家具也应与室内其他设备及装饰物的风格统一。例如窗帘、灯罩、床罩、台布等装饰物,其用料、式样、图案、颜色等要与家具及设备相呼应。

(3)色彩要调和　游艇室内家具与墙壁、屋顶及装饰物的色彩要调和,游艇内外的色彩也要调和。

(4)空间要简洁　将许多零碎的设备藏于橱柜中对游艇的室内布置尤为重要,这样会使游艇空间显得更为整洁、舒心。

(5)家具所占空间要合理　一般原则是家具所占面积约占居室面积的 40% ~50% ,室内活动区面积不应小于全室面积的 40% ,这样布置家具就会比较合理,同时不显空旷或拥挤,否则会影响人的正常活动,影响通风和采光。

(6)家具的布局要合理　布局时需要考虑家具位置和行动的通道,排列时要注意家具的数量、尺寸及其所占据的空间与房间的空间尺度和形状空间是否适宜,摆放时要有长短相接、大小相配、高低错落有致的韵律,使人感受到舒适。

总之，家具布置要多思考、多实践，不断地创造出既有变化又符合美学规律的安排形式，给人以新鲜活泼、轻松亲切的感觉。

2.4.2 游艇各部分空间设计

1. 驾驶舱设计

游艇驾驶舱如图 2－15 所示。游艇的驾驶台仪表相较于汽车要复杂得多，它包括 GPS 导航、海图仪器、各种控制平台等，配置通常非常豪华。内装设计者不仅要考虑人机工程学的科学性，还要考虑驾驶舱的舒适性。另外，有些配备（如遮阳篷、冰箱、冷热水系统、储物柜、酒柜等）以及精心装饰的舵手位置和副舵手位置会给游艇拥有者带来舒适的出航体验。

2. 厨房设计

游艇厨房（图 2－16）作为游艇的餐饮制作专区，是必不可少的舱室空间之一，其重要性不亚于沙龙区与 VIP 卧室。因为游艇厨房功能集中，还与水、电、气设备以及管线密切相关，因此如何规范利用有限的厨房空间极具挑战性。值得注意的是，设计者们逐渐将体现低碳理念的“绿色一体化”厨房作为游艇的一个整体功能模块来看待。“绿色一体化”厨房将洗涤、加工、烹饪、制作等不同功能需求分解为不同模块单元，很大程度上提升了游艇厨房的环保性、经济性、安全性。

图 2－15 游艇驾驶舱

图 2－16 游艇厨房

3. 卧室设计

游艇卧室（图 2－17）的设计应该注意以下几点：整体要展现用户的心理需求，满足个性化要求，体现豪华性；空间要整洁，可以利用橱柜等掩饰繁杂的细节；灯光的设计除了要烘托环境的安静和奢华感外，也要保证安全性，尽量采用简单、固定或者隐藏形式的灯具。

4. 飞桥甲板设计

飞桥甲板（图 2－18）就是游艇的“阳台”，不仅是人们享受阳光、迎风眺望的地方，也是人们进行商务交流的最佳场所，因此舒适的阳光坐垫是必不可少的。飞桥的存在使得驾驶室更为开放，露天的驾驶台更给人一种“直挂云帆济沧海”的快感。

5. 卫生间设计

游艇卫生间（图 2－19）通常设在游艇的边缘或比较狭窄的地方，这样可以节省出更多自由活动的空间，所以如何进行卫生间设计也是非常重要的。

了解游艇室内设计、内装细节之后，便可以开始设计构思了。空间布局的前期工作是在二维平面上进行的，设计师需要在纸上构思大概的空间布置、功能分区、色彩风格，这部分的设计可以借鉴国内外相同尺度的游艇布置。图 2－20 为游艇布置效果图。

图 2－17　游艇卧室

图 2－18　飞桥甲板

图 2－19　游艇卫生间

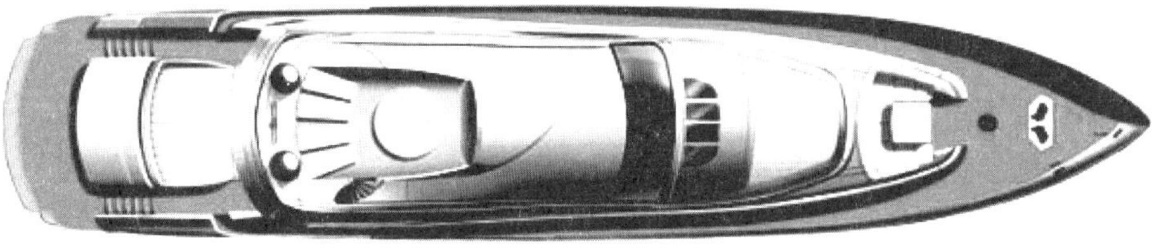

(a)

(b)

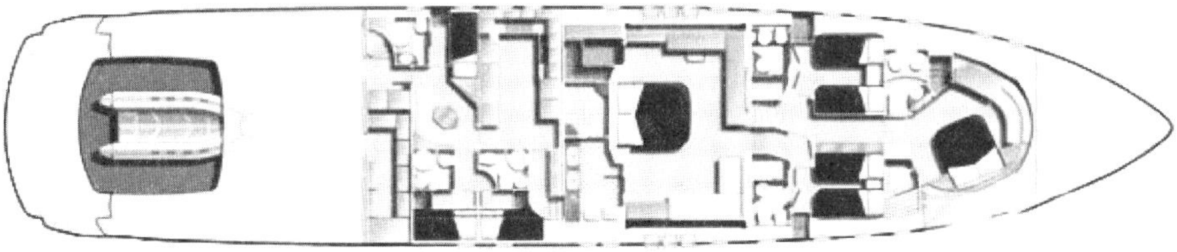

(c)

图 2－20　游艇布置效果图

(a)上层飞桥甲板;(b)中层主舱沙龙;(c)下层卧室

此外,考虑到乘员人数、功能需求和采光情况等因素,设计者需要通过讨论方案来确定最终平面布置图。

2.4.3 游艇内装模块化建造过程

如果平面的布置图不够直观，为了向客户更全面地展示设计方案，在整体的游艇平面布局方案确定之后，需要进行方案交互。此环节通常选择创建游艇内装 3D 模型（图 2－21），因为采用模块化设计可以更有效、更快捷、更系统地完成游艇内装布置。

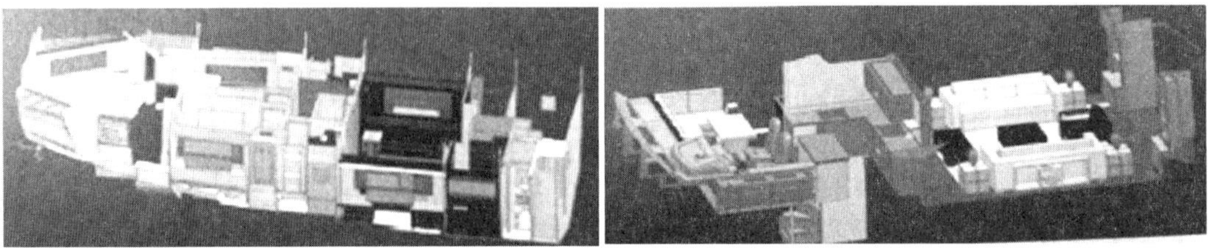

图 2－21 内装 3D 模型

游艇内装是由不同的内部空间模块（图 2－22）构成的。模块是游艇设计和制造的功能单元，每个模块又可以分成不同的小模块，小模块还可以继续细分，因此对于游艇内装的设计而言，最重要的是模块的设计。

图 2－22 内部空间模块

船壳建造部分可分为图 2－23 所示模块：船底模块、甲板模块、飞桥模块、上层船壳模块、舾装配件模块等。

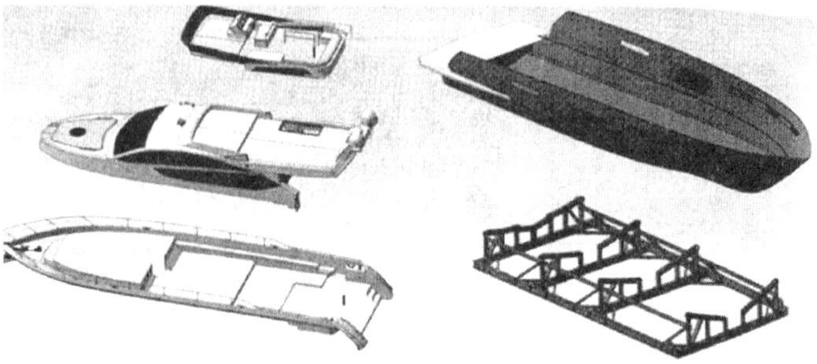

图 2－23 船壳模块

项目三 Rhino 5.0 基础操作

【项目描述】

本项目系统地介绍 Rhino 5.0 的工作界面、基本操作方法、工具和命令的使用方法等。通过对本项目 7 个任务进行学习，学生可以对 Rhino 5.0 形成基本的认识，并且掌握一些基本工具的使用方法和操作技巧。

【项目目标】

知识目标

1. 掌握工作界面操作；
2. 掌握选择物件操作；
3. 掌握群组与解散群组操作；
4. 掌握隐藏与锁定操作；
5. 掌握物件的变动操作；
6. 掌握导入与导出操作；
7. 掌握尺寸标注与修改操作。

能力目标

能够进行 Rhino 5.0 基本应用操作。

素质目标

1. 培养学生的自学能力；
2. 培养学生分析问题、解决实际问题的能力。

【学习任务】

学习任务 1：工作界面操作
学习任务 2：选择物件
学习任务 3：群组与解散群组
学习任务 4：隐藏与锁定
学习任务 5：物件的变动
学习任务 6：导入与导出
学习任务 7：尺寸标注与修改

【任务实施】

任务 3.1　工作界面操作

双击(若未特别说明,则本书中“双击”“单击”“点击”等均为点击鼠标左键)桌面快捷图标,弹出 Rhino 5.0 的启动画面,如图 3-1 所示。

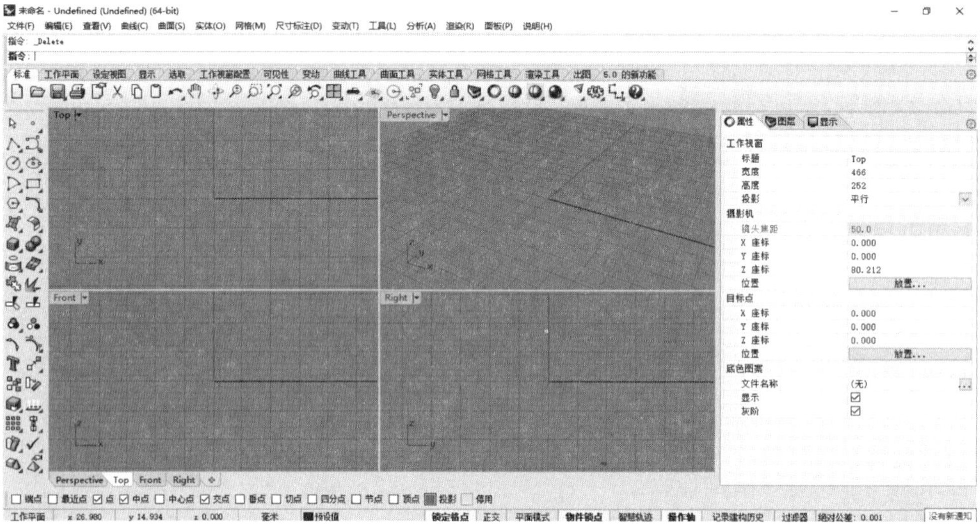

图 3-1　工作界面

启动 Rhino 5.0 时,会显示预设窗口,在该窗口下可以选择一个需要使用的模板文件,也可以快速打开最近使用的文件,如图 3-2 所示。

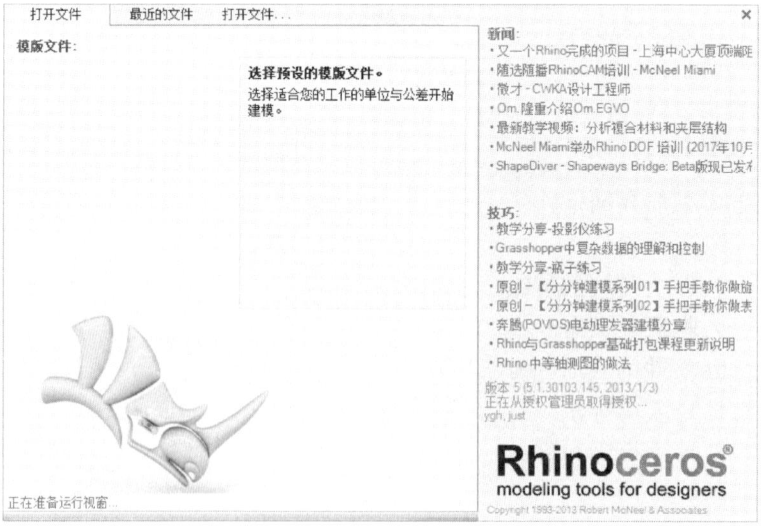

图 3-2　预设窗口

Rhino 5.0 的工作界面分为标题栏、菜单栏、命令栏、工具栏、边栏、工作视图、图层面板、状态栏,如图 3-3 所示。

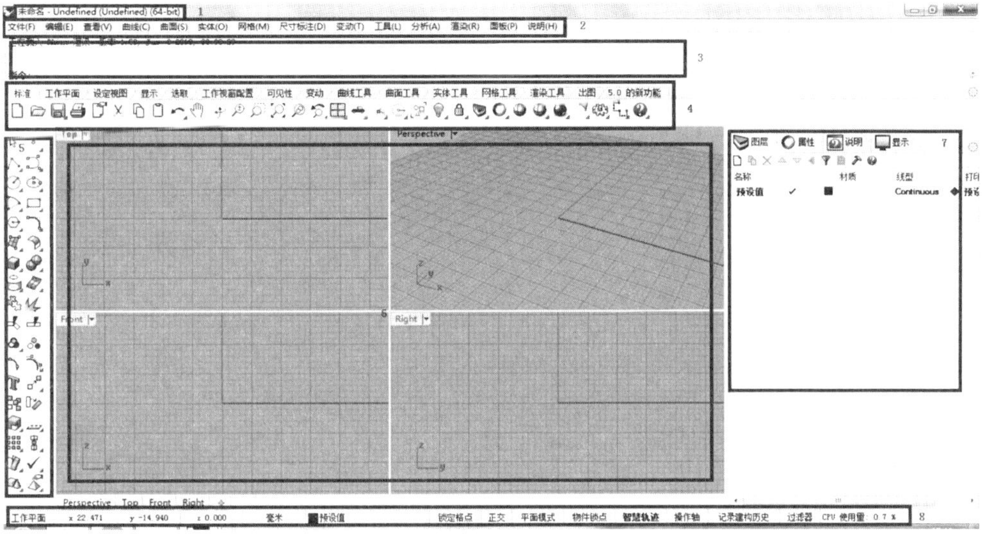

1. 标题栏;2. 菜单栏;3. 命令栏;4. 工具栏;5. 边栏;6. 工作视图;7. 图层面板;8. 状态栏

图 3－3　工作界面各部分功能

3.1.1　工具箱各种工具介绍

(1)标题栏　显示软件版本和文件名称。

(2)菜单栏　集合了 Rhino 5.0 的所有命令。

(3)命令栏　用于输入命令和显示命令历史。

(4)工具栏　集合了 Rhino 5.0 中的操作工具。

(5)边栏　集合了与工具栏同类型的工具。

(6)工作视窗　作业的主要活动区域。默认显示 Top(上)视图、Front(前)视图、Right(右)视图、Perspective(透视)视图。

(7)图层面板　用于提高操作效率。该面板包括“属性”“图层”“显示”“说明”4 个选项

(8)状态栏　显示系统操作时的信息。

3.1.2　界面设置

在 Rhino 5.0 中执行相关的菜单命令,可以打开“Rhino 选项”对话框,在该对话框中可以对界面进行设置。另外,对界面中的面板进行拖曳等操作,可改变面板的外观。

(1)将光标移至边栏的顶端,使光标呈状,然后按住鼠标左键并拖曳,工具栏会脱离原始位置跟随光标移动,如图 3－4 所示。

(2)将光标移至边栏的顶端,然后按住鼠标左键并拖曳到原始位置,原始位置会以蓝色显示,然后松开鼠标左键,此时边栏将被放置在边缘,如图 3－5 所示。

(3)将指针移至图层面板的边缘,使光标呈状,然后按住鼠标左键并拖曳,图层面板将会跟随光标改变大小,如图 3－6 所示。

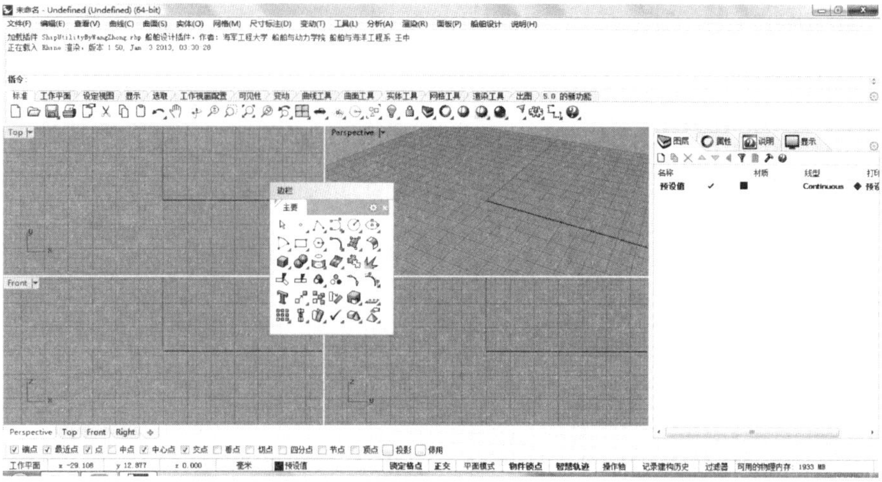

图 3-4　移动对话框(工具栏)

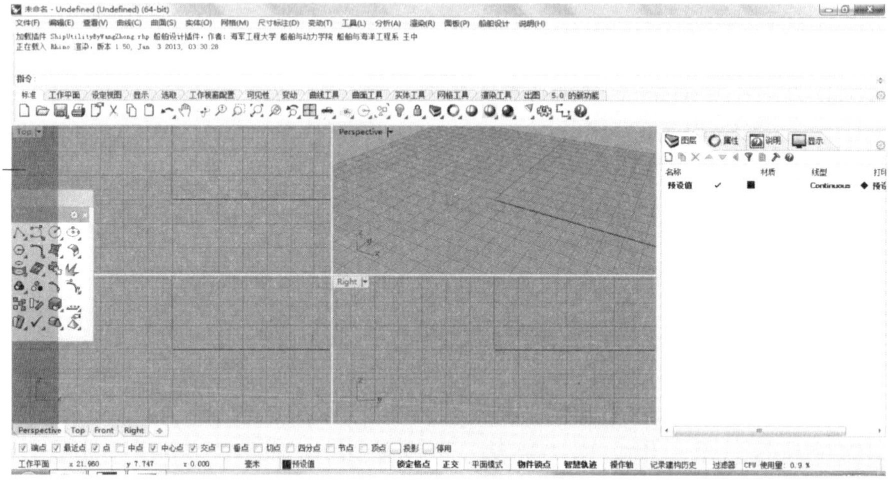

图 3-5　移动对话框(边栏)

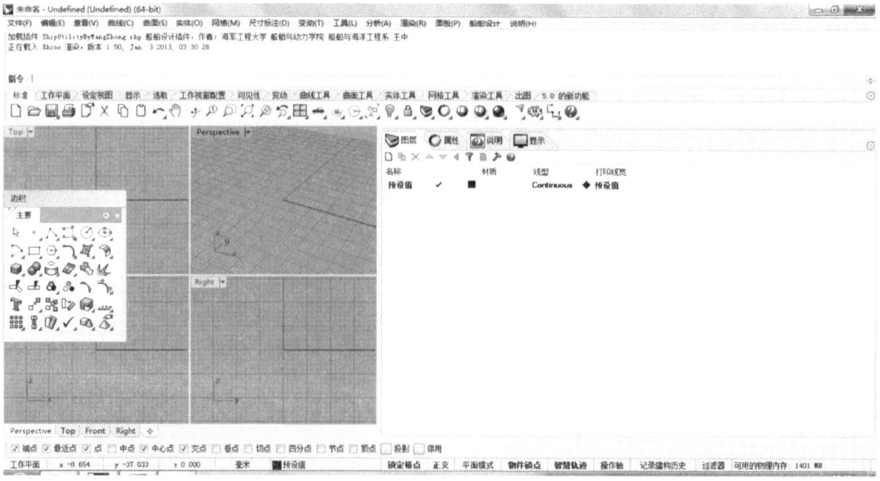

图 3-6　改变窗口大小

(4)将左侧边栏拖曳至工作视图中间,然后单击边栏右上角的×按钮关闭边栏,如图3-7所示。使用同样的方法,关闭工具栏和图层面板。

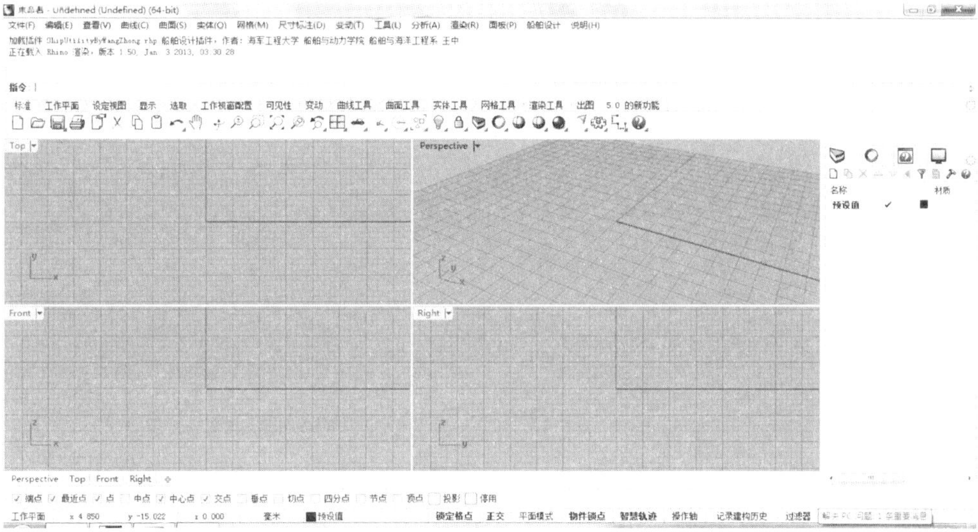

图3-7 关闭对话框

(5)单击“工具>工具列配置”命令,打开Rhino选项对话框,单击左侧列表中的工具列,单击“还原预设值”按钮,在打开的“重设为预设的工具列”对话框中,单击“确定”按钮关闭对话框,如图3-8所示,最后在打开的“工具列重设指令”对话框中,单击“确定”按钮。

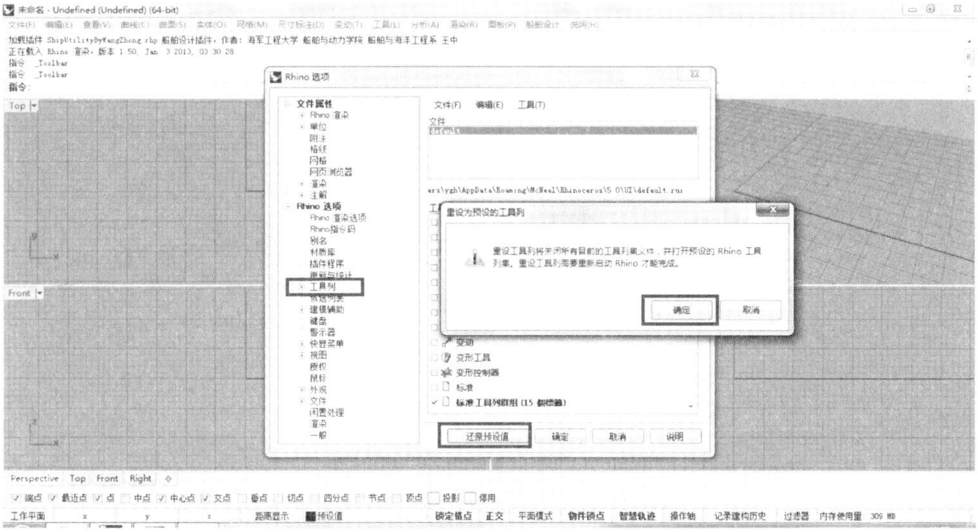

图3-8 对话框设置

(6)关闭Rhino 5.0,然后再次启动Rhino 5.0,工具栏和边栏恢复原状,如图3-9所示。

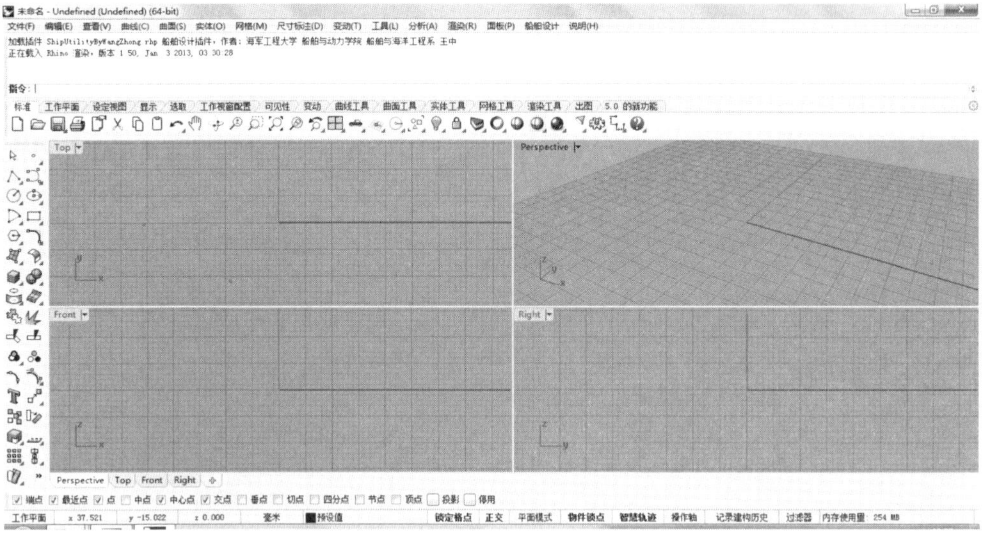

图 3－9　重启后设置恢复

(7)单击“面板 > 图层”命令，如图 3－10 所示，打开图层面板。

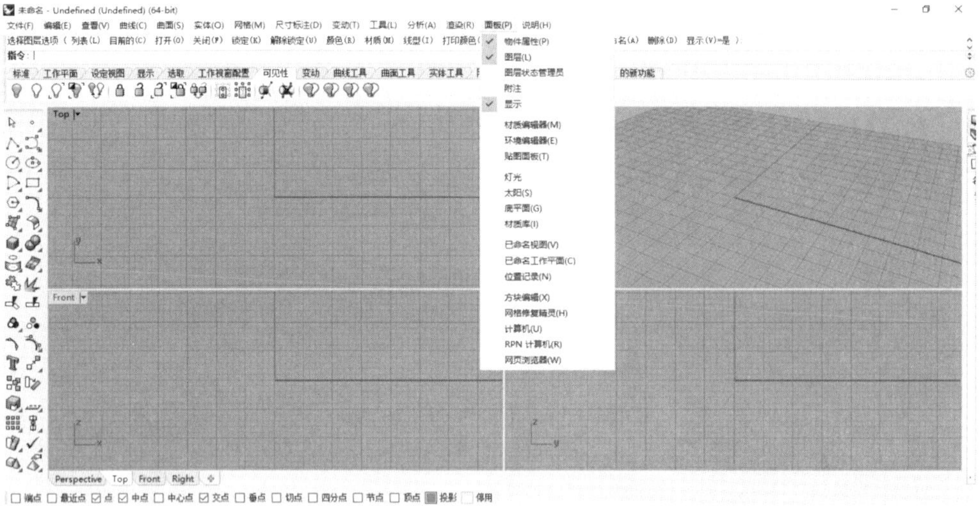

图 3－10　打开图层面板

任务 3.2　选择物件

在建模的过程中，选择物件是比较常用的操作。依据物件不同的属性，可以采取不同的方式来进行选择。

3.2.1　单选

在大部分三维软件中，使用鼠标左键单击一个物件即可将该物件选中，Rhino 5.0 也是如此，这种选择方式称为单选。

在默认情况下，Rhino 5.0 中的物件以黑色线框显示，当一个物件被选中时，其颜色会变为黄色以示区别，如图 3－11 所示。

单选这种方式通常适用于对单个物件进行操作，如果需要选择多个物件进行操作，就需要使用到框选或跨选方式。框选是指从左至右拖曳出一个矩形选框，只有完全位于矩形框内的物件才能被选中，如图 3－12 所示。跨选是指从右至左拖曳出一个矩形选框，只要物件有部分位于选框内，即可被选中。当物件被选中后，如果要取消选择，可以按 Esc 键或在工作视窗的空白区域单击鼠标左键。

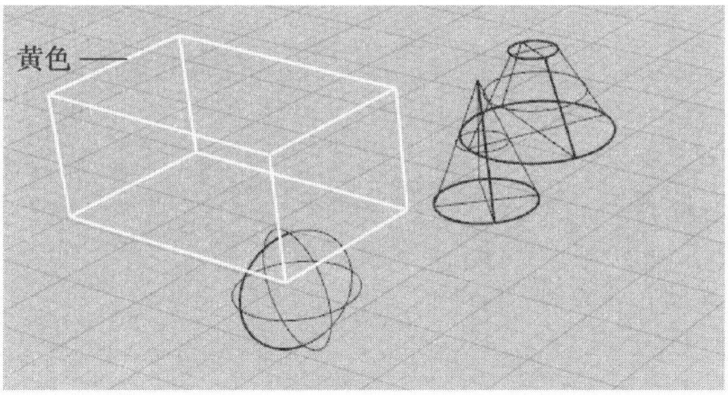

图 3－11 被选择的物件

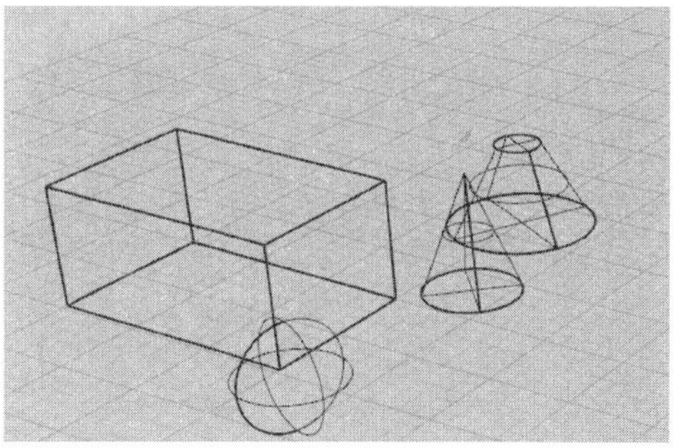

图 3－12 框选物件

3.2.2 加选和减选

1. 打开“场景文件”，如图 3－13 所示。
2. 采用框选方式选择中间 4 个红色的模型，如图 3－14 所示。

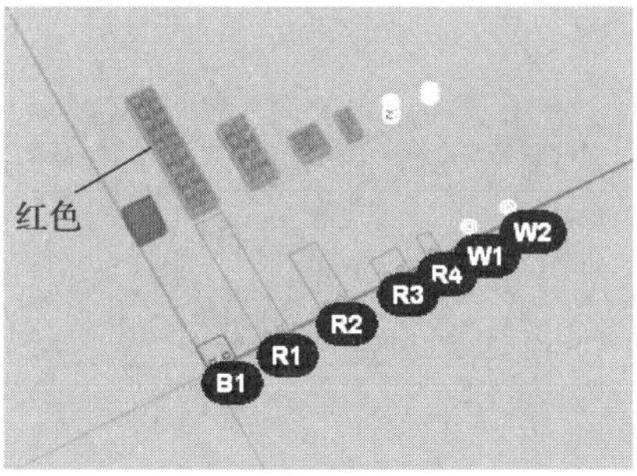

图 3－13 场景文件

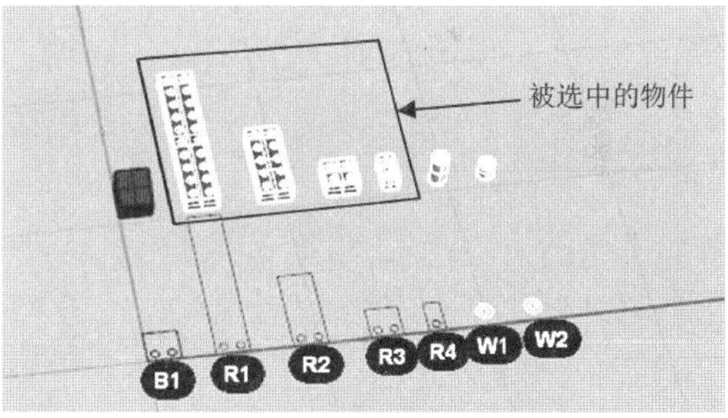

图 3－14 被选择的物件

3. 按住 Ctrl 键的同时依次单击右侧已经被选中的 2 个红色模型，结果如图 3－15 所示，可以看到它们已经被排除在选择集之外了。

4. 按住 Shift 键的同时依次单击之前没有被选择的 3 个模型，如图 3－16 所示，可以看到这 3 个模型已经被添加到了选择集中。

3.2.3 Rhino 5.0 提供的选择方式

Rhino 5.0 提供了比以往任何一个版本都要丰富的选取指令，这些指令主要位于“编辑 > 选取物件”菜单中，如图 3－17 所示。

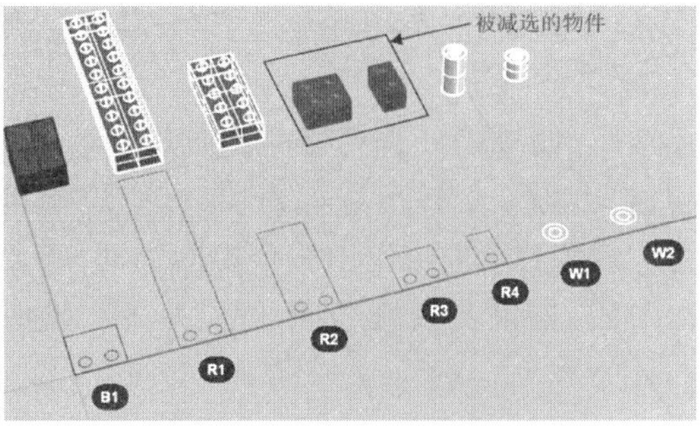

图 3 – 15　按住 Ctrl 键减选物件

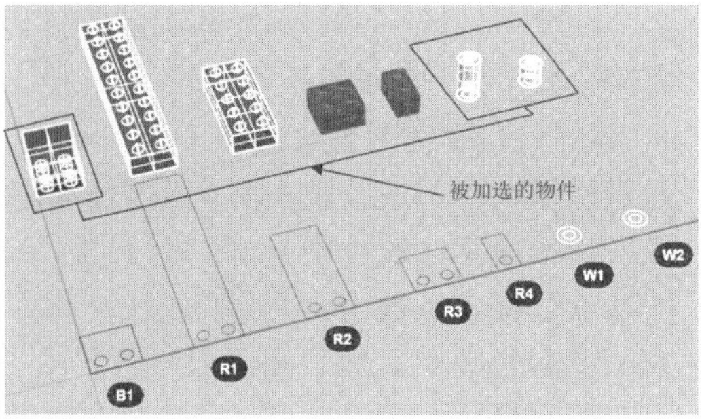

图 3 – 16　按住 Shift 键加选物件

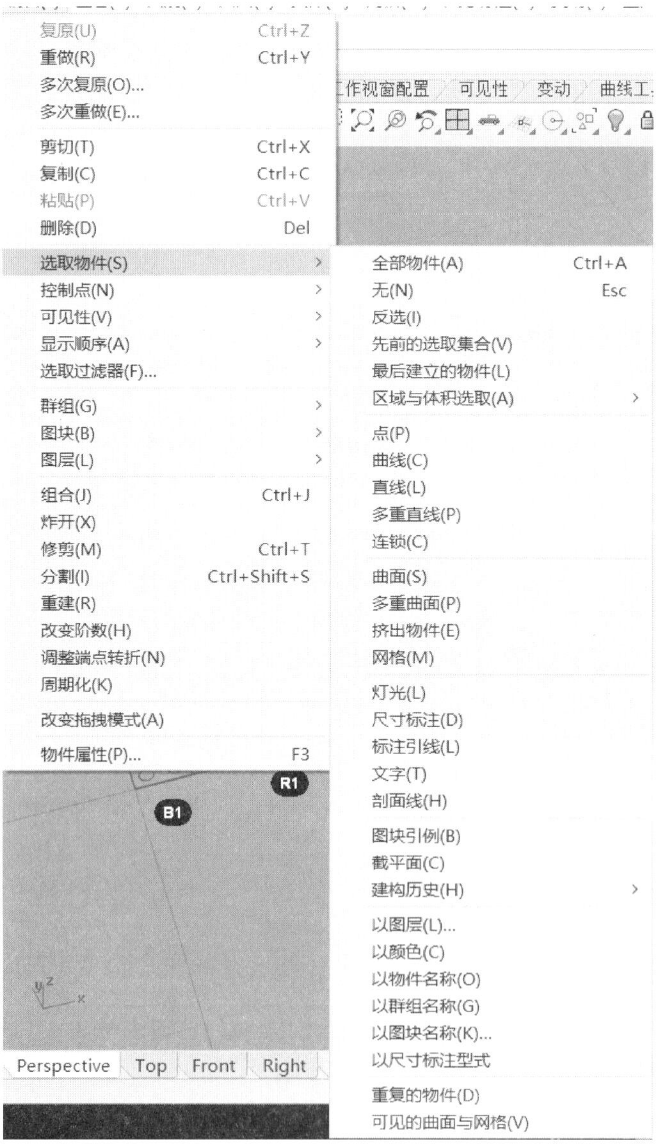

图 3 – 17　选取物件菜单

如果要通过工具启用这些指令，可以打开“选取”工具栏（图 3 – 18），也可以通过“标准”工具栏下的“全部选取/取消选取全部物件”工具（按钮为）展开“选取”工具面板（图 3－19）。这些工具有以下用法。

1. 全部选取/全部取消选取

使用“全部选取”工具（按钮为）可以将视图中显示的物件全部选中，快捷键为“Ctrl + A”，注意隐藏的物件无法被选中。而使用“全部取消选取”工具（按钮为）可以全部取消选择的物件，快捷键为“Esc”，该工具无法在其他命令执行的过程中取消已选取的物件。

图 3－18 “选取”工具栏

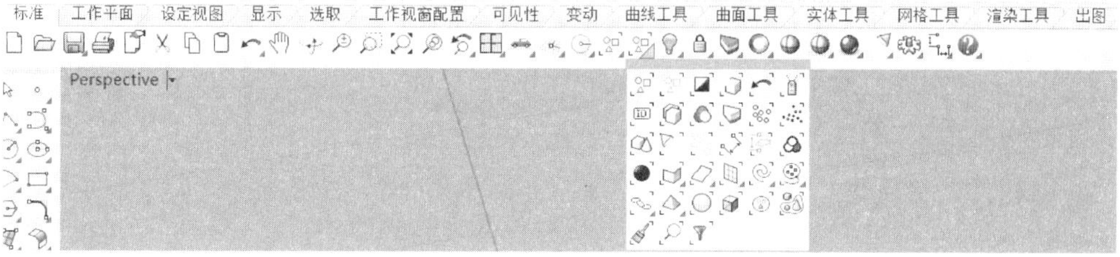

图 3－19 “选取”工具面板

2. 反选选取集合/反选控制点选取集合

所谓反选，就是取消已经选取的物件，同时选择之前未选取的物件，使用“反选选取集合/反选控制点选取集合”工具（按钮为）可以进行反选。

3. 选取最后建立的物件

“选取最后建立的物件”工具（按钮为）是 Rhino 5.0 的新增工具，用来选择最后建立的一个物件。这里所说的“最后建立”，不仅是指创建，还包含编辑更改。

例如，创建物件 1（先创建）和物件 2（后创建），如图 3－20 所示：如果完成创建后没有进行过任何改动，那么使用“选取最后建立的物件”工具将选取物件 2，如图 3－21 所示；如果完成创建后对物件 1 的大小或位置等进行了更改，那么选择的将是物件 1，如图 3－22 所示。

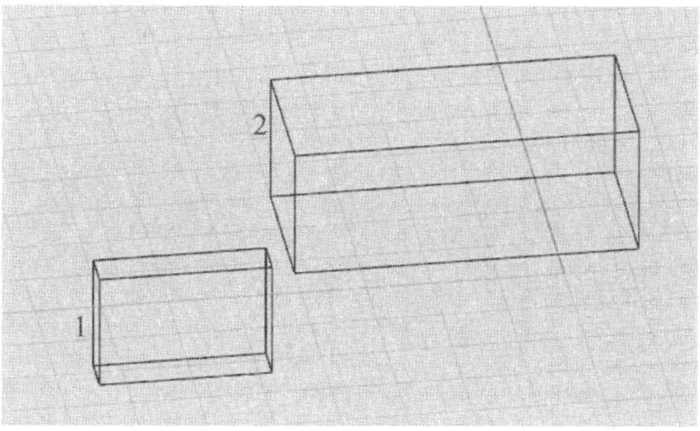

图 3－20 创建物件 1、2

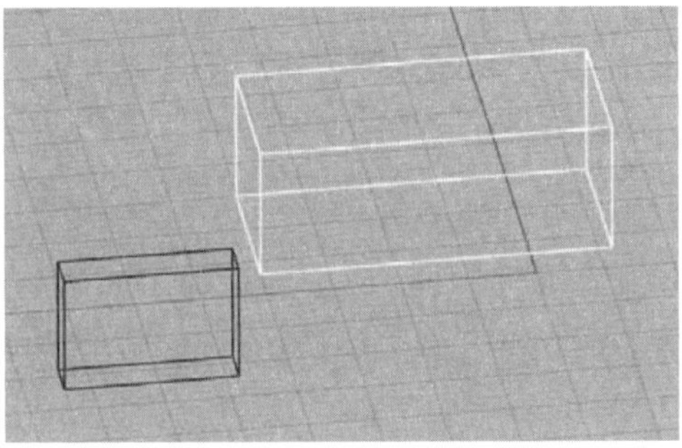

图 3-21　选取物件 2

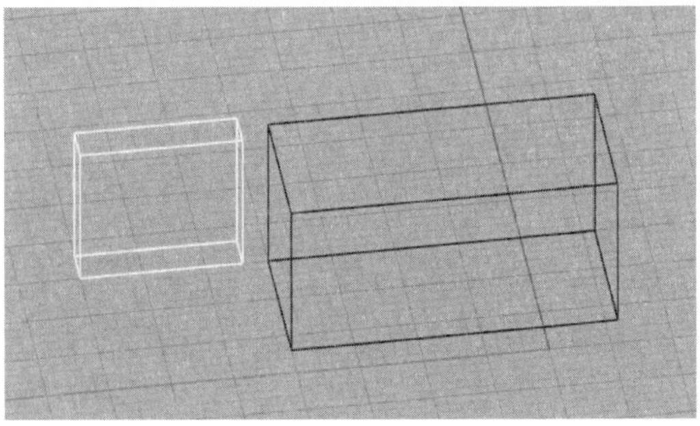

图 3-22　选取物件 1

4. 选取上一次选取的物件

建模的过程中有时候需要选取很多物件进行操作，如果一不小心点错，比如点到了空白位置，自动取消了选择集，那么可以通过“选取上一次选取的物件”工具（按钮为）来恢复之前的选择。

5. 以物件名称选取

“以物件名称选取”工具（按钮为）适用于选取命名物件。单击该工具将打开“选取名称”对话框，如图 3-23 所示。该对话框会列出所有已命名的物件（隐藏或锁定的物件不会被列出），可根据设定的名称来选择。

图 3-23　以物件名称选取

由于隐藏或锁定的物件不会被列出，因此无法选取这两类物件。通过“选取名称”对话框中的“没有名称”选项，可以选取未命名的物件。

6. 以物件 ID 选取

“以物件 ID 选取”工具（按钮为）同样是 Rhino 5.0 的新增工具，通过在命令行输入物件的 ID 进行选取。物件的 ID 可以通过“物件描述”对话框进行查询，如图 3-24 所示。

7. 选取重复的物件

如果要选取几何数据完全一样而且可见的物件，可以使用“选取重复的物件”工具（按钮为），但会保留一个物件不被选取，通常用于删除重叠的物件。

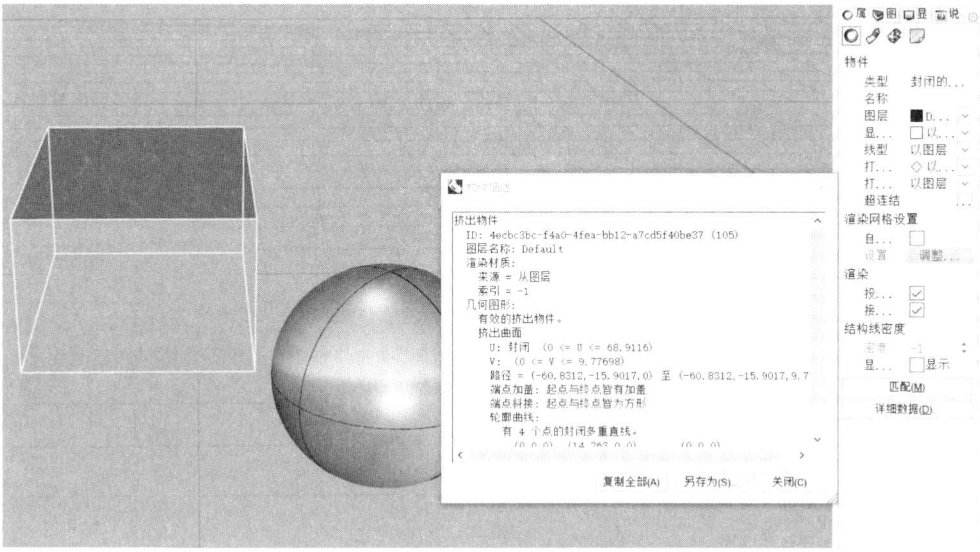

图 3-24 以物件 ID 选取

8. 以颜色选取

如果要选取颜色相同的物件，可以使用“以颜色选取”工具（按钮为）。

9. 以图层选取/以图层编号选取

左键单击“以图层选取/以图层编号选取”工具（按钮为）将弹出“要选取的图层”对话框，如图 3-25 所示。在该对话框中选择一个图层，并单击 选取 按钮或 确定 按钮，即可选中该图层上的所有物件。右键单击该工具可以通过命令行输入图层的编号进行选取。

图 3-25 以图层选取

10. 选取点/选取点云

点是单个物件，点云是多个点的集合。使用“选取点”工具（按钮为）可以选取所有的点物件，而使用“选取点云”工具（按钮为）可以选取所有的点云物件。

11. 选取全部图块引例/以名称选取图块

图块是指将多个物件定义为单一物件。Rhino 5.0 可以定义图块，也可以插入图块。左键单击“选取全部图块引例/以名称选取图块”工具（按钮为 ）将在选择文件中插入的所有图块；右键单击该工具将弹出“选择图块引例”对话框，用于选取指定名称的图块引例，如图 3－26 所示。

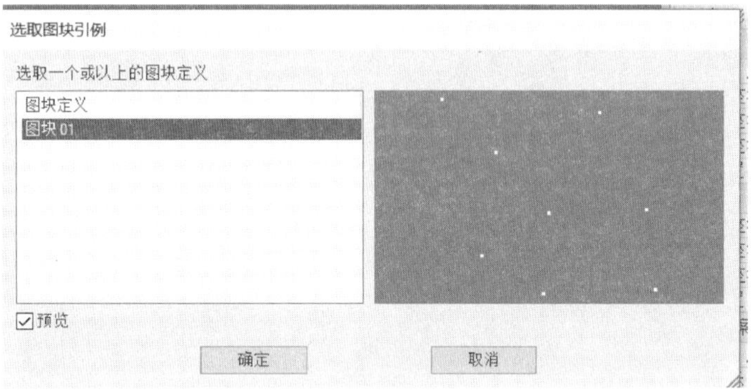

图 3－26　选取指定名称图块

当场景中不存在定义的图块时，右键单击“选取全部图块引例/以名称选取图块”工具将不会打开“选择图块引例”对话框，同时在命令行将显示“没有图块引例可选取”。

12. 选取灯光

使用“选取灯光”工具（按钮为 ）可以选取场景中的全部灯光物件。

13. 选取尺寸标注/选取文字方块

左键单击“选取尺寸标注/选取文字方块”工具（按钮为 ）将选取所有的尺寸标注；右键单击此工具将选取所有的文字。

14. 以群组名称选取

当场景中存在群组时，单击“以群组名称选取”工具（按钮为 ）将打开“选取群组”对话框，可以通过指定群组名称选取物件，如图 3－27 所示。

15. 选取注解点

使用“选取注解点”工具（按钮为 ）可以选取所有的注解点，图 3－28 圈内的部分就是注解点。

图 3－27　以群组名称选取

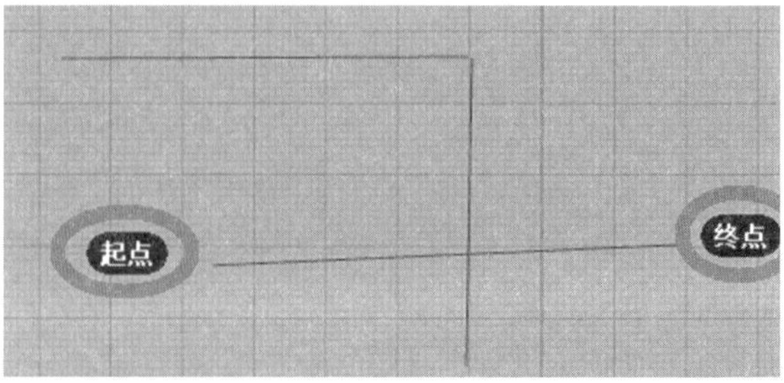

图 3－28　选取注解点

16. 选取多重曲面

多重曲面由两个或两个以上的曲面组合而成。“选取多重曲面”工具(按钮为)用于选取所有的多重曲面，该工具下包含一个“选取多重曲面”工具面板，如图 3－29 所示。

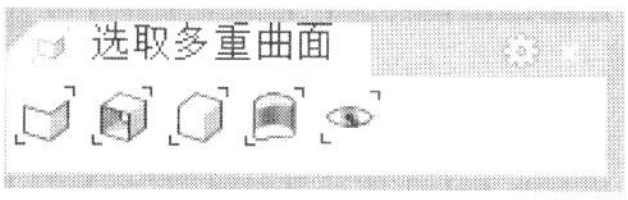

图 3－29 选取多重曲面

任务 3.3 群组与解散群组

在使用 Rhino 5.0 建模的过程中，群组功能主要起到绑定不同部件的作用。它能通过解组和编组来灵活处理物件的关系，客观上加快建模的速度。

群组操作命令主要集合在“编辑 > 群组”菜单中，如图 3－30 所示。此外，在侧工具栏中可以找到“群组”工具(按钮为)和“解散群组”工具(按钮为)。通过“群组”工具可以调出“群组”工具面板，如图 3－31 所示。

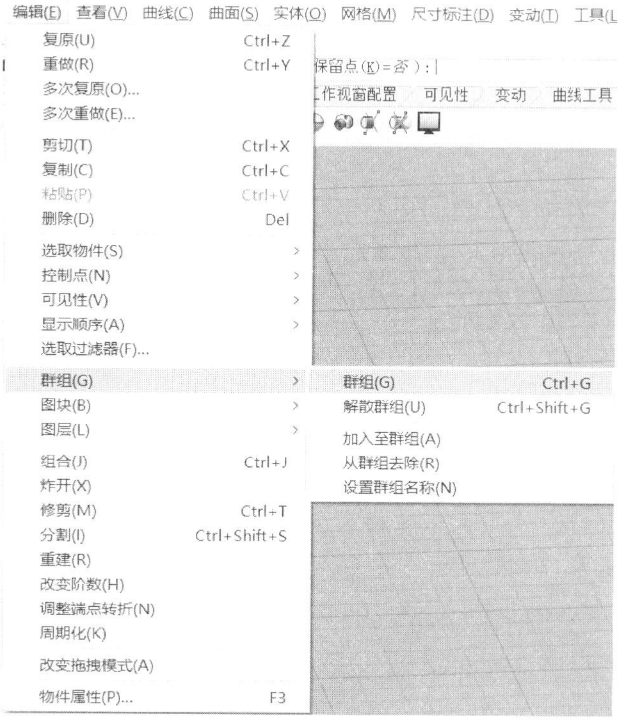

图 3－30 “群组”命令

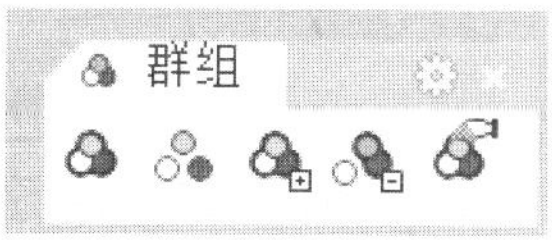

图 3－31 “群组”工具面板

3.3.1 创建群组/解散群组

使用“群组”工具或按“Ctrl + G”组合键可以将选取的物件创建为群组，而使用“解散群组”工具或按“Ctrl + Shift + G”组合键可以解除群组状态。

Rhino 5.0 中的群组是可以嵌套的。嵌套是指一个物件或一个群组可以被包含在其他群组中。例如，现在有一个群组 A 和一个单独的物件 B，A 和 B 可以再次被创建为一个群组 C，当群组 C 被解散时，里面包含的群组 A 不会被解散。

3.3.2 加入至群组/从群组中移除

如果要将群组外的物件加入群组，可以使用“加入至群组”工具（按钮为）。启用该工具后，先选择需要加入的物件，并按 Enter 键确认，再选择群组，同样按 Enter 键确认。将一个物件加入一个群组不属于嵌套关系。如果要将物件从群组中移除，可以使用“从群组中移除”工具（按钮为），启用该工具后，选择需要移除的物件，并按 Enter 键确认即可。

3.3.3 设定群组名称

为了便于管理场景中的群组，可以使用“设定群组名称”工具为群组命名。

任务 3.4 隐藏与锁定

建模时，由于当前正在编辑的模型毕竟只是一小部分，而其他堆砌的物件会影响视觉及操作，因此就需要将物件隐藏或者锁定。

3.4.1 隐藏和显示物件

将物件隐藏和显示的命令主要集合在“编辑 > 可见性”菜单中，如图 3 – 32 所示。其所对应的工具位于“可见性”工具面板中，通过“标准”工具栏下的“隐藏物件/显示物件”工具（按钮为）调出，如图 3 – 33 所示。

1. 隐藏物件

左键单击“隐藏物件/显示物件”工具（按钮为）可以隐藏选取的物件；如果要隐藏未选取的物件，可以使用“隐藏未选取的物件”工具（按钮为）。同理，物件上的控制点也可以被隐藏。左键单击“隐藏控制点/显示点”工具（按钮为）即可隐藏选取的控制点；如果要隐藏未选取的控制点，可以使用鼠标左键单击“隐藏未选取的控制点/显示隐藏的控制点”工具（按钮为）。

2. 显示物件

使用“隐藏物件/显示物件”工具的右键功能或“显示物件”工具（按钮为）可以显示出隐藏的物件；而使用“隐藏未选取的控制点/显示隐藏的控制点”工具的右键功能可以显示出隐藏的控制点。

3. 对调隐藏与显示的物件

使用“对调隐藏与显示的物件”工具（按钮为 ）可以隐藏所有可见的物件，并显示所有之前被隐藏的物件。

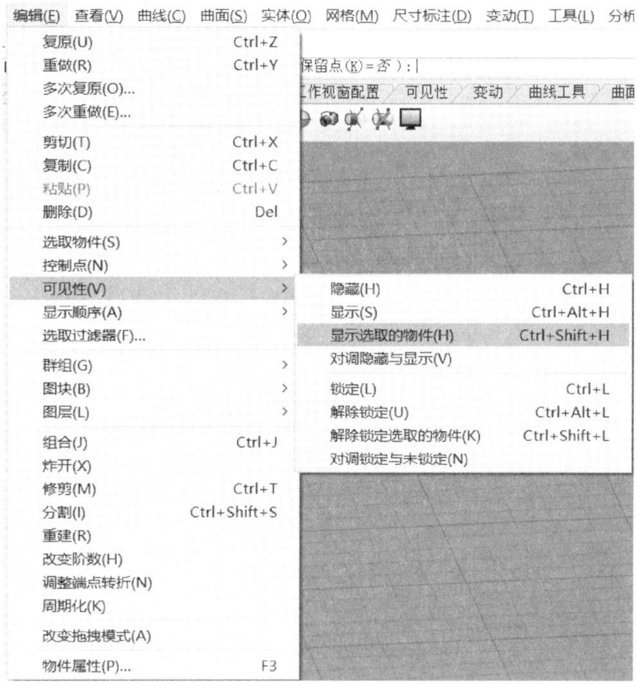

图 3－32 隐藏和显示物件

图 3－33 “可见性”工具面板

3.4.2 锁定物件

在建模过程中，如果不希望某些物件被编辑，但又希望该物件可见，那么可以将其锁定。被锁定的物件会变成灰色，如图 3－34 所示。隐藏的物件不可见，也不能进行操作；锁定的物件虽然可见，但不能被选中，也不能进行操作。

1. 锁定物件/解除锁定物件

左键单击“锁定物件/解除锁定物件”工具（按钮为 ）可以锁定被选取的物件，锁定的物件无法被编辑；右键单击该工具或使用“解除锁定物件”工具（按钮为 ）可以解除所有物件的锁定。如果场景中存在多个被锁定物件，现在想要解锁其中的某个物件，可以使用“解除锁定选取的物件”工具（按钮为 ）；如果要锁定未选取的物件，可以使用“锁定未选取的物件”工具（按钮为 ）。

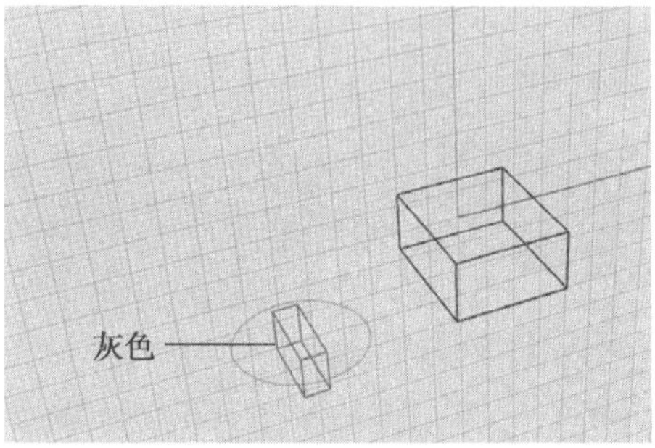

图 3 - 34　锁定物件

2. 对调锁定与未锁定的物件

“对调锁定与未锁定的物件”工具（按钮为 ）的功能与“对调隐藏与显示的物件”工具的功能类似，用于解除已经锁定的物件，同时锁定之前未锁定的物件。

对于隐藏、显示、锁定和解锁功能，除了采用本节介绍的方法外，还可以通过图层面板来实现。

任务 3.5　物件的变动

在建模的过程中，不可避免地要对模型进行移动、旋转、复制等，有时甚至要对模型进行变形，这些基本的操作构成了 Rhino 5.0 建模的基础。本节将对这些最常用、也是最核心的功能进行讲解。

Rhino 5.0 中用于变动物件的命令大多位于“变动”菜单中，如图 3 - 35 所示。这些命令主要用于改变模型的位置、大小、方向和形状。此外，在“变动”工具面板（通过侧工具栏中的“移动”工具调出，其按钮为 ）中也可以找到对应的工具，如图 3 - 36 所示。

3.5.1　移动物件

移动是将一个物件从原来的位置挪动到一个指定的新位置，物件的大小和方向不会发生改变。在 Rhino 5.0 中，可以使用“移动”工具移动物件，也可以通过拖曳移动物件，还可以通过键盘快捷键移动物件。此外，针对不同的物件，Rhino 5.0 也提供了对应的移动命令，如 Movecrv（移动曲线段）、Moveedge（移动边缘）、Moveface（将面移动）、Movehole（将洞移动）等。

1. 使用“移动”工具移动物件

单击“移动”工具，然后选取需要移动的物件（可选取多个物件），接着指定移动的起点或输入起点的坐标，最后指定移动的终点或输入终点的坐标，如图 3 - 37 所示。

图 3－35　“变动”面板

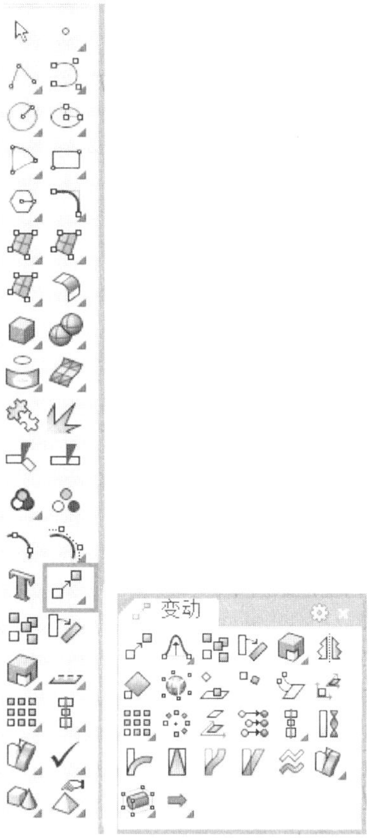

图 3－36　“移动”工具

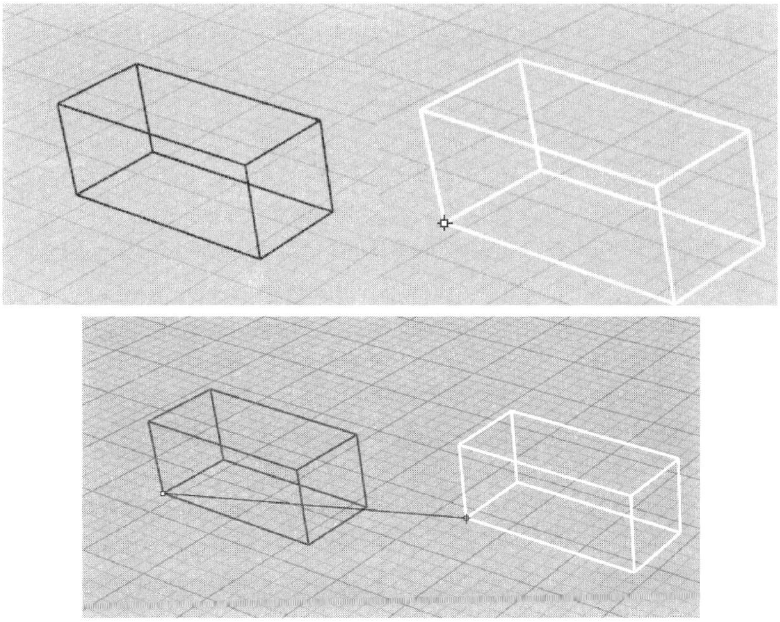

图 3－37　坐标方式移动物件

2. 通过拖曳移动物件

这是一种非常简单的方式：选择需要移动的物件或控制点直接拖曳到其他位置即可，如图 3 – 38 和图 3 – 39 所示。需要说明的是，使用这种方法移动物件很难与其他物件对齐。

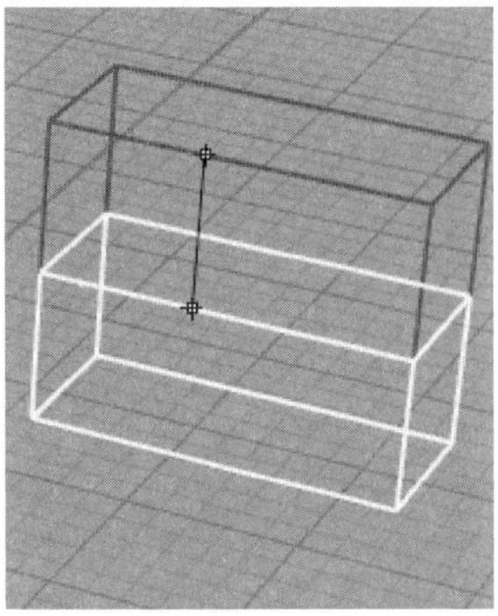

图 3 – 38　拖曳方式移动物件(1)

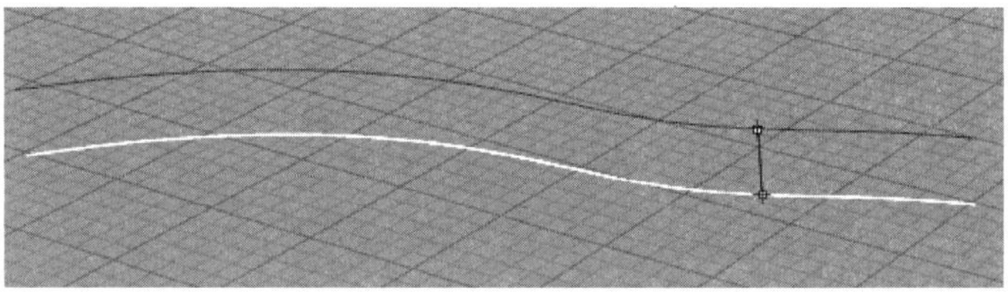

图 3 – 39　拖曳方式移动物件(2)

3. 通过键盘快捷键移动物件

选择一个物件后，通过按“Alt 键 + 方向键”可以使物件沿着工作平面的 4 个方向进行移动；通过按“Alt 键 + PageUp/PageDown 键”可以使物件沿着工作平面的垂直(z 轴)方向进行移动。通过键盘快捷键移动物件的方法可以通过“推移设置”面板进行调整，如图 3 – 40 所示。

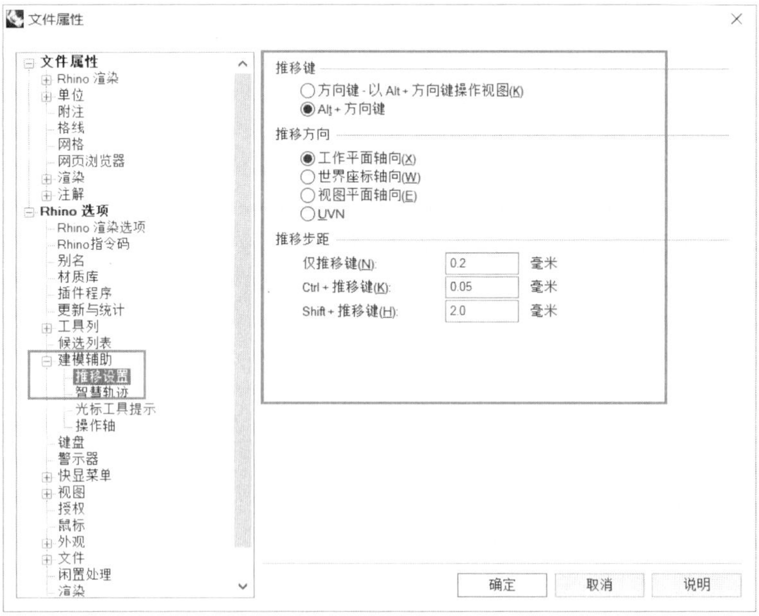

图 3 – 40　“推移设置”面板

从“移动边缘/移动未修剪的边缘”工具(按钮为)和“将面移动/移动未修剪的面”工具(按钮为)的名称可以看出，这两个工具的右键功能都用于移动未修剪的物件(边缘和面）。也就是说，当一个多重曲面或实体被修剪过时，使用这两个工具的右键功能将无法移动边线和面。需要注意的是，对于不规则的多重曲面或实体，Rhino 5.0 可能会判定其为修剪过的物件（即使没有修剪过）。

3.5.2　复制物件

复制是一种省时、省力的操作方法。在一个较大的场景中，不可避免地会存在一些重复的物件，如果对每个物件都重新制作，既浪费时间，也会降低工作效率，而通过复制就可以快速、方便地达到目的。甚至有些物件具有相似性，也可以通过先复制、再修改来达到目的。可以将 Rhino 5.0 中的复制看作一种自由的阵列。

1. 复制物件

使用“复制/原地复制物件”工具（按钮为）可以复制物件。启用该工具后，选取需要被复制的物件，然后指定复制的起点和终点，如图 3－41、图 3－42 所示。在没有按 Enter 键结束命令前，可以一直进行复制。使用“复制/原地复制物件”工具将出现如图 3－43 所示的命令提示。下面对这些命令选项做一下介绍。

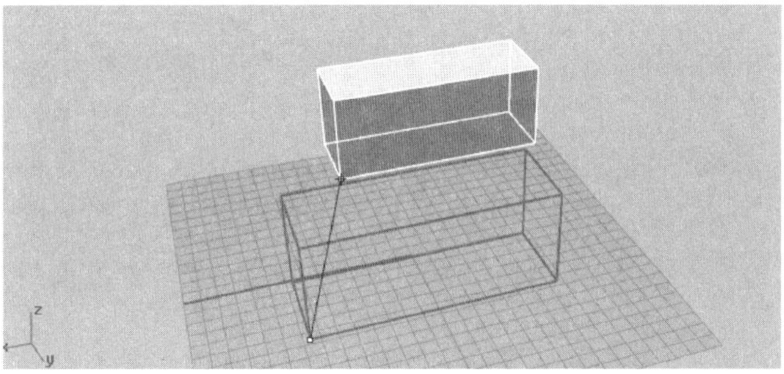

图 3－41　复制物件（1）

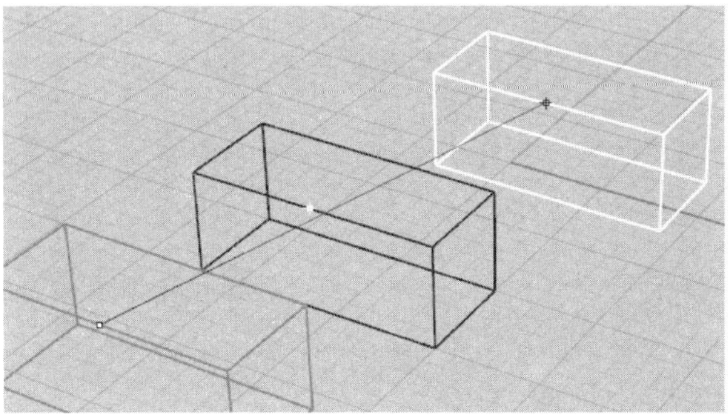

图 3－42　复制物件（2）

复制的起点 (垂直(V)=否　原地复制(I)):
复制的终点:
复制的终点 (从上一个点(F)=否　使用上一个距离(U)=否　使用上一个方向(S)=否):

图 3－43　复制命令

(1)垂直　如果设置为“是”,将强制往目前工作平面垂直的方向复制物件。

(2)原地复制　将在原位置对选取的物件进行复制。

(3)从上一个点　默认设置为“否”,表示始终以第1次选取的起点为复制的起点;如果设置为“是”,则将以上一个复制物件的终点为新的复制起点。

(4)使用上一个距离　默认设置为“否”,表示可以使用不同的距离继续复制物件;如果设置为“是”,则将以上一个复制物件的距离复制下一个物件。

(5)使用上一个方向　默认设置为“否”,表示可以在不同的方向继续复制物件;如果设置为“是”,则将以上一个复制物件的方向复制下个物件。

如果选取的是群组内的多个物件,则复制所得到的新物件不会属于原来的群组,而是属于一个新的群组。如果选取一个物件后按“Ctrl + C”组合键,将复制该物件(包括属性和位置信息)至 Windows 剪贴板,此时按“Ctrl + V”组合键将在原位置粘贴物件(同命令提示中的“原地复制”选项的功能相同)。粘贴时,物件会被放置在它原来所在的图层,如果该图层已经不存在, Rhino 5.0 会建立该图层。另外,右键单击“复制/原地复制物件”工具也可以在原位置对物件进行复制。

2. 复制工作平面

使用“Copy Cplane To All(复制工作平面到全部工作视窗)”命令可以将选取的工作视窗的工作平面应用于其他工作视窗。其方法比较简单:在命令行输入命令后,单击选取一个工作视窗即可。

使用“Copy CPlane Settings To All(复制工作平面设置到全部工作视窗)”命令可以将选取的工作视窗的工作平面设置(网格线设置、锁定间距)应用于其他工作视窗,方法同上。

3. 复制物件至图层

对于一个或多个物件,如果要在复制的同时改变其所在的图层,可以使用“复制物件至图层”工具(按钮为),工具位置如图3-44所示。启用“复制物件至图层”工具后,选择一个或多个物件,然后按 Enter 键确认,此时将弹出“复制物件的目的图层”对话框,在该对话框中选取一个图层即可,如图3-45所示。

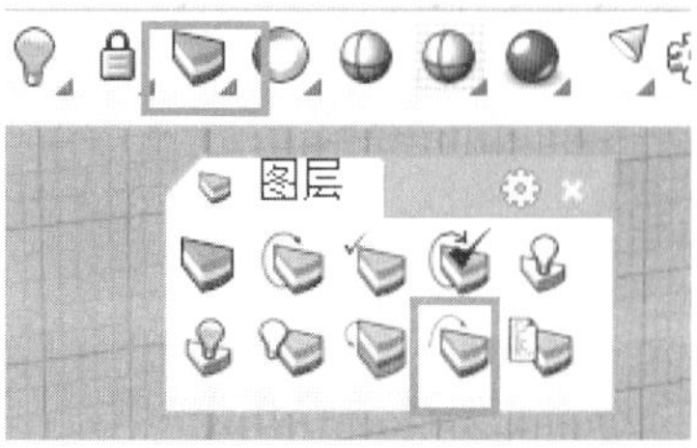

图3-44　复制物件至图层工具

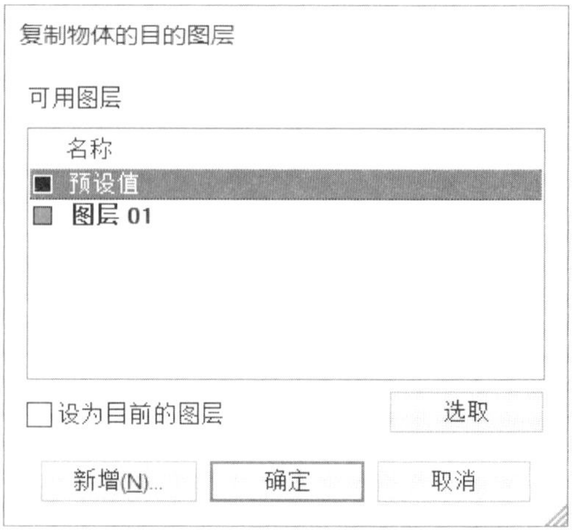

图3-45　复制物件的目的图层对话框

此外，还有一些其他的复制命令。使用“Copy Detail To Viewport(复制子视图为工作视窗)”命令可以将图纸配置中的子视图复制成为模型工作视窗；使用“Copy Viewport To Detail(复制工作视窗为子视图)”命令可以将模型工作视窗复制成为图纸配置里的子视图；使用“Copy Layout(复制图纸配置)”命令可以复制使用中的图纸配置，使其成为一个新的图纸配置；使用“Copy Render Window To Clipboard(复制渲染窗口至剪贴板)”命令可以将渲染窗口中的渲染影像复制到 Windows 剪贴板中。

3.5.3 旋转物件

在 Rhino 5.0 中，旋转物件有二维旋转和三维旋转两种方式。旋转视图可以使用“旋转视图旋转摄影机”工具；旋转多重曲面和实体的边或面可以使用“Rotate Edge(旋转边缘)”和“Rotate Face(将面旋转)”命令。

1. 二维旋转

二维旋转就是将选定的物件围绕一个指定的基点旋转，从而改变其角度，其旋转轴与当前工作平面垂直。首先左键单击“2D 旋转/3D 旋转”工具(按钮为)，然后选取需要旋转的物件，接着指定旋转中心点，最后输入角度或指定两个参考点(两个参考点与旋转中心点连线之间的角度就是旋转的角度)，如图 3-46 所示。

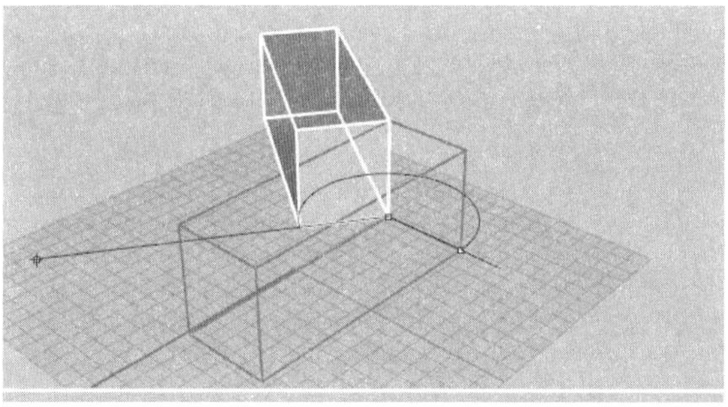

图 3-46 二维旋转

2. 三维旋转

三维旋转与二维旋转的区别在于，二维旋转指定一个中心点即可确定旋转轴，而三维旋转需要指定旋转轴的两个端点(也就是说可以往任意方向、以任意角度进行旋转)，如图 3-47 所示。

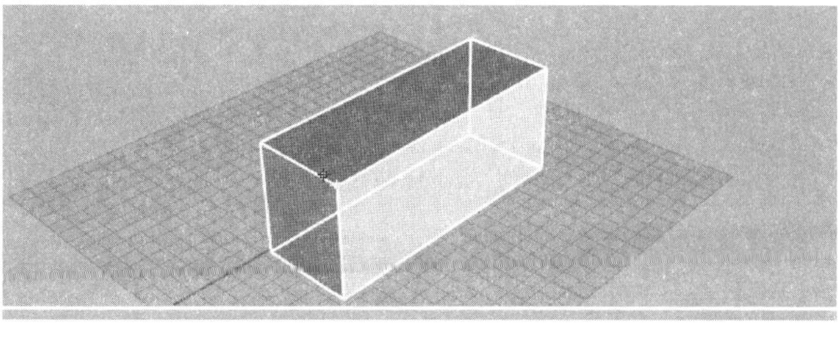

图 3-47 三维旋转

3. 旋转视图

使用“旋转视图/旋转摄影机”工具(按钮为)可以将视图绕着摄影机目标点旋转,与“Ctrl + Shift + 鼠标右键”的操作相同,工具位置如图 3 – 48 所示。

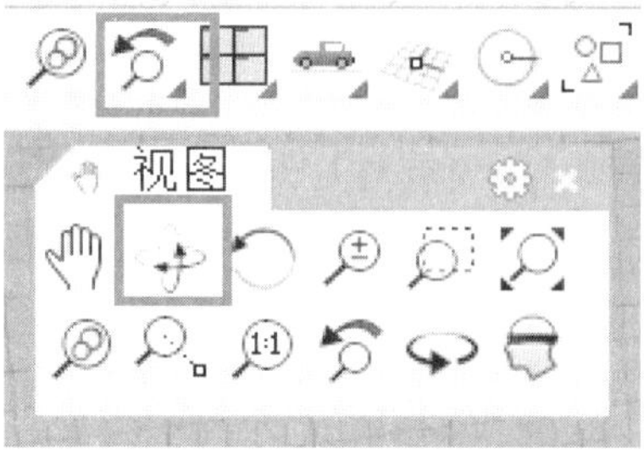

图 3 – 48　旋转视图工具

4. 旋转边缘

使用“Rotate Edge(旋转边缘)”命令可以绕中心轴旋转多重曲面或实体的边线,周围的曲面会随之进行调整,如图 3 – 49 所示。该命令在 Rhino 5.0 中已被取消,因此只能在命令行输入这个指令来启用。需要注意的是,图 3 – 49 是对长方体的边进行水平面方向的旋转,如果希望进行竖直平面方向的旋转,则需要更改工作平面,如图 3 – 50 所示。多重曲面的边缘在旋转后会保持组合状态,不会出现裂缝,但这个指令最好作用于立方体之类的物件。

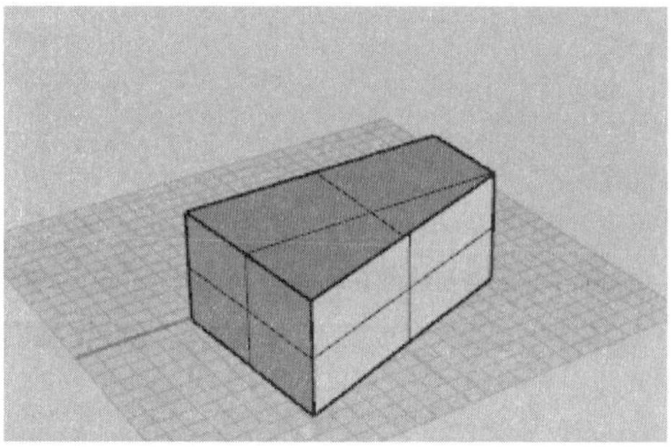

图 3 – 49　水平面方向的旋转

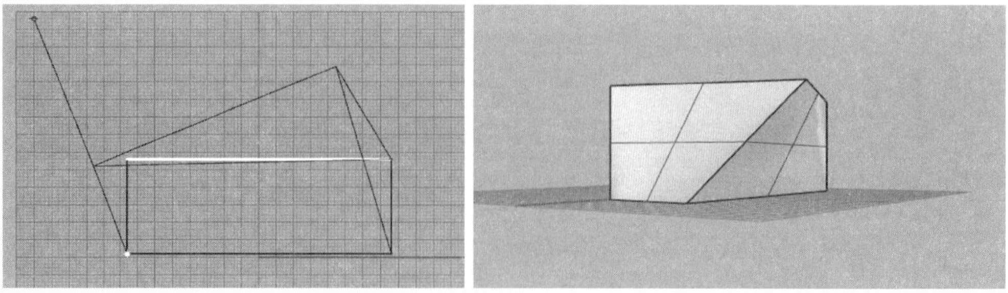

图 3 – 50　竖直平面方向的旋转

5. 将面旋转

使用“Rotate Face(将面旋转)”命令可以绕中心轴旋转多重曲面或实体的面,周围的曲面会随之进行调整，如图 3 – 51 所示。这个命令同样已被取消。

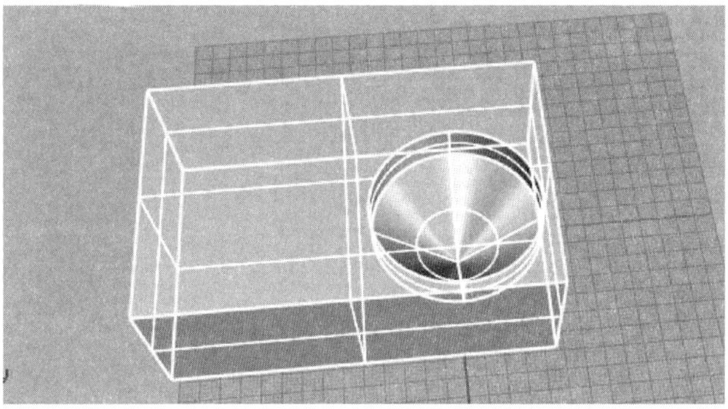

图 3 – 51 绕中心轴旋转多重曲面

6. 将洞旋转

使用“将洞旋转”工具（按钮为）可以将平面上的洞绕旋转中心点旋转。使用“将洞旋转”工具不但可以完成洞的旋转，也可以完成旋转并复制。只要在命令行中设置“复制”选项为“是”，即可完成一个洞的多次旋转复制，如图 3 – 52 所示。

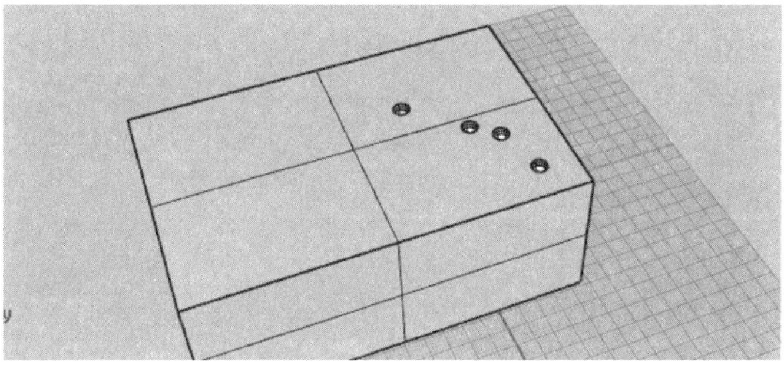

图 3 – 52 一个洞的多次旋转复制

在执行一个命令的过程中，如果要选择某个子选项，则可以在命令行直接单击（如直接单击“复制”选项），也可以输入子选项的字母代号（如输入 C）。

3.5.4 镜像物件

镜像也是创建物件副本的一种常用方式。与复制不同的是，镜像生成的物件与原始物件是对称的。在 Rhino 5.0 中，镜像物件有两点镜像和三点镜像两种方式。

1. 两点镜像

两点镜像是指通过两个点来定义镜像平面，镜像平面与当前工作平面垂直（也就是说不能在与当前工作平面垂直的方向上镜像物件），如图 3 – 53 所示。镜像过程中可以预览物件镜射后的位置，具体操作步骤为：左键单击“镜射/三点镜射”工具（按钮为），然后选取需要旋转的物件；最后指定镜像平面的起点和终点。

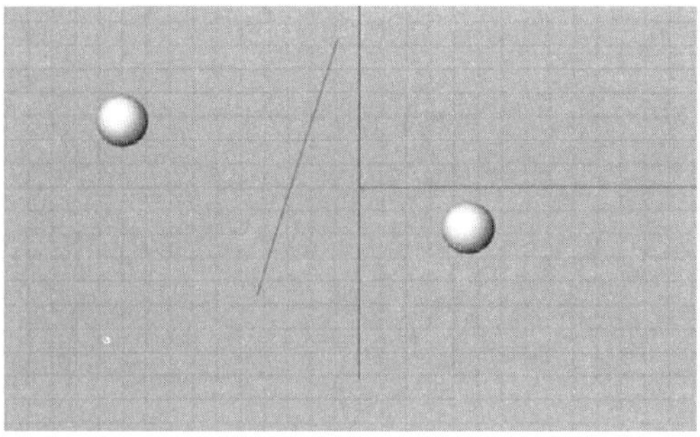

图 3-53　物件两点镜像

2. 三点镜像

三点镜像是指通过三个点来定义镜像平面,可以在与当前工作平面垂直的方向上镜像物件,如图 3-54 所示。其具体操作步骤为:右键单击“镜射/三点镜射”工具;然后选取需要旋转的物件;最后依次指定镜像平面的第 1 点、第 2 点和第 3 点。

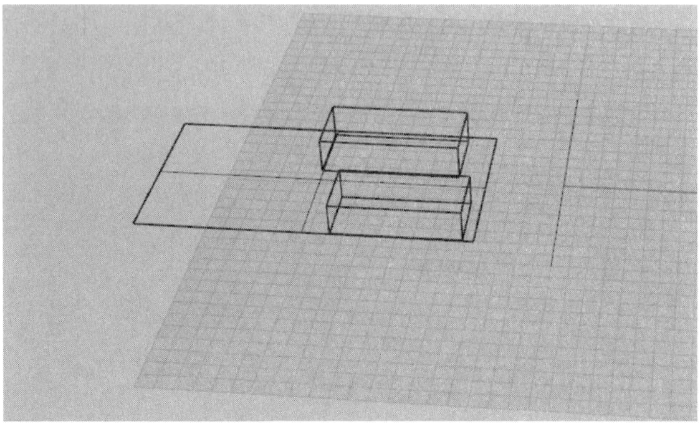

图 3-54　物件三点镜像

3.5.5　缩放物件

缩放是指改变物件的尺寸。Rhino 5.0 提供了“三轴缩放”“二轴缩放”“单轴缩放”和“非等比缩放”4 种缩放方式,如图 3-55 所示。缩放的同时可以复制物件。

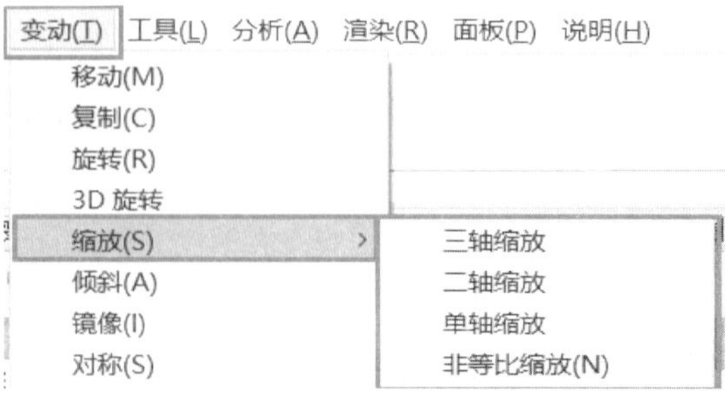

图 3-55　物件缩放方式

1. 三轴缩放

三轴缩放是指在工作平面的 x 轴、y 轴、z 轴这三个轴向上以同比例缩放选取的物件。其步骤为：单击“三轴缩放”工具（图 3－56）；然后选取需要缩放的物件；接着指定缩放的基点；再输入缩放比。

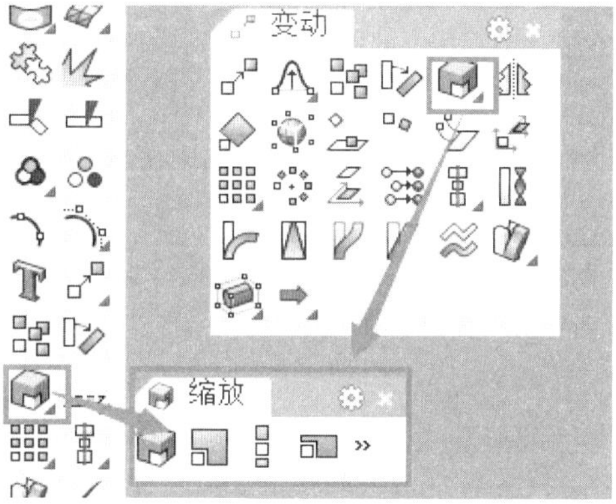

图 3－56　“三轴缩放”工具

如果要将未知大小的物件缩放为指定的大小，可以通过指定第一参考点和输入新距离的方式来达到目的。观察图 3－57 所示的长方体，边 A 的长度未知，但肯定超过 10 个长度单位（一个栅格为一个长度单位）。如果要缩放这个长方体，使边 A 的长度变为 15 个长度单位，则可以在指定基点的时候捕捉边 A 的左端点，再捕捉边 A 的右端点为第一参考点，然后输入 15 并回车，缩放的结果如图 3－58 所示。

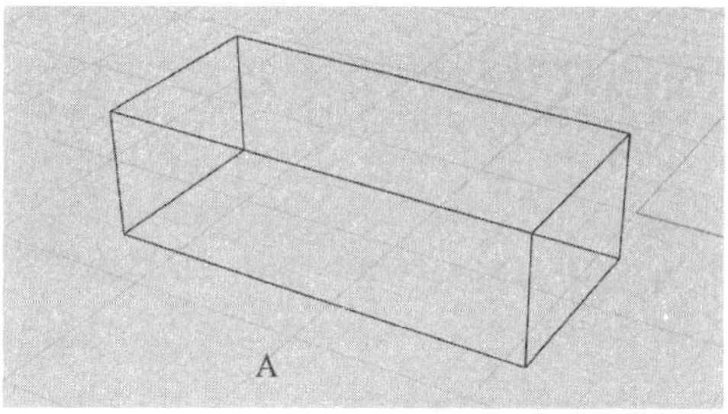

图 3－57　被缩放的长方体

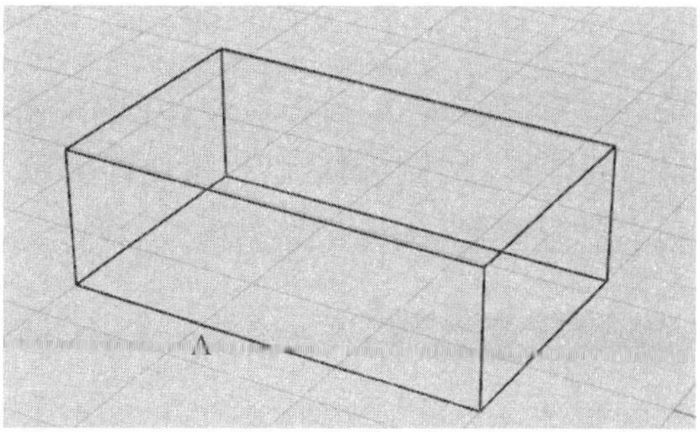

图 3－58　缩放效果

2. 二轴缩放

二轴缩放是指在工作平面的 x 轴、y 轴方向上缩放选取的物件。其操作步骤与三轴缩放相同,区别在于二轴缩放只在工作平面的 x 轴、y 轴方向上进行缩放。例如,一个长方体通过二轴缩放方式缩放 0.5 倍后,其长度和宽度将变为原来的一半,但高度不变。

3. 单轴缩放

单轴缩放是指在指定的方向上(x 轴、y 轴或 z 轴方向)缩放选取的物件。其操作步骤与前两种缩放方式大致相同,但输入缩放比后还需要指定缩放的方向。

4. 不等比缩放

不等比缩放是在 x 轴、y 轴、z 轴这三个轴向上以不同的比例缩放选取的物件。

3.5.6 阵列物件

阵列是指按一定的组合规律进行大规模复制。Rhino 5.0 提供了"矩形""环形""直线""沿着曲线""沿着曲面"和"沿着曲面上的曲线"6 种阵列方式,如图 3－59 和图 3－60 所示。

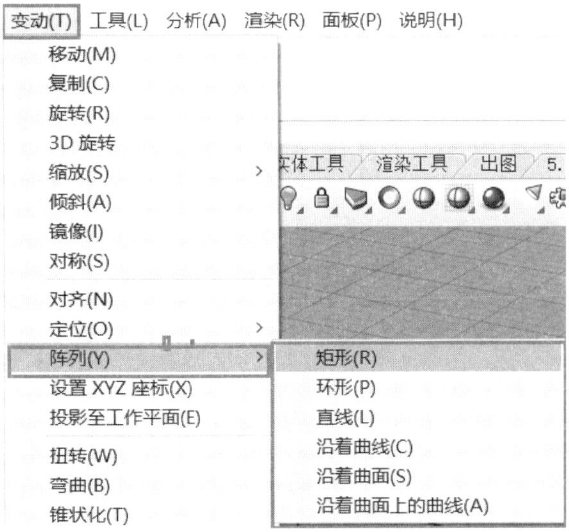

图 3－59 "阵列"工具菜单

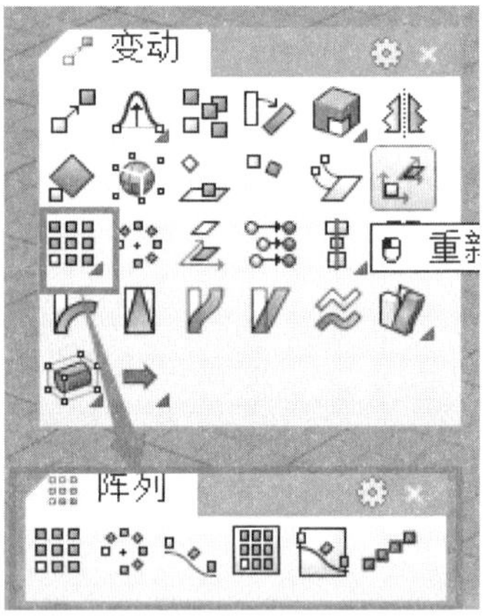

图 3－60 6 种阵列方式

1. 矩形阵列

矩形阵列是指以指定的行数、列数和层数(x、y、z 轴向)复制物件,如图 3－61 所示。其具体步骤为:启用"矩形阵列"工具(按钮为)后,选取需要阵列的物件;然后依次指定 x 轴方向、y 轴方向和 z 轴方向的复制数(大于 1 的整数);再指定 x 轴方向、y 轴方向和 z 轴方向各物件的间距。

2. 环形阵列

环形阵列是指以指定的数目绕中心点复制物件。其具体步骤为:启用"环形阵列"工具(按钮为)后,选取需要阵列的物件;然后指定环形阵列的中心点;再输入项目数(必须大于或等于 2);最后输入总旋转角度。例如在创建纹样中,如果要进行环形阵列,那么阵列的中心点为十字线的交点，阵列数为 10，阵列角度为 360°。

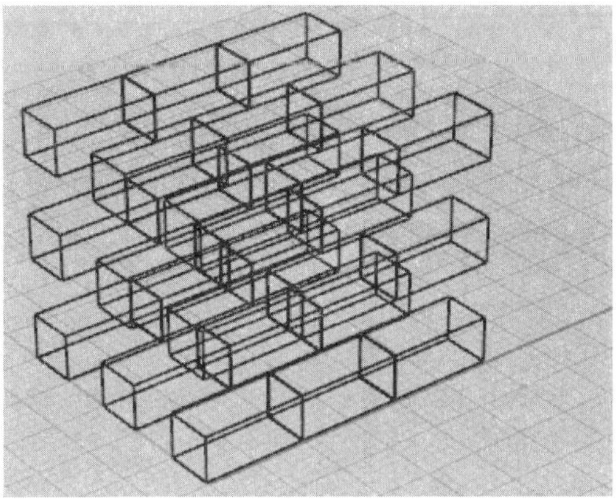

图 3 – 61　矩形阵列

3. 沿着曲线阵列

沿着曲线阵列是指沿着曲线复制物件，物件会随着曲线扭转。启用“沿着曲线阵列”工具（按钮为）后，选取需要阵列的物件并按 Enter 键确认，然后选取路径曲线，此时将打开“沿着曲线阵列选项”对话框，在该对话框中设置阵列的项目数或项目间距，同时指定定位方式，如图 3 – 62 所示。

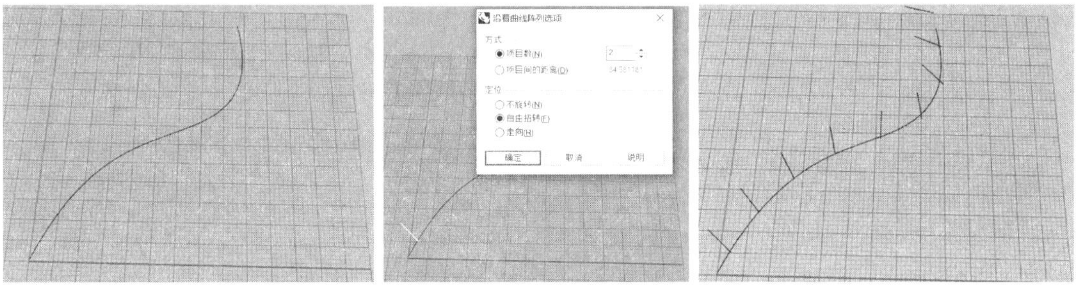

图 3 – 62　沿曲线阵列

在“沿着曲线阵列”工具的命令提示中有一个“基准点”选项。当需要阵列的物件不位于曲线上时，必须先将该物件移动至曲线上。基准点是物件被移至曲线上时使用的参考点，决定了阵列后物件与曲线的位置关系。

3.5.7　分割与修剪物件

分割是指将一个完整的物件分离成为多个单独的物件；而修剪是指从一个完整的物件中剪掉一部分。分割和修剪都需要借助参照物。

1. 分割/以结构线分割曲面

分割一个物件至少需要满足两个条件：首先是要有分割用的物件；其次是分割用的物件和需要被分割的物件要产生交集（不一定相交，但要有交集，如分割用的物件延伸后与需要被分割的物件是相交的）。其具体步骤为：左键单击“分割/以结构线分割曲面”工具；然后选择需要被分割的物件（可以一次选取多个物件）；接着选择分割用的物件；最后按“Enter”键完成分割。

分割用的物件与被分割的物件在三维空间中不需要相交，但是在进行分割的操作视图中，分割用的物件一定要看起来是把被分割的物件分成了两部分，只有这样才能完成分割。例如，图 3－63 所示的四个物件，其空间位置关系如图 3－64 所示：在 Top 视图中，球体、圆和曲线这三个物件都可以被黄色曲线分割；在 Front 视图中，黄色的切割线只能将球体分成上下不等的两部分；在 Right 视图中，黄色的切割线无法将球体、圆和曲线这三个物件中的任何一个分成两部分；在 Perspective 视图中也是这样，黄色的切割线不能分割球体、圆和曲线这三个物件。

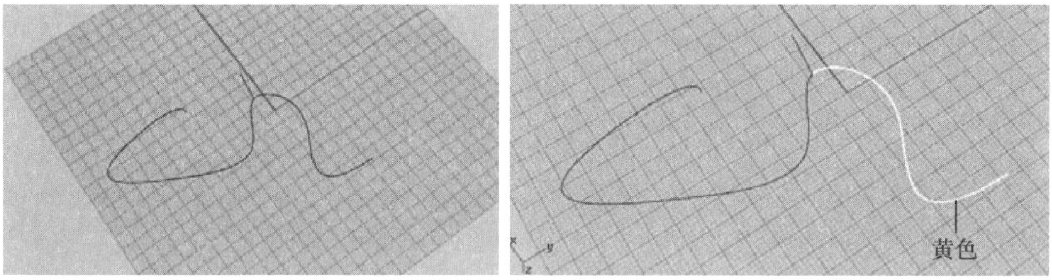

图 3－63　分割物件

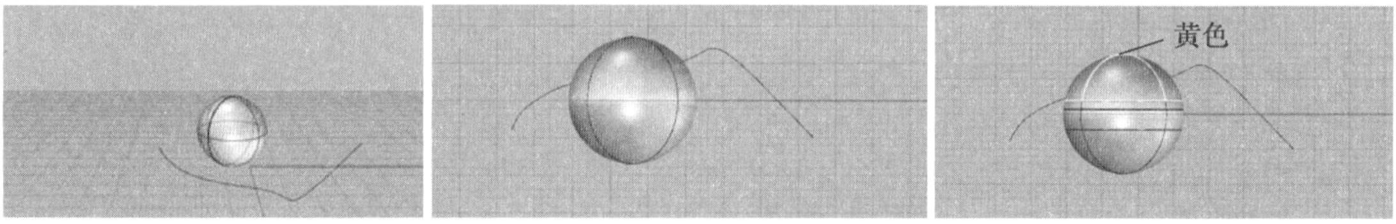

图 3－64　分割物件的空间位置

“分割/以结构线分割曲面”工具（按钮为）还有一种用法，就是以曲面上的结构线分割曲面，如图 3－65 所示。以曲面上的结构线分割曲面只能作用于单一曲面。其具体步骤为：右键单击“分割/以结构线分割曲面”工具；然后选取曲面；接着指定 V、U 方向的分割线（通过指定分割点来确定分割线，可以控制只在 U 方向或 V 方向上分割，也可以在两个方向上分割）；最后按 Enter 键确定分割。

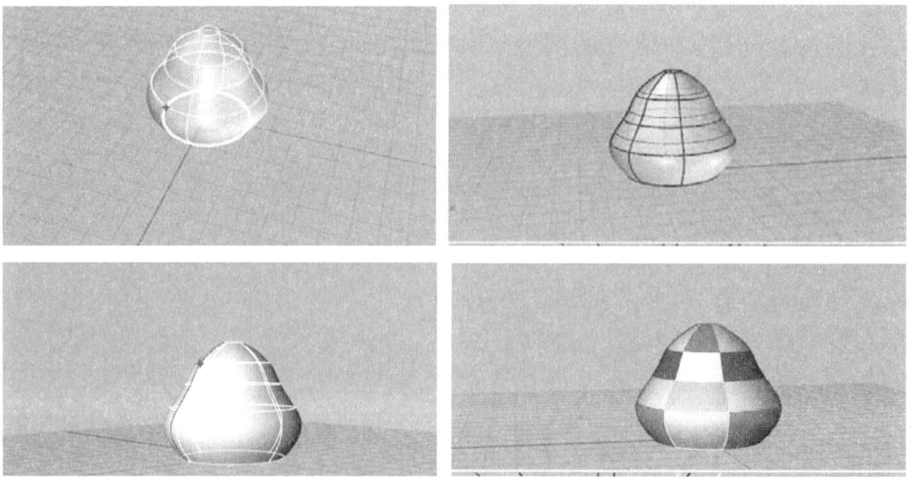

图 3－65　以曲面上的结构线分割曲面

2. 修剪/取消修剪

Rhino 5.0 中的"Trim(修剪)"命令主要用于对线、面的切割与缝补，如图 3－66 所示。其具体步骤为：左键单击侧工具栏中的"修剪/取消修剪"工具（按钮为 ），然后选取切割用的物件（起到剪刀作用的物件）；最后在需要被修剪掉的部分上单击鼠标左键。需要注意的是，不是真的将直线延伸到与被修剪的物件相交。

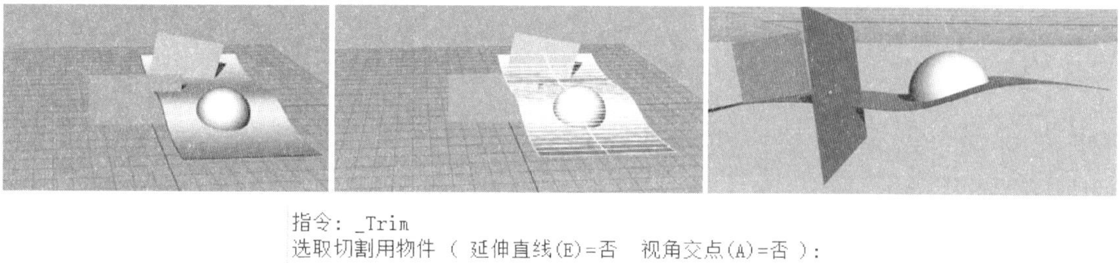

图 3－66 修剪物件

在"Trim(修剪)"命令中，如果设置"视角交点"选项为"是"，那么曲线不必有实际的交集，只要在工作视窗中看起来有视觉上的交集就可以进行修剪。这个选项对曲面没有作用。

对于一个已经被修剪的曲面，如果想要还原被修剪的部分，可以右键单击"修剪/取消修剪"工具，然后选取曲面的修剪边缘。这样操作可以删除曲面上的洞或外侧的修剪边界，使曲面回到原始状态。

这里介绍一个比较简便的修剪方法：执行"Trim(修剪)"命令后，将需要修剪的物件和分割用的物件全部选中，按 Enter 键确认，再依次单击需要修剪掉的部分。

3.5.8 组合与炸开物件

Rhino 5.0 中的"组合"工具（按钮为 ）可以将不同的物件联结在一起，使其成为单一物件。可以被组合的物件包括线、面和体：例如数条直线可以被组合成多重直线；数条曲线可以被组合成多重曲线；多个曲面或多重曲面可以被组合成多重曲面或实体。组合的过程比较简单：单击"组合"工具，然后选取多个需要组合的物件（曲线、曲面、多重曲面或网格），并按 Enter 键即可。

Rhino 5.0 的组合功能是非常强大的。被组合的物件可以不共线，也可以不共面，如两条平行线也可以被组合。组合物件并不会改变物件的几何数据，它只是把相接的曲面"黏"起来，使网格转换、布尔运算和交集时可以跨越曲面而不产生缝隙。

如果想把已经组合好的物件拆开，就需要用到"炸开/抽离曲面"工具（按钮为 ）。其操作方法同样很简单：先左键单击"炸开/抽离曲面"工具，然后选择需要被炸开的物件，最后按 Enter 键完成操作。

3.5.9 弯曲物件

如果要将一个竖直的物件塑造成"C"形状，可以使用"弯曲"工具（按钮为 ），如图 3－67 所示。其具体步骤为：单击"变动"工具面板中的"弯曲"工具；然后选取需要弯曲的物件；接着指定骨干直线的起点代表物件弯曲的原点；再指定骨干直线的终点；最后指定弯曲的通过点。

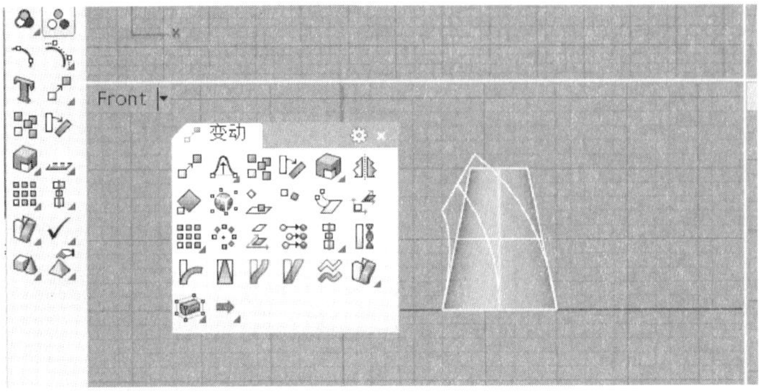

图 3－67　弯曲工具

指定弯曲的通过点时，可以看到如图 3－68 所示的命令选项。

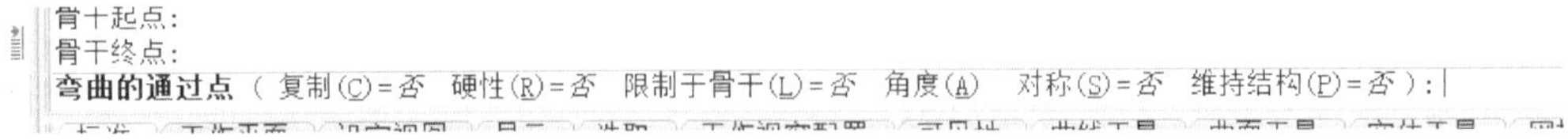

图 3－68　弯曲工具命令选项

（1）复制　弯曲的同时复制物件。

（2）硬性　如图 3－69、图 3－70 所示，“硬性＝是”表示只移动物件，每一个物件本身不会变形；“硬性＝否”表示每一个物件都会变形。

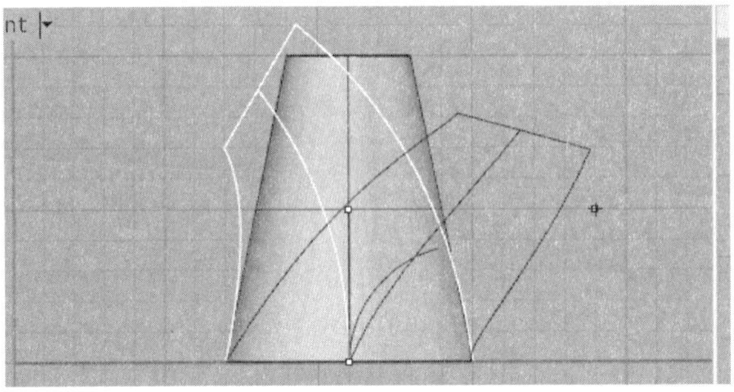

图 3－69　弯曲设置“硬性”（1）

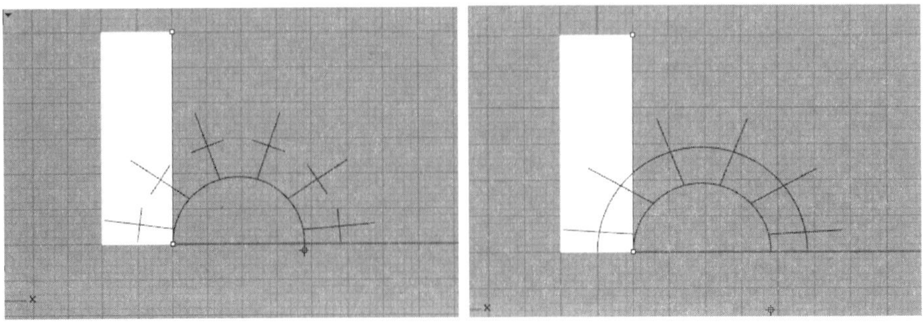

图 3－70　弯曲设置“硬性”（2）

（3）限制于骨干　如图 3－71 所示，设置为“是”代表只有在骨干范围内的部分会被弯曲;设置为“否”代表物件的弯曲范围会延伸到鼠标的指定点。

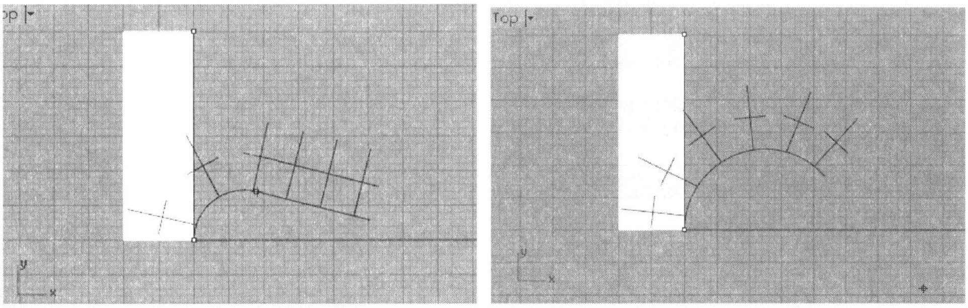

图 3-71　弯曲设置“限制于骨干”

(4)角度　以输入角度的方式设定弯曲量。

(5)对称　设置为“是”代表以物件中点为弯曲骨干的起点,将物件进行对称弯曲,如图 3-72 所示;设置为“否”代表只弯曲物件的一侧,如图 3-73 所示。

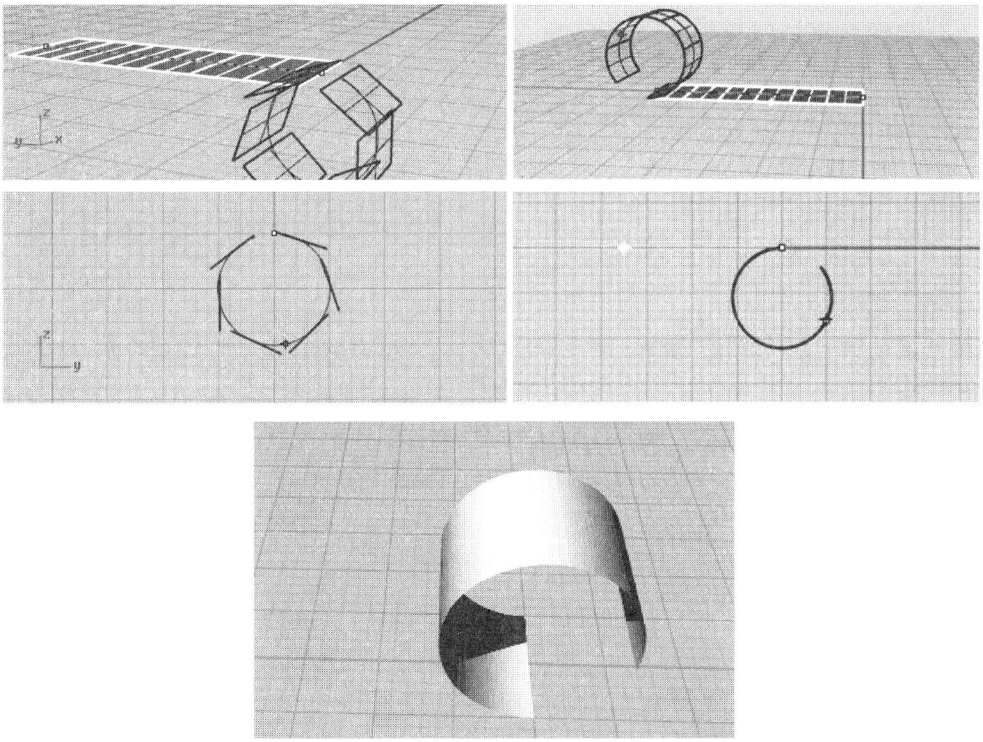

图 3-72　以物件中点为弯曲骨干的起点进行对称弯曲

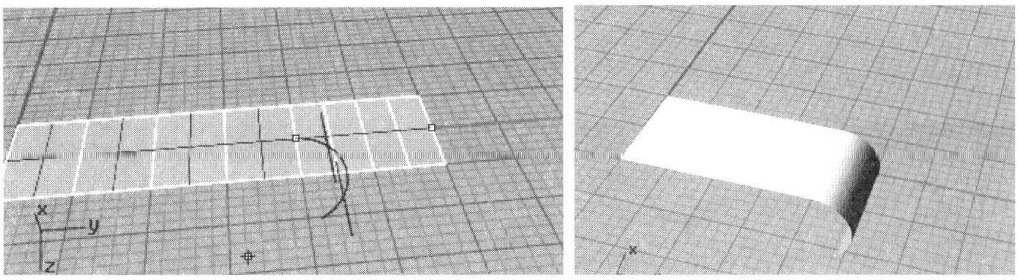

图 3-73　只弯曲物件的一侧

3.5.10 扭转物件

扭转物件是指绕一个轴对物件本身进行旋转，类似于拧毛巾的方式。其具体操作步骤为：单击“变动”工具面板中的“扭转”工具（按钮为 ）；然后选取需要扭转的物件；接着指定扭转轴的起点（物件靠近这个点的部分会完全扭转，离这个点最远的部分会维持原来的形状）；再指定扭转轴的终点；最后输入扭转角度或指定两个参考点定义扭转角度。

在“扭转”工具 的命令提示中包含“复制”“硬性”“无限延伸”等多个参数选项。其中，“复制”和“硬性”选项的含义与3.5.9节所述含义一致。下面介绍一下“无限延伸”选项的含义。

如果设置“无限延伸”选项为“是”，那么即使轴线比物件短，变形影响范围还是会给予整个物件，如图3－74所示；如果设置为“否”，那么物件的变形范围将受限于轴线的长度，也就是说，如果轴线比物件短，那么只有在轴线范围内的部分会变形，此外，在轴线端点处会有一段变形缓冲区，如图3－75所示。

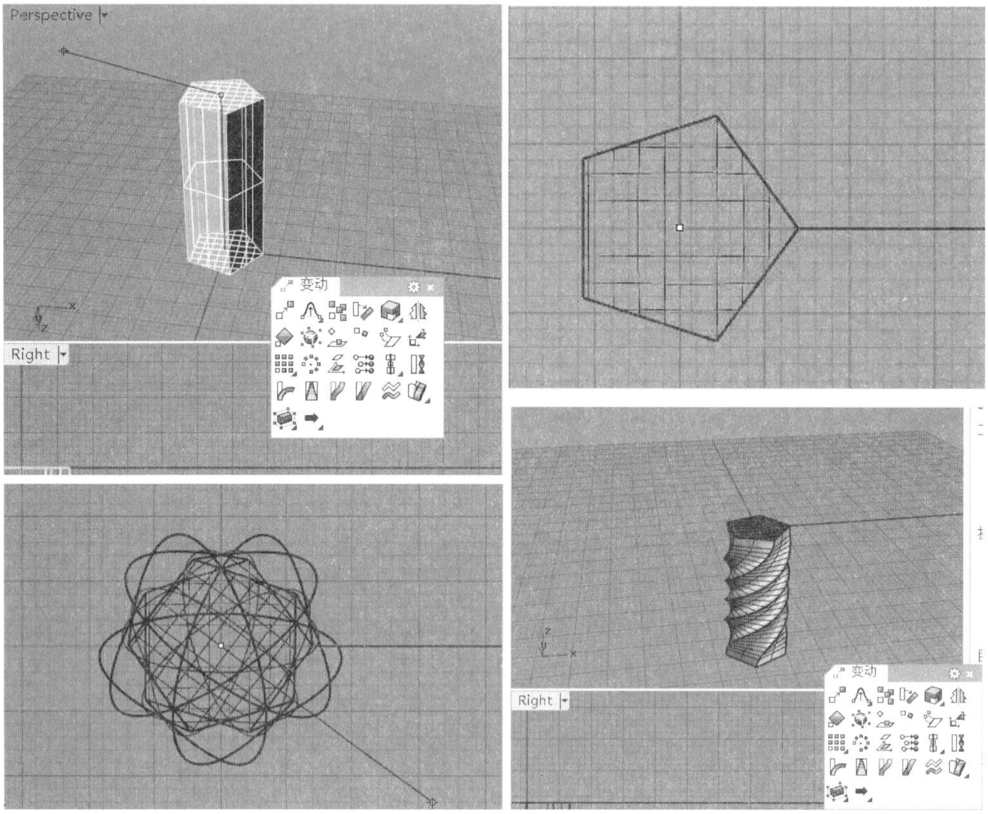

图3－74 扭曲范围给予整个物件

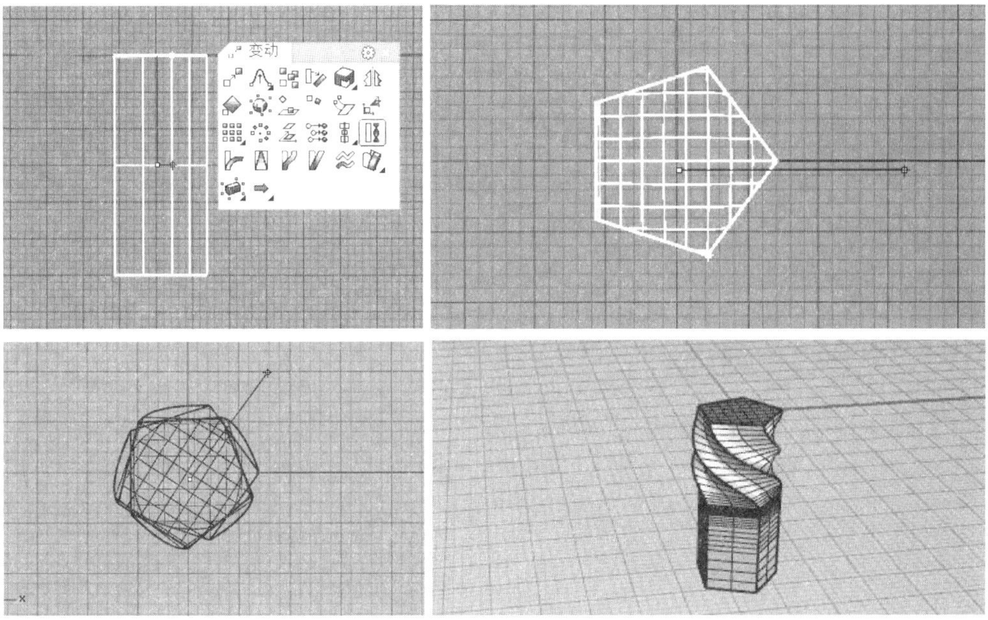

图 3－75　扭曲范围在轴线内

3.5.11　锥状化物件

锥状化物件是指通过指定一条轴线，将物件沿着轴线进行锥状变形，如图 3－76 所示。其具体操作步骤为：单击“变动”工具面板中的“锥状化”工具（按钮为 ）；然后选取需要锥化变形的物件；接着指定锥状轴的起点和终点；再指定变形的起始距离和终止距离。

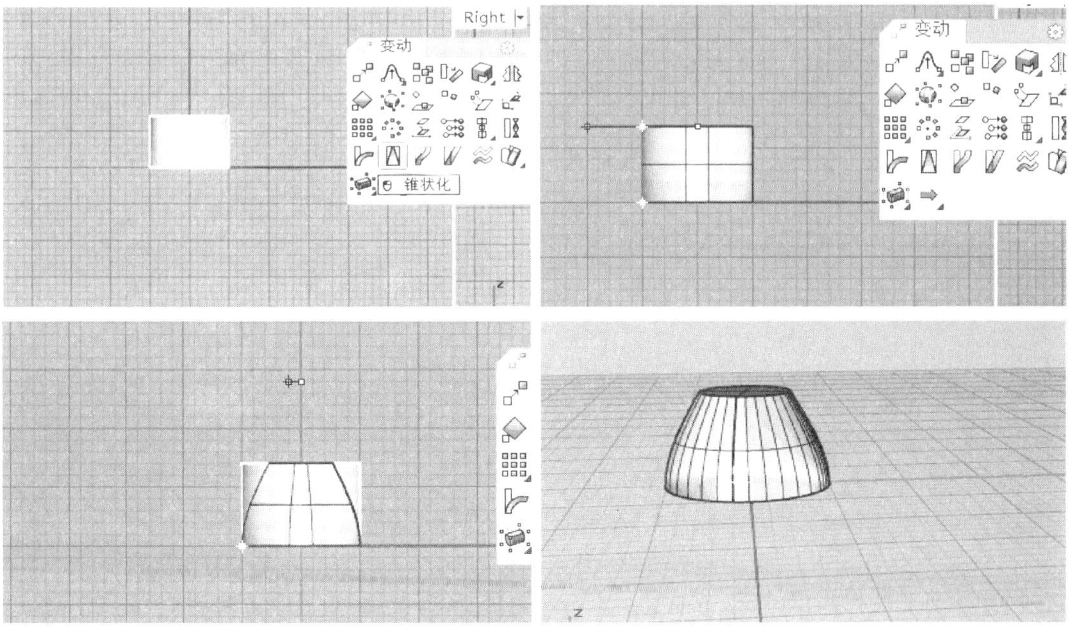

图 3－76　锥状化工具

建立锥状轴时将出现如图 3－77 所示的选项。

```
锥状轴的起点 ( 两侧(B)  法线(N)  指定角度(A)  与工作平面垂直(V)  四点(F)  角度等分线(I)  与曲线垂直(P)  与曲线正切(T)  延伸(X) ):
锥状轴的终点 ( 两侧(B) ):
起始距离 ( 复制(C)=否  硬性(R)=否  平坦模式(F)=否  无限延伸(I)=否  维持结构(P)=否 ):
终止距离 ( 复制(C)=否  硬性(R)=否  平坦模式(F)=否  无限延伸(I)=否  维持结构(P)=否 ):
指令:
```

图 3－77　锥状化工具命令选项

(1)两侧　锥状轴的创建方式是先指定中点，再指定终点，也就是通过绘制一半的直线指定另一半的长度。

(2)法线　锥状轴的创建方式是起点在曲面上，终点与曲面法线走向一致，如图 3－78 所示。

(3)指定角度　锥状轴是与基准线呈指定角度的直线，如图 3－79 所示。

(4)与工作平面垂直　锥状轴是一条与工作平面垂直的直线。

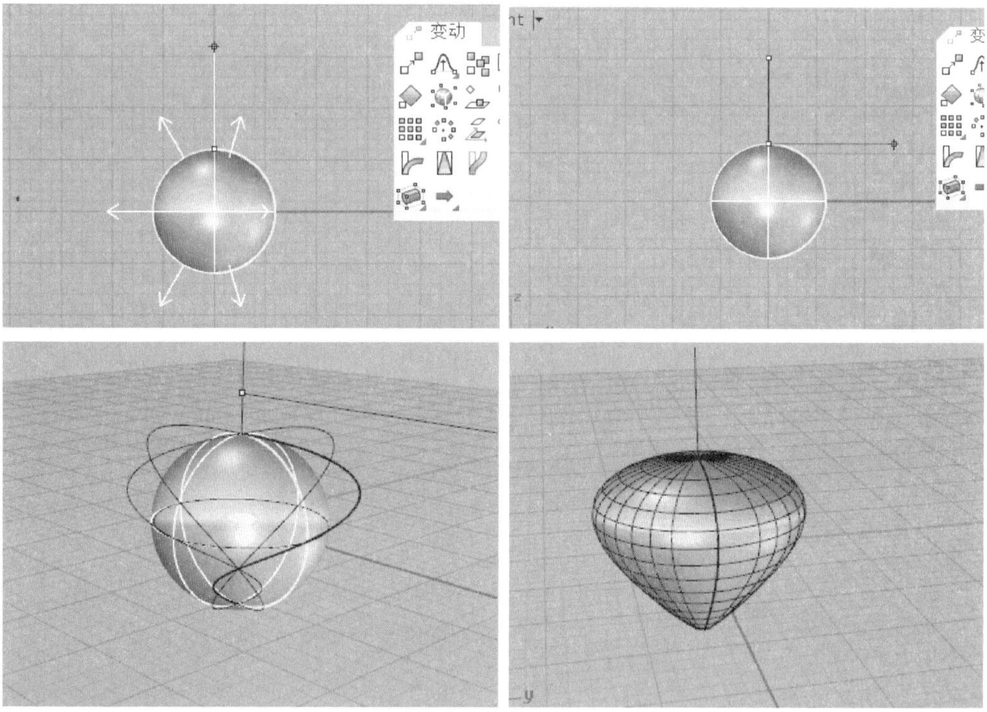

图 3－78　终点与曲面法线走向一致

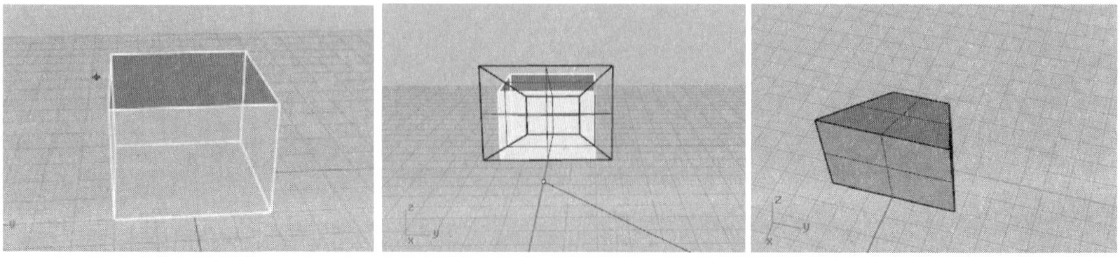

图 3－79　锥状轴与基准线呈指定角度

(5)四点　以两个点指定直线的方向，再通过两个点绘制出锥状轴。

(6)角度等分线　以指定的角度画出一条角度等分线作为锥状轴。

(7)与曲线垂直　以与其他曲线垂直的直线作为锥状轴。

(8)与曲线正切　以与其他曲线正切的直线作为锥状轴。

(9)延伸　以曲线延伸一条直线作为锥状轴。先点选一条曲线,注意点选曲线的位置应靠近被延伸端点的一端,再指定延伸出的直线的终点,得到锥状轴。

(10)平坦模式　以两个轴向进行锥状化变形,如图 3 - 80 所示。

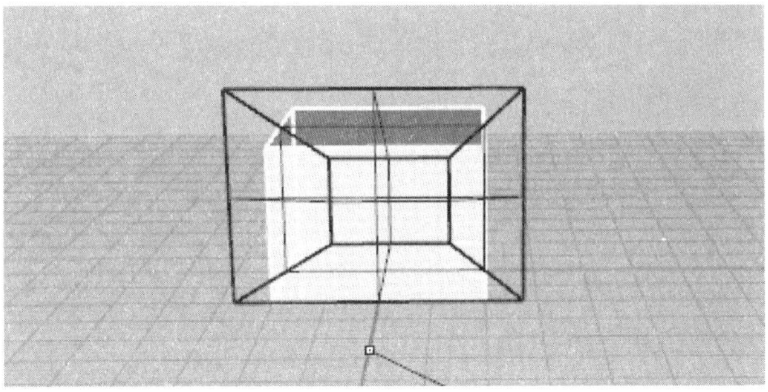

图 3 - 80　以两个轴向进行锥状化变形

3.5.12　沿着曲线流动物件

沿着曲线流动物件是指将一个或一组物件从基准曲线对应到目标曲线,同时对物件进行变形,如图 3 - 81 所示。其具体操作步骤为:单击“变动”工具面板中的“沿着曲线流动”工具(按钮为);然后选取一个或一组物件;再依次选取基准曲线和目标曲线,注意要在靠近端点处选择。

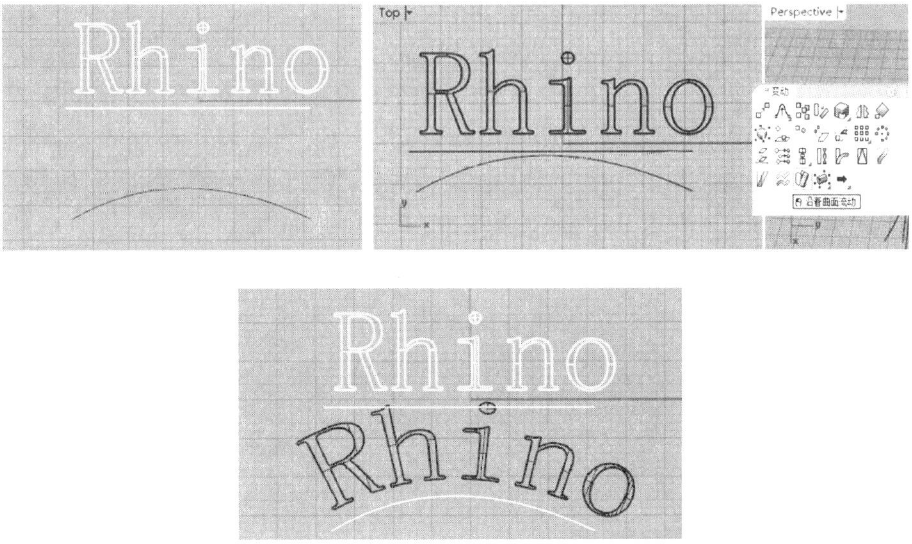

图 3 - 81　沿着曲线流动物件

“沿着曲线流动”工具常用于将物件从直线排列形式变形为曲线排列形式,因为这样比在曲线上建立物件更容易。下面介绍一些重要的命令选项，如图 3－82 所示。

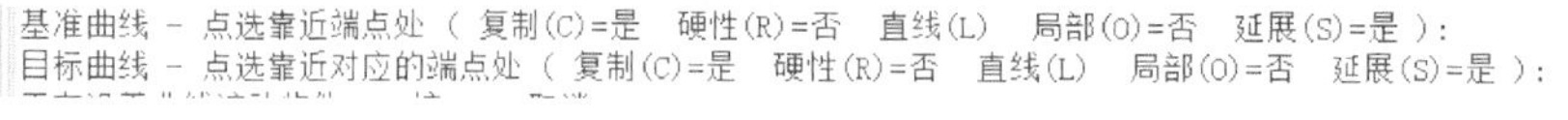
基准曲线 - 点选靠近端点处 (复制(C)=是 硬性(R)=否 直线(L) 局部(O)=否 延展(S)=是):
目标曲线 - 点选靠近对应的端点处 (复制(C)=是 硬性(R)=否 直线(L) 局部(O)=否 延展(S)=是):

图 3－82　沿着曲线流动命令选项

（1）直线　如果视图中没有基准曲线和目标曲线，则可以通过该选项进行绘制。

（2）局部　如图 3－83 所示，如果设置为“是”，则将指定两个圆定义环绕基准曲线的圆管，物件在圆管内的部分会被流动，在圆管外的部分固定不变，圆管壁为变形力衰减区；如果设置为“否”，则整个物件都会受到影响。

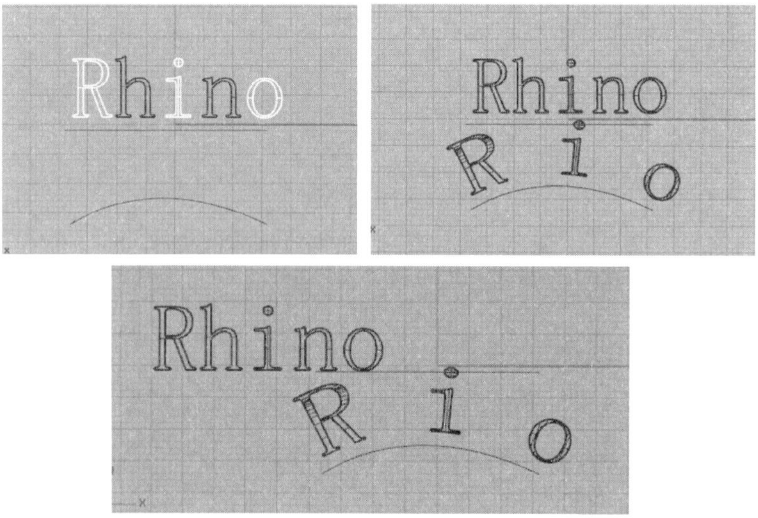

图 3－83　局部命令选项

（3）延展　如图 3－84 所示，如果设置为“是”，则代表物件在流动后会因基准曲线和目标曲线的长度不同而被延展或压缩；如果设置为“否”，则代表物件的长度在流动后不会改变。

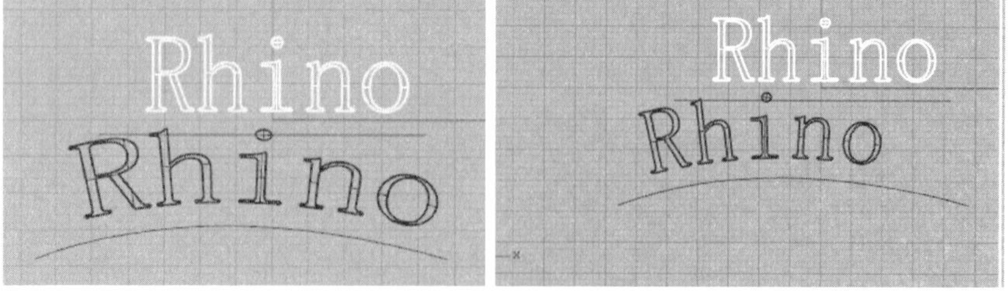

图 3－84　延展命令选项

3.5.13　倾斜物件

倾斜物件是指以指定的角度在与工作平面平行的方向上倾斜物件，类似于将书架上的一排书籍往左右倾斜，但物件长度会改变，如图 3－85 所示。例如，矩形倾斜后会变成平行四边形，其左、右两个边的长度会越来越长，但上、下两个边的长度始终保持不变，平行四边形的高度也不发生改变。

倾斜物件的操作步骤为：单击“变动”工具面板中的“倾斜”工具（按钮为 ）；然后选取需要倾斜的物件；接着指定倾斜的基点（基点在物件倾斜时不会移动）；再指定定义倾斜角度的参考点；最后指定倾斜角度。

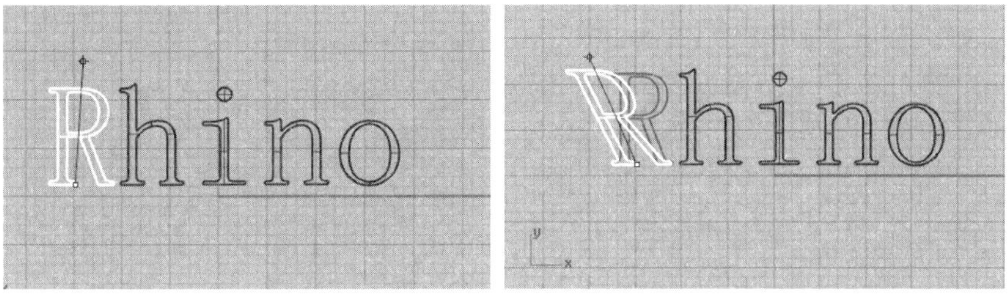

图 3－85 倾斜物件

3.5.14 平滑物件

如果要均化指定范围内曲线控制点、曲面控制点、网格顶点的位置，可以使用“使平滑”工具（按钮为 ）。该工具适用于局部除去曲线或曲面上不需要的细节与自交部分。

平滑物件的操作步骤为：先打开曲线或曲面的控制点；然后选择被平滑区域的控制点；再启用“使平滑”工具；此时将打开“平滑”对话框，在该对话框中设置需要平滑的轴向，并按需要调整平滑系数，如图 3－86 所示。

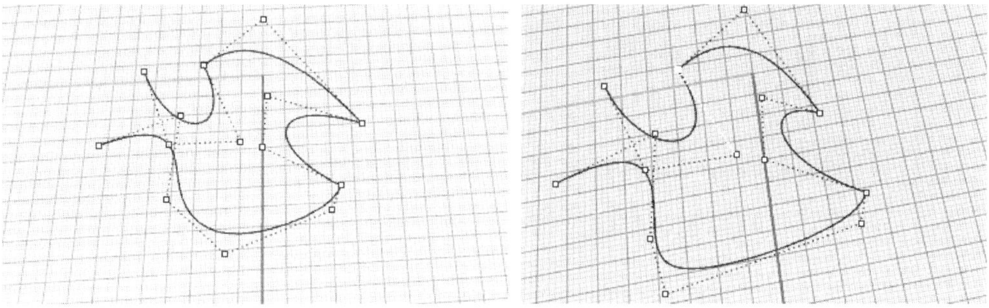

图 3－86 调整平滑系数

以鼠标右键选取一个轴向会取消其他轴向。选取的控制点会小幅度移动，使曲线或曲面变得较为平滑。

设置“平滑系数”时，取值 0～1 表示曲线控制点会往两侧控制点的距离中点移动；取值大于 1 表示曲线控制点会往两侧控制点的距离中点移动并超过该点；取负值表示曲线控制点会往两侧控制点的距离中点的反方向移动。

3.5.15 变形控制器

Rhino 5.0 的变形控制器工具主要位于“变形控制器”工具面板中，如图 3－87 所示。使用“变形控制器编辑”工具（按钮为 ）可以通过结构简单的物件（控制器）对结构复杂的物件（需要变形的物件）进行平顺的变形。该工具提供了一种改变物件造型的新方式，即不需要直接改变被变形的物件，而是通过更改控制器（控制需要变形的物件）来改变物件的造型。控制器包括“边框方块”控制器、“直线”控制器、“矩形”控制器、“立方体”控制器和“变形”控制器。其具体操作步骤为:启用“变形控制器编辑”工具后,选取被变形的物件;然后选取或建立一个控制物件;再定义变形范围;最后编辑控制器,通过对控制器进行变形操作来改变需要变形的物件。图 3 - 88 为以“边框方块”控制器对物件进行变形。

图 3 - 87 “变形控制器”工具面板

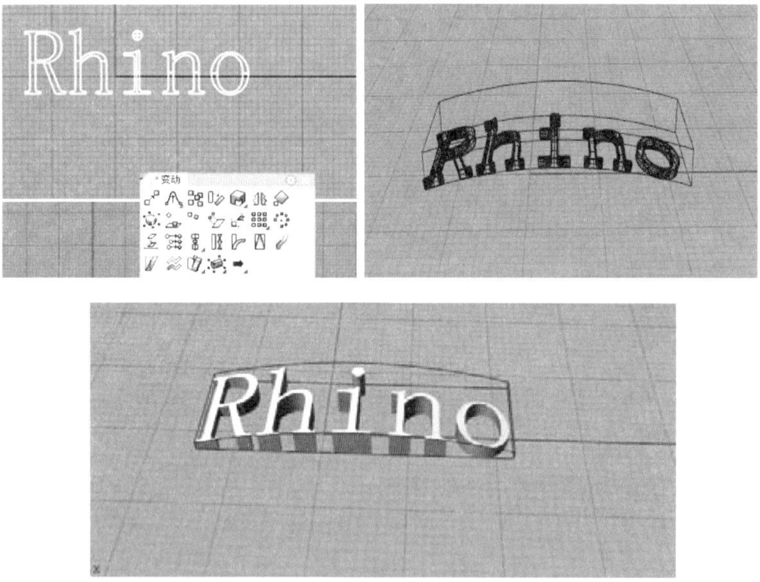

图 3 - 88 以“边框方块”控制器变形物件

使用“变形控制器编辑”工具时,可以看到如图 3 - 89 所示的命令选项。

```
指令: _CageEdit
选取受控制物件:
选取受控制物件, 按 Enter 完成:
选取控制物件 ( 边框方块(B)  直线(L)  矩形(R)  立方体(O)  变形(D)=精确  维持结构(P)=否 ): 1
直线起点:
直线终点:
NURBS 参数 ( 阶数(D)=3  点数(P)=4 ):
要编辑的范围 <整体> ( 整体(G)  局部(L)  其它(O) ):
```

图 3 - 89 “变形控制器编辑”工具命令面板

(1)边框方块　使用物件的边框方块作为变形控制物件。

(2)直线　指定控制器中直线起点和直线终点,如图 3－90 所示。

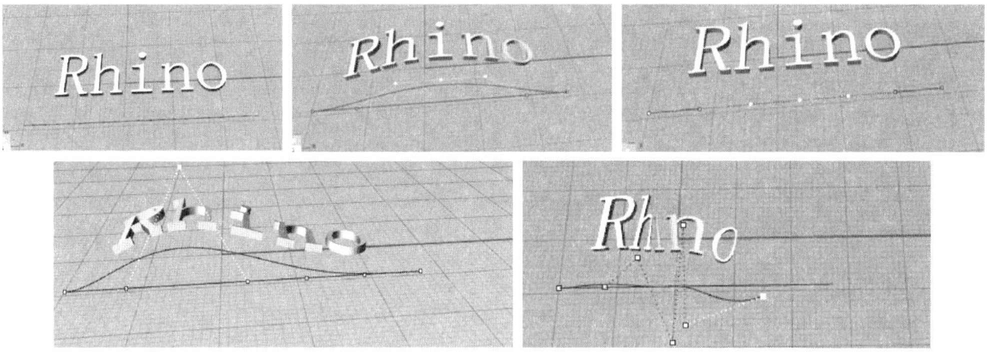

图 3－90　以“直线”控制器变形物件

(3)矩形　建立一个矩形平面作为变形控制物件,如图 3－91 所示。

(4)立方体　建立一个立方体作为变形控制物件,与“边框方块”变形器类似。

(5)变形　“精确”变形表示物件变形的速度较慢,物件变形后的曲面结构会变得较为复杂;“快速”变形表示物件变形后的曲面控制点比较少,所以比较不精确。

(6)整体　受控制物件变形的部分不止于控制物件(控制器)的范围,在控制物件(控制器)范围外的部分也会受到影响,控制物件(控制器)的变形作用力无限远,如图 3－92 所示。

(7)局部　设定控制物件(控制器)范围外变形作用力的衰减距离,受控制物件(需要变形的物件)超出衰减距离的部分完全不会变形,如图 3－93 所示。

图 3－91　以“矩形”控制器变形物件

图 3－92　整体变形物件

图 3－93　局部变形物件

(8)从变形控制器中释放物件　对物件使用“变形控制器编辑”工具(按钮为)后,物件就与控制器进行了捆绑。如果希望原物件脱离控制器的束缚,可以使用“从变形控制器中释放物件”工具(按钮为),使原物件与控制器不再关联。

启用“从变形控制器中释放物件”工具,然后选择受控制物件,并按 Enter 键确认,即可将选择的物件从控制器中释放出来。例如在图 3-94 中,将“h”和“n”从控制器中释放出来后,控制器的变化不会再影响这两个字母,如图 3-95 所示。

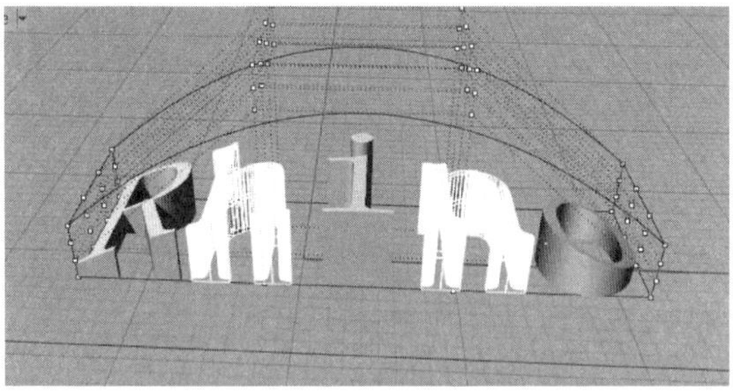

图 3-94　将物件从控制器中释放出来

图 3-95　控制器变化后的效果

在这里简单介绍一下其余两个工具:“选取控制物件”工具(按钮为)用于选取所有变形控制器的控制物件;“选取受控制物件”工具(按钮为)用于选取某个变形控制器的受控制物件。

任务 3.6　导入与导出

Rhino 5.0 可以说是一个高效的数据中转站,几乎能导入或导出任何一种 3D 和 2D 格式的文件,包括 iges、skp、3ds、obj 等格式。

3.6.1　导入文件

导入文件的方法比较简单:执行“文件 > 导入”菜单(图 3-96)命令或右键单击“打开文件/导入”工具(按钮为),打开“导入”对话框;然后选择需要导入的文件类型(图 3-97),并找到其所在的位置;最后单击打开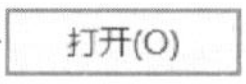按钮即可。

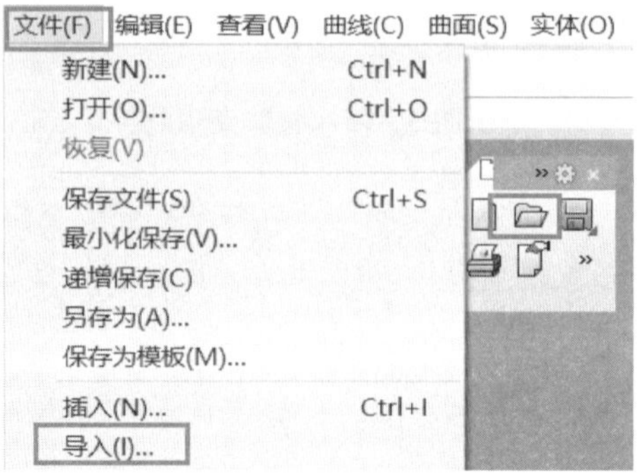

图 3-96　导入菜单

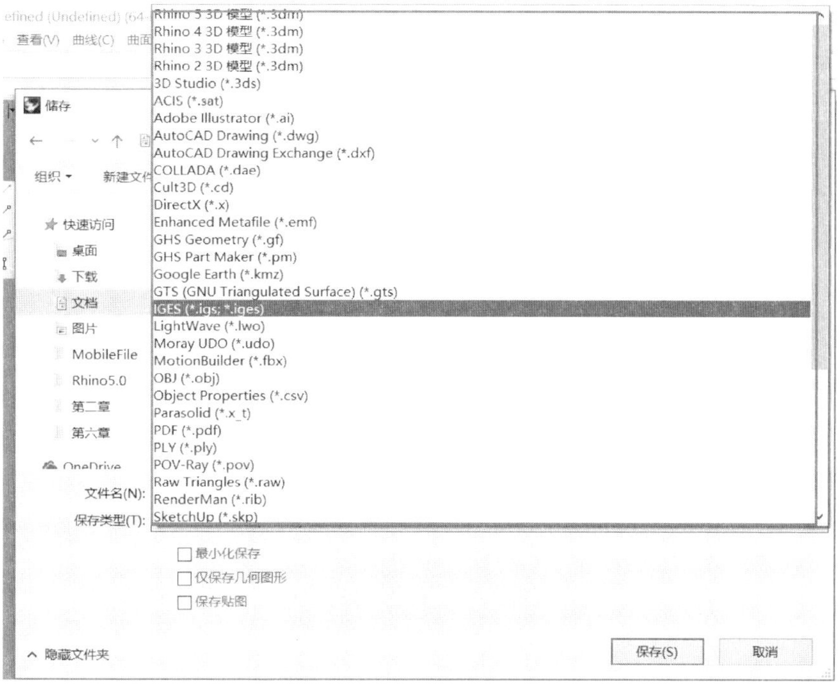

图 3－97　导入文件类型

3.6.2　导出文件

要导出文件，可以执行“文件 > 另存为”或“文件 > 导出选取物件”菜单（图 3－98）命令。前者导出的是整个模型场景；而后者只导出所选择的物件，一般用于 KeyShot 等渲染器对接。导出时将弹出“储存”对话框，可以将模型场景存储为很多不同的格式，如图 3－99 所示。

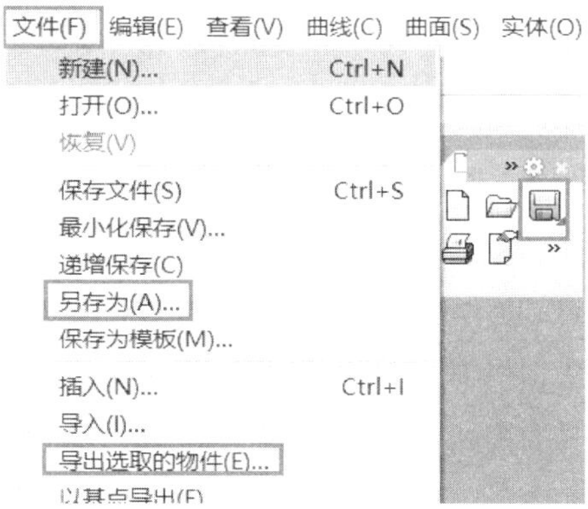

图 3－98　导出选取物件菜单

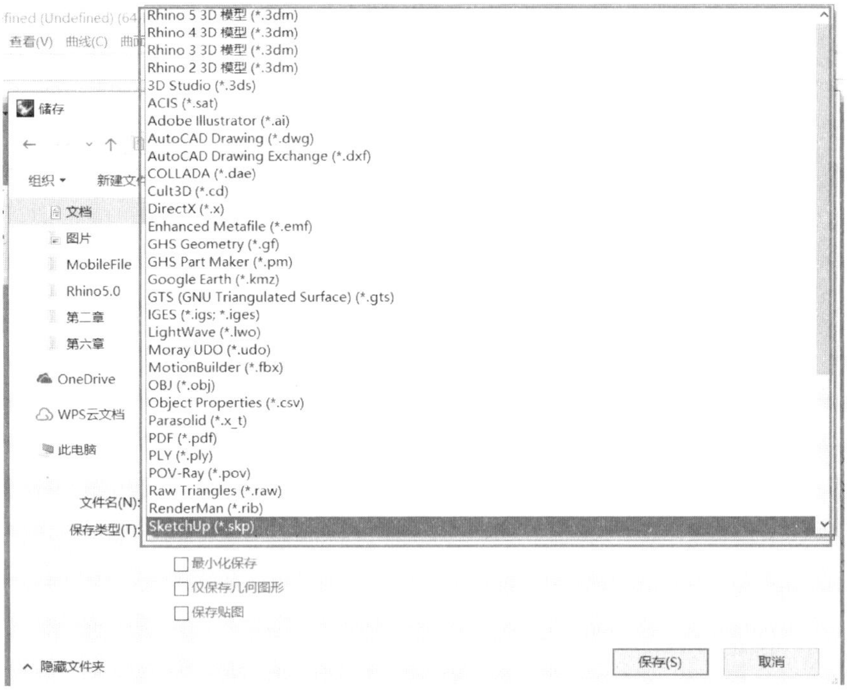

图 3－99　导出文件格式

任务 3.7　尺寸标注与修改

尺寸标注在生产中起到明确尺寸的作用。例如，将设计的产品构建完成后，需要对其基本结构尺寸有所标注，以便厂家进行生产。

Rhino 5.0 用于标注尺寸的命令都位于“尺寸标注”菜单中，也可以通过“标准”工具栏右侧的“尺寸标注”工具来展开相应的工具面板，如图 3－100 所示。

在“尺寸标注”工具面板中，第 1 行工具用于标注具体的尺寸，如标注直线、斜线、角度、半径和直径等；第 2 行工具用于标注文字编辑方式；第 3 行工具用于设置标注样式、添加注解点等。

初始状态下，Rhino 5.0 的尺寸标注设置处于默认状态，可以通过“Rhino 选项”对话框对这些设置进行修改，如图 3－101 所示。尺寸标注主要有以下参数。

(1) 名称　为尺寸标注的样式命名。

(2) 字形　设置尺寸标注的文字字体。

(3) 数字格式　十进位代表 1.25 这样的数字；分数代表 1－1/4 这样的数字；英尺 & 英寸代表 1′－3″这样的数字。

(4) 距离精确度　设置距离标注显示的精确度，默认是小数点后两位。

(5) 角度精确度　设置角度标注显示的精确度，默认也是小数点后两位。

(6) 角度格式　设置角度标注的单位。

(7)文字高度　设置标注文字的高度。

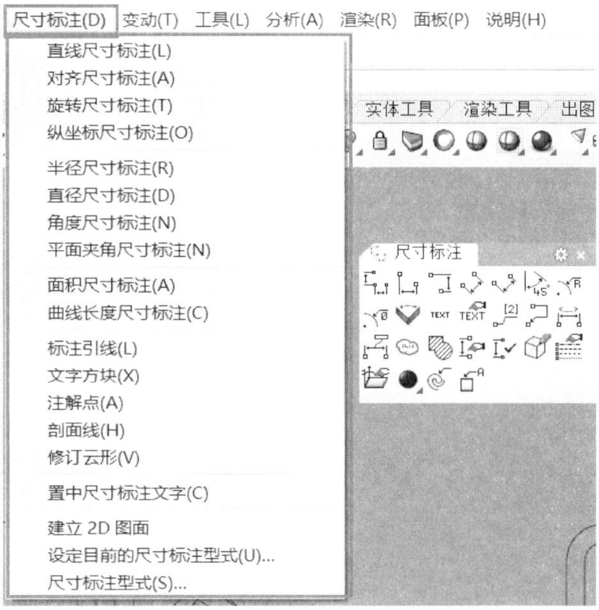

图 3－100　“尺寸标注”菜单及工具面板

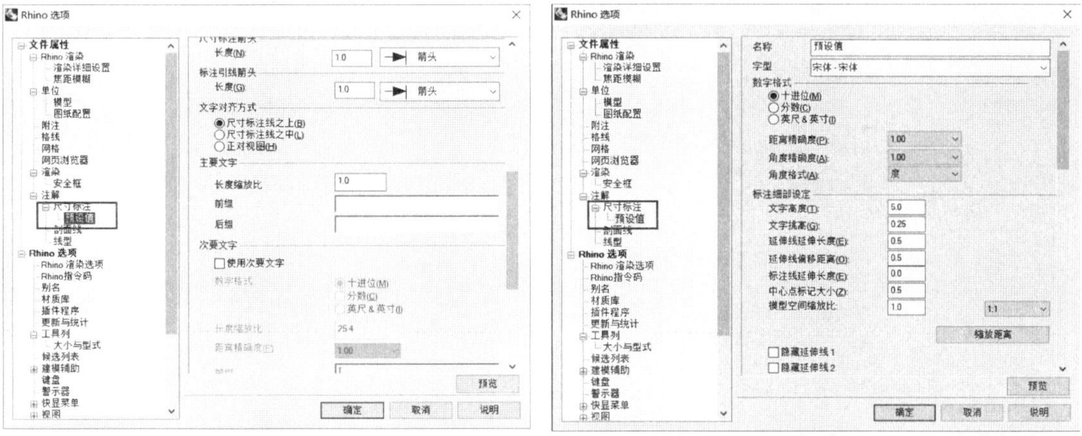

图 3－101　“尺寸标注”工具面板设置

(8)文字挑高　设置文字与标注线的距离。

(9)延伸线延伸长度　设置延伸线超出标注线的长度。

(10)延伸线偏移距离　设置延伸线起点与物件标注点之间的距离。

(11)标注线延伸长度　设置标注线超出延伸线的长度，通常与斜标配合使用。

(12)中心点标记大小　设置半径或直径尺寸标注的中心点标记大小。

(13)模型空间缩放比　设置尺寸按空间缩放比例放大或缩小

(14)隐藏延伸线 1/隐藏延伸线 2　设置是否隐藏延伸线，一般保持不变。

(15)尺寸标注箭头　设置标注的箭头样式和大小。

(16)标注引线箭头　设置标注引线的箭头样式和大小。

(17)文字对齐方式　设置标注文字放置于标注线的上方、中间或总是正对视图。

(18)主要文字　通过"长度缩放比"参数可以指定 Rhino 5.0 中单位和尺寸标注单位的长度缩放比;通过"前缀"和"后缀"参数可以设置附加于标注文字之前或之后的文字。

(19)次要文字　在主要标注文字之后加上不同单位的标注文字。勾选"使用次要文字"选项可以激活下面的参数,这些参数的含义与"数字格式"等选项中的参数含义大致相同。

(20)公差/遮罩　用于设置公差和遮罩,通常情况下保持默认状态即可。

如果在一个文件中需要使用多个标注样式,那么可以通过"尺寸标注"面板来新增,如图 3－102 所示。

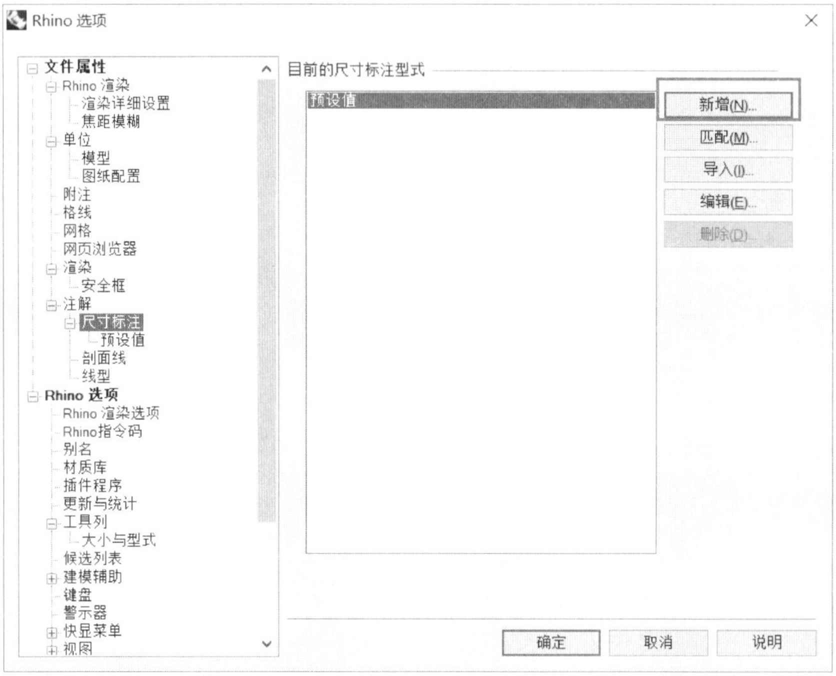

图 3－102　"尺寸标注"面板

项目四　Rhino 5.0 曲线绘制技术

【项目描述】

Rhino 5.0 提供了丰富的曲线绘制工具,能够快速地绘制直线、曲线、圆、圆弧和多边形等形状。本章主要介绍一些常用的曲线绘制工具,以及这些工具的使用方法。通过本章学习,学生可以绘制出符合各种要求的曲线,提高后期曲面建模的效率。

【项目目标】

知识目标

1. 掌握曲线的基本操作;
2. 掌握编辑和调整曲线的方法;
3. 掌握绘制多边形的方法;
4. 掌握曲线的偏移;
5. 掌握曲线倒角的方法。

能力目标

能够进行 Rhino 5.0 基本应用操作。

素质目标

1. 培养学生的自学能力;
2. 培养学生分析问题、解决实际问题的能力。

【学习任务】

学习任务 1:绘制矩形
学习任务 2:绘制圆
学习任务 3:绘制椭圆
学习任务 4:绘制圆弧
学习任务 5:绘制多边形
学习任务 6:绘制星形
学习任务 7:绘制直线
学习任务 8:绘制曲线
学习任务 9:绘制等分线
学习任务 10:绘制偏移线
学习任务 11.倒圆角
学习任务 12:倒斜角

【任务实施】

任务 4.1　绘制矩形

在 Rhino 3D 中,绘制矩形有四种方法,即对角画法、中心画法、三点画法和垂直画法。

1. 对角画法

命令: Rectangle;工具栏:单击左边工具栏中的□按钮;菜单: Curve/Rectangle/Corner to Corner。

【操作步骤】

方法一:用鼠标在任意视图中单击,产生一个点作为矩形的起点;移动鼠标,矩形随之改变大小;再单击一次鼠标完成矩形的绘制。

方法二:用鼠标在任意视图中单击,产生一个点作为矩形的起点。键入一个数值并按 Enter 键,则这个数值为矩形的长度,注意如果键入负值,则矩形的下一个点会出现在矩形起点的左边,命令行此时会出现提示"Width",键入一个数值,则这个数值为矩形的高度。如果键入值为负值,所产生矩形将处于矩形起点的下方,输入的数值可以使用单位(如"5 cm"或"500 mm"等);如果不键入数值,则移动鼠标会改变矩形的高度,结合 Osnap 物体捕捉可以精确地让矩形的高度和视图内任何一个点齐平。

方法三:键入坐标值(如"3, -4"等),产生矩形的起点,如果起点是坐标原点,直接键入"0,0"即可;再键入矩形另一个对角的坐标值,完成矩形的绘制。

【使用技巧】

执行命令后,会在命令行中出现提示"First corner of rectangle (Rounded)"。括号内的 Rounded 是对矩形进行倒圆角功能,键入 R 可以激活该功能。确定矩形的两个对角点后,命令行会出现提示"Radius or point for rounded corner to pass through (Corner = Arc)"。此时输入的数值将会是对矩形进行倒角的半径值,数值可以使用单位(如"5 cm"或"500 mm"等),移动鼠标也会改变圆角的大小。括号内的"Corner = Arc"是圆角类型的选项,默认值为 Arc (圆弧)。键入 C 可以改变圆角类型。圆角类型共有两种,除了 Arc 外还有一种是 Conic(圆锥曲线)。用 Arc 类型绘制出来的矩形为 G1 连续性的倒角矩形;用 Conic 类型绘制出来的矩形为 G2 连续性的圆滑矩形。图 4-1 是两种圆角类型矩形的比较。

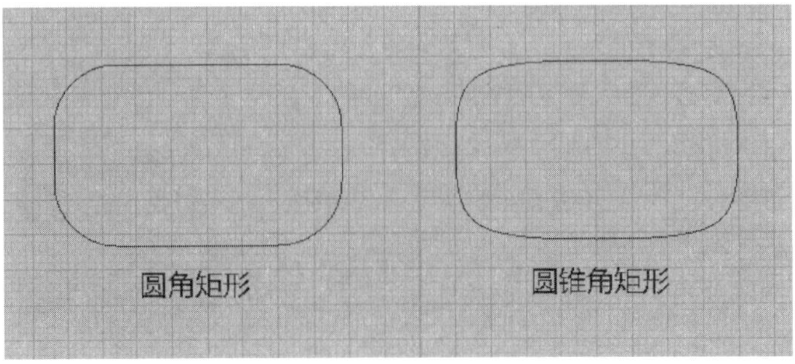

图 4-1　Arc 类型和 Conic 类型矩形

2. 中心画法

命令:RectangleCen;工具栏:单击左边工具栏中的□按钮不放,打开隐藏的 Rectangle 子工具栏中的▣按钮;菜单:Curve/Rectangle/Center,Corner。

【操作步骤】

方法一:用鼠标在任意视图中单击,产生一个点作为矩形的中心点;移动鼠标,矩形随之改变大小;再单击一次鼠标完成矩形的绘制。

方法二:用鼠标在任意视图中单击,产生一个点作为矩形的中心点。键入一个数值并按 Enter 键,则这个数值为矩形的长度。命令行此时会出现提示"Width",键入一个数值,则这个数值为矩形的高度,数值可以使用单位(如"5 cm"或"500 mm"等);如果不键入数值,则移动鼠标会改变矩形的高度,结合 Osnap 物体捕捉可以精确地让矩形的高度和视图内任何一个点齐平。

方法三:键入坐标值(如"3,-4"等),产生矩形的中心点,如果起点是坐标原点,直接键入"0,0"即可;再键入矩形另一个对角的坐标值,完成矩形的绘制。

【使用技巧】

中心画法同样具有倒圆角功能,方法和对角画法相同。

3. 三点画法

命令:Rectangle3Pt;工具栏:单击左边工具栏中的□按钮不放,打开隐藏的 Rectangle 子工具栏中的□按钮;菜单:Curve/Rectangle/3 Points。

【操作步骤】

用鼠标在任意视图中单击,产生一个点作为矩形的起点;移动鼠标,产生一条直线,这条直线就是将要产生的矩形的长边;单击鼠标确定矩形的长边或者键入数值作为矩形的长度,数值可以使用单位(如"5 cm"或"500 mm"等);键入角度(如"<45"等),可以确定矩形的角度;然后移动鼠标,确定矩形的高度,也可以直接键入高度值。

4. 垂直画法

命令:Rectangle3Pt;工具栏:单击左边工具栏中的□按钮不放,打开隐藏的 Rectangle 子工具栏中的□按钮;菜单:Curve/Rectangle/Vertical。

【操作步骤】

用鼠标在任意视图中单击,产生一个点作为矩形的起点;移动鼠标,产生一条直线,这条直线就是将要产生的矩形的长边;单击鼠标确定矩形的长边或者键入数值作为矩形的长度,数值可以使用单位(如"5 cm"或"500 mm"等);键入角度(如"<45"等),可以确定矩形的角度;然后移动鼠标,确定矩形的高度,也可以直接键入高度值,但是这个高度将是垂直于工作平面方向上的高度,如图 4-2 所示。

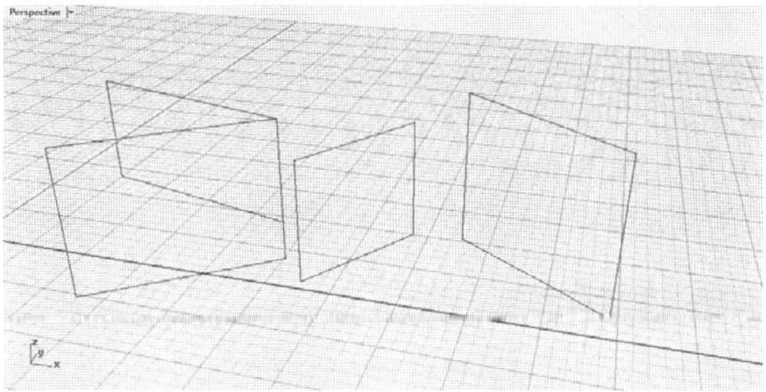

图 4-2 垂直画法产生的矩形垂直于工作平面

任务 4.2 绘制圆

在 Rhino 3D 中,绘制圆有五种方法,即半径画法、直径画法、三点画法、两切点和半径求圆画法、三切点画法。

1. 半径画法

命令: Circle;工具栏:单击左边工具栏中的按钮;菜单: Curve/Circle/Center, Radius。

【操作步骤】

这是最为传统的画圆方式。用这种方法在 Rhino 3D 中作圆就像拿着一个电子圆规画圆一样方便。用鼠标在任意视图中单击,或者键入坐标,产生一个点作为圆的圆心;移动鼠标改变圆的大小,或者键入数值作为圆的半径,数值可以使用单位(如“5 cm”或“500 mm”等);最后产生一个标准圆。

【使用技巧】

执行命令后,命令行会出现提示“Center of circle(Deformable Vertical AroundCurve)”。括号内有三个选项,分别为 Deformable(可变形)、Vertical(垂直)和 AroundCurve(环绕曲线)。

(1)Deformable(可变形) 键入“D”可以激活该选项,并且会在命令行中出现提示“Center of circle(PointCount = 12Vertical AroundCurve)”。其中“PointCount = 12”是设定可变形圆的控制点数目的选项,键入“P”可以改变控制点数目。通过这个选项能够产生一个可以用控制点编辑的近似圆。因为标准圆是一个由四段弧线组成的圆形,所以用控制点编辑标准圆会破坏曲线的连续性,如图 4-3 所示。

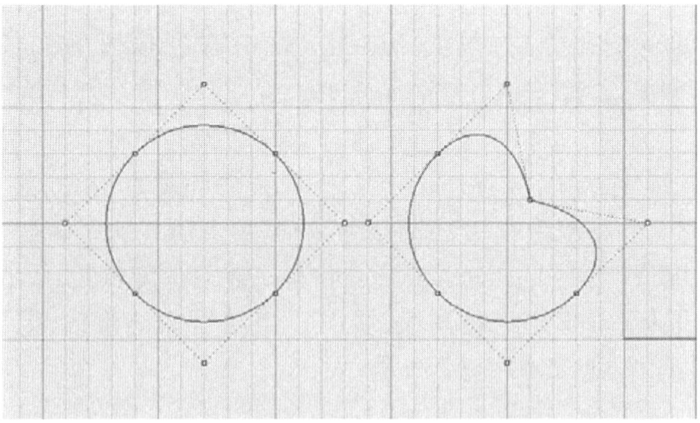

图 4-3 用控制点编辑标准圆会破坏曲线连续性

可变形圆是由一条完整连续的曲线构成的,因此调整它的控制点不会破坏连续性,如图 4-4 所示。需要注意的是,可变形圆不是真正的圆,它是一个近似圆,并且随着控制点数目的降低,其精度也会降低。可变形圆不是标准圆可以通过曲率分析图和半径测量工具来证明,因为可变形圆上的每个点的半径不是一样的,而标准圆上的每个点到圆心的距离都是相同的。如图 4-5 所示,用曲率分析图来比较可变形圆和标准圆可以看出:可变形圆的曲率变化线不是圆;而标准圆的曲率变化线是一个圆。这说明可变形圆上每个点的曲率不是完全相同的,是近似的圆;而标准圆上每个点的曲率都是一样的,是真正的圆。

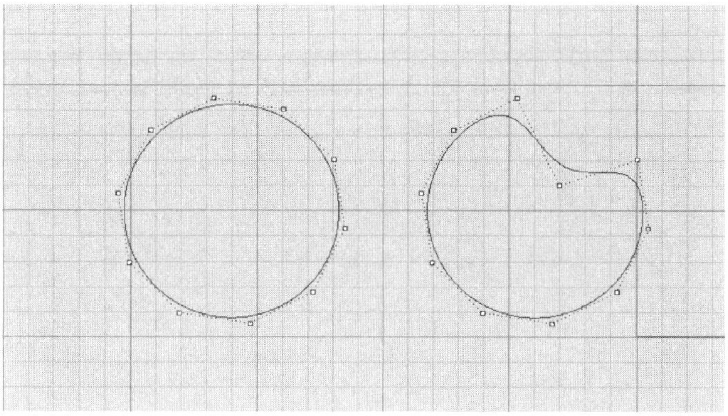

图 4 -4 用控制点编辑可变形圆可以保持曲线连续性

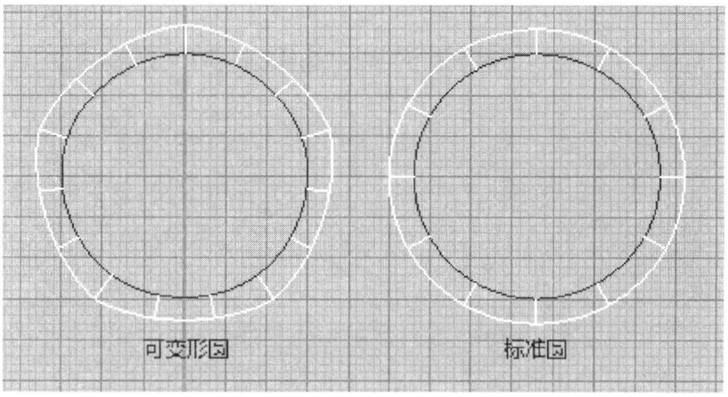

图 4 -5 可变形圆和标准圆的曲率分析图比较

要获得精确的可变形圆,有一个极为简单的方法:因为用画圆工具绘制出来的可变形圆都是阶数为 3 的圆,可变形圆本身就是一条闭合的曲线,因此在控制点数目不变的情况下,阶数最高可以与控制点数目相同(如控制点数为 8 的可变形圆,阶数最高可以为 8;控制点数为 4 的可变形圆,阶数最高可以为 4),通过提高可变形圆的阶数来改变圆的形状,可以使其最接近标准圆。具体的操作是:选择可变形圆执行"Change Degree"命令(菜单是"Curve/Edit Tools/Change Degree"),命令行中出现提示"Current degree is 3. New degree:(Deformable = Yes) < & > ",其中括号内的"Deformable"是可变形选项,默认为关闭状态,必须键入"D"激活该选项,使其显示为"Deformable = Yes";然后键入可变形圆的控制点数目(如控制点数目为 8,就键入"8"),这样产生的可变形圆最接近真实的圆。控制点数目越低,改变的效果就越明显。图 4 -6 表示不同控制点数的可变形圆用改变阶数的方法得到了最大程度的逼近真实圆。这个方法对获得准确的低控制点可变形圆非常有用。

(2) Vertical(垂直) 键入"V"可以激活该选项,产生的圆是垂直于当前工作平面的圆,如图 4 -7 所示。在 Perspective 视图中创建一个垂直圆,产生的圆和 Perspective 视图平面保持垂直。

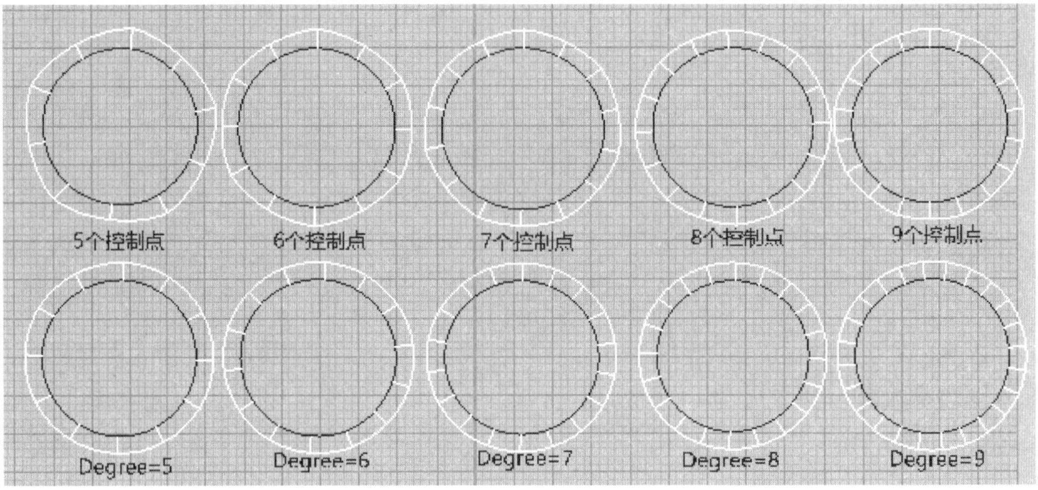

图 4－6　提高阶数可以获得更准确的可变形圆

需要注意的是，单击左边工具栏中的按钮不放，打开隐藏的“Circle”子工具栏中的按钮，和“Vertical”选项的作用是一样的。当必须连续创建多个垂直圆时，可以单击按钮，先创建一个垂直圆，然后用点击鼠标右键的方法重复这个命令。此方法比采用“Vertical”选项更加快捷、方便。

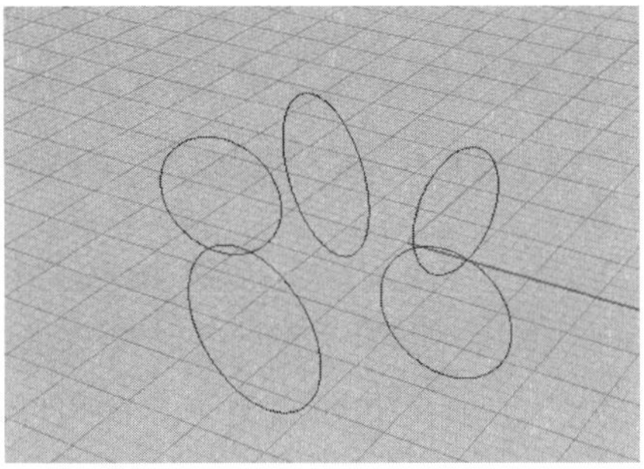

图 4－7　“Vertical”选项产生的圆

（3）AroundCurve（环绕曲线）　键入“A”可以激活该选项，并且命令行中会出现提示“Point on curve for center of circle”，这时候选择一条曲线或者曲面的边界线，就可以环绕曲线创建一个圆，如图 4－8 所示。

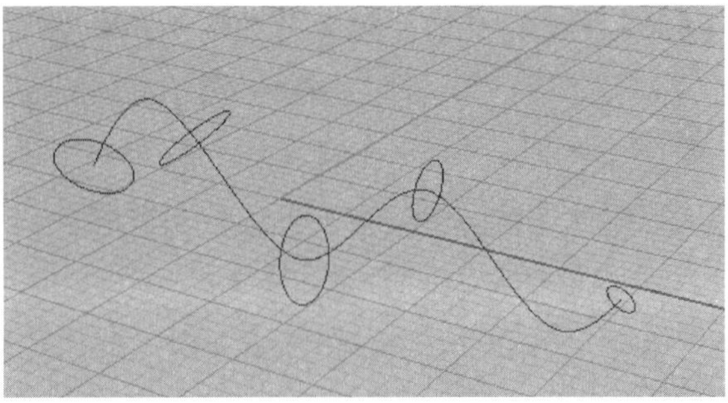

图 4－8　环绕一条立体曲线创建大小不等的圆

将图 4－8 中的曲线和圆全部选择，执行“Sweep1”命令（菜单是“Surface/Sweep I Rai1”），可以产生一条粗细不等的圆管，如图 4－9 所示。

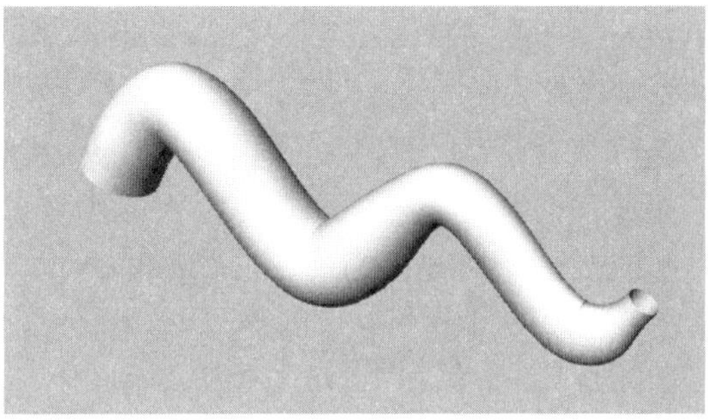

图 4－9 “Sweep1”命令产生的粗细不等的圆管

需要注意的是，单击左边工具栏中的按钮不放，打开隐藏的“Circle”子工具栏中的按钮，和“AroundCurve”选项的作用是一样的。当必须环绕曲线连续创建多个圆时，可以单击按钮，先环绕曲线创建一个圆，然后用点击鼠标右键的方法重复这个命令。此方法比采用“AroundCurve”选项更加快捷、方便。

绘制圆具有记忆功能：下一次绘制圆的时候，如果不设置圆的半径，点击鼠标右键系统会自动调用最近一次绘制圆的半径值。采用这个方法可以快速绘制许多相同大小的圆。此方法在围绕曲线绘制相同半径的圆时更为实用。

2. 直径画法

命令：CircleD；工具栏：单击左边工具栏中的按钮不放，打开隐藏的“Circle”子工具栏中的按钮；菜单：Curve/Circle/Diameter。

【操作步骤】

用鼠标在任意视图中单击，或者输入坐标，产生一个点作为圆直径的起点；然后移动鼠标，改变圆的大小，或者输入数值来确定圆的半径大小，创建一个圆。

【使用技巧】

执行命令后，命令行中会出现提示“Start of diameter（Deformable Vertical）”，键入“D”激活可变形选项，键入“V”可激活垂直绘制圆选项，其功能和半径画法是相同的。

需要注意的是，键入“V”激活垂直绘制圆选项，和单击左边工具栏中的按钮不放、打开隐藏的“Circle”子工具栏中按钮的功能是一样的，但是按钮不能同时产生可变形圆。当必须连续创建多个垂直圆时，可以单击按钮，先创建一个垂直圆，然后用点击鼠标右键的方法重复这个功能。此方法比采用“Vertical”选项更加快捷、方便。

3. 三点画法

命令：Circle3Pt；工具栏：单击左边工具栏中的按钮不放，打开隐藏的“Circle”子工具栏中的按钮；菜单：Curve/Circle/3 Points。

【操作步骤】

用鼠标在任意视图中的不同位置单击三次，或者输入三个点的坐标，系统会通过这三个点产生一个圆。

4. 两切点和半径求圆画法

命令：CircleTTR；工具栏：单击左边工具栏中的按钮不放，打开隐藏的“Circle”子工具栏中的按钮；菜单：Curve/Circle/Tangent，Tangent，Radius。

【操作步骤】

这个画圆法必须在至少已经存在两条处于同一平面的曲线时才能进行。在视图中选择两条处于同一平面的曲线，然后输入一个数值作为将要产生的圆的半径，就可以产生一个半径为输入数值并且同时与两条曲线相切的圆。如果输入的半径太大或太小，导致产生的圆无法同时与两条曲线相切，将不会产生圆。除了输入数值作为半径大小以外，还可以采用鼠标设定半径的方法，其具体步骤为：当命令行中出现输入半径的提示时，用鼠标左键在视图中单击一次；然后移动鼠标会拉出一条直线来，移动鼠标可以调整这条直线的长短，这条直线的长度就是半径的长度；再单击一次鼠标左键确定。这种方法比输入数值的方法更直观、方便。

5. 三切点画法

命令：CircleTTT；工具栏：单击左边工具栏中的按钮不放，打开隐藏的“Circle”子工具栏中的按钮；菜单：Curve/Circle/Tangent，Tangent，Tangent。

【操作步骤】

三切点画法是较高级的作圆方式，用它可以产生一个和三条曲线同时相切的圆（图4－10），并且不要求这三条曲线同时在一个平面上。首先选择两条曲线，就会出现一个和两条曲线同时相切的圆，移动鼠标，圆会变化位置、大小和方向以同时和两条曲线保持相切，此时如果点击鼠标右键，圆就会停留在最初产生的位置，如果移动并单击鼠标左键，圆会停在最后出现的位置；然后将圆移动靠近另一条曲线，如果有可能，圆会改变大小和位置，同时和三条曲线保持相切。

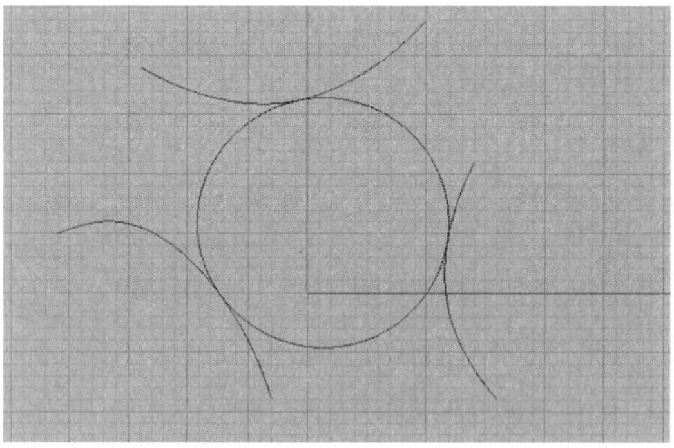

图4－10　三切点画法作圆

任务4.3　绘制椭圆

在Rhino 3D中，其实只要把圆在一个方向上缩小就可以产生椭圆，但是Rhino 3D还是提供了专门的椭圆工具。绘制椭圆主要有三种方法，即中心画法、直径画法和对角画法。

1. 中心画法

命令：Ellipse；工具栏：单击左边工具栏中的按钮；菜单：Curve/Ellipse/From Center。

【操作步骤】

用鼠标在任意视图中单击或输入坐标确定一个点作为椭圆的中心点；移动鼠标或输入数值来改变半轴的长度；调整鼠标或输入角度（格式为“ <a”）来设定椭圆的倾斜角度。

【使用技巧】

执行命令后，命令行中会出现提示“Center of ellipse (Deformable Vertical AroundCurve FromFoci)”，括号内有四个选项，分别为 Deformable（可变形）、Vertical（垂直）、AroundCurve（环绕曲线）和 FromFoci（焦点做椭圆法）。

(1) Deformable（可变形） 键入“D”可以激活该选项，并且命令行中会出现提示“Center of ellipse(PointCount = 12 Vertical AroundCurve FromFoci)”，其中“Pointcount = 12”是设定可变形圆的控制点数目的选项，键入“P”可以改变控制点数目。通过这个选项可以产生一个用控制点编辑的近似椭圆。标准椭圆是一个由四段弧线组成的椭圆，编辑标准椭圆的控制点会破坏曲线的连续性；而可编辑椭圆是一条完整的封闭曲线，编辑它的控制点不会破坏曲线的连续性。

需要注意的是，可编辑椭圆不是真正的椭圆，随着控制点数目的减少，精度会降低。要获得较为精确的可编辑椭圆，可以采用提高阶数的方法，具体的步骤请参考4.1 节中获得精确的可编辑圆的方法。

(2) Vertical（垂直） 键入“V”可以激活该选项，产生的椭圆是垂直于当前工作平面的椭圆。

(3) Around Curve（环绕曲线） 键入“A”可以激活该选项，并且命令行中会出现提示“Point on curve for center of ellipse”，这时候选择一条曲线或者曲面的边界线，就可以环绕曲线创建一个椭圆。

需要注意的是，该选项和单击左边工具栏中的按钮不放、打开隐藏的“Ellipse”子工具栏中的按钮的功能是一样的。当需要围绕曲线连续绘制多个椭圆时，可以先单击按钮环绕曲线创建一个椭圆，然后用点击鼠标右键的方法重复这个命令。此方法比采用“AroundCurve”选项更加快捷、方便。

(4) From Foci（焦点作椭圆法） 键入“F”可以激活该选项。先用鼠标确定椭圆的两个焦点，然后移动鼠标确定椭圆的大小和形状，命令行中会出现提示“Ellipse focus (Mark Foci = NO Partial = No Repeat = NO)”。其中“Mark Foci”选项用于控制创建完椭圆后是否在焦点处生成两个点作为焦点的标记，键入“M”可以切换该选项的关闭和打开状态；“Partial”选项用于控制是否只绘制部分椭圆，键入“P”可以切换该选项的关闭和打开状态；“Repeat”选项用于控制是否采用相同的焦点重复绘制椭圆，键入“R”可以切换该选项的关闭和打开状态。

需要注意的是，该选项和单击左边工具栏中的按钮不放、打开隐藏的“Ellipse”子工具栏中的按钮的功能是一样的。当需要连续绘制多个不同焦点的椭圆时，可以先单击按钮创建一个椭圆，然后用点击鼠标右键的方法重复这个命令。此方法比采用“From Foci”选项更加快捷、方便。

2. 直径画法

命令：Ellipse；工具栏：单击左边工具栏中的按钮不放，打开隐藏的“Ellipse”子工具栏中的按钮；菜单：Curve/Ellipse/Diameter。

【操作步骤】

用鼠标在任意视图中单击或输入坐标确定两点，这两点的距离就是椭圆的一个轴长；移动鼠标可以改变椭圆的大小，或者输入数值作为椭圆另一个轴的长度。

【使用技巧】

执行命令后，命令行中会出现提示“Start of first axis(Vertical)”；括号内的 Vertical 是垂直绘制椭圆的选项，键入“V”可以激活它，从而产生和当前工作平面垂直的椭圆。

3. 对角画法

工具栏：单击左边工具栏中的按钮不放，打开隐藏的“Ellipse”子工具栏中的按钮。

【操作步骤】

对角画法是平面软件中最普遍的绘制椭圆的方法。用鼠标拉出一个矩形，绘制出来的椭圆将会充满整个矩形，如图 4－11 所示。

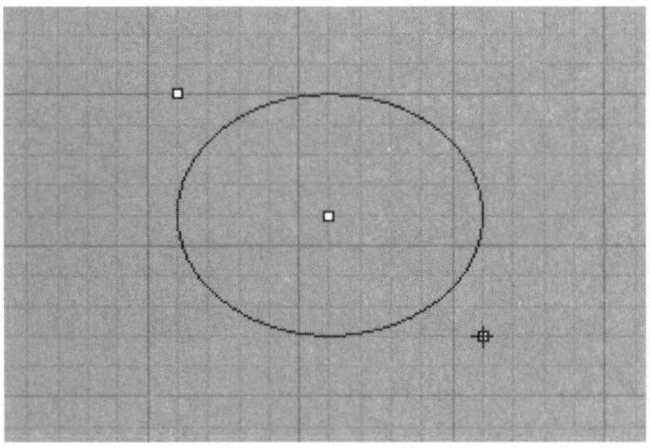

图 4－11　对角画法绘制椭圆

任务 4.4　绘制圆弧

在 Rhino 3D 中，绘制圆弧主要有五种方法，即圆心画法、三点画法、两点一切线法、两点加半径画法和两切点加半径画法。

1. 圆心画法

命令：Arc；工具栏：单击左边工具栏中的按钮；菜单：Curve/Arc/Center, Start, Angle。

【操作步骤】

用鼠标在任意视图中单击或键入坐标产生一个点作为圆弧的圆心；移动鼠标拉出一条直线，这条直线就是圆弧的半径，也可以键入数值作为圆弧的半径；命令行中出现“End point or angle”提示时，可以移动鼠标来确定圆弧的长度，也可以键入角度值精确地定义圆弧的角度。这里要特别注意的是：如果键入的是角度格式(如“<30”或“<45”等)，产生的角度是相对于工作平面坐标的角度，不是圆弧的角度；如果键入的是数值格式(如“30”或“45”等)，则产生的角度是绝对的角度，也就是圆弧自身的角度，如图 4－12 所示。

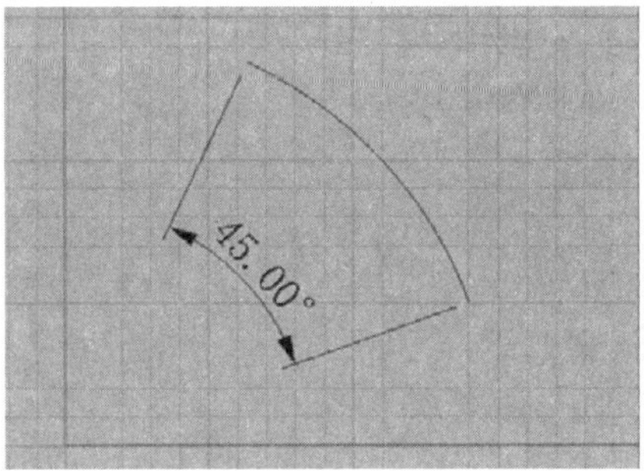

图 4－12　输入数值产生的是圆弧的角度

【使用技巧】

执行命令后,命令行中会出现提示“Center of arc (Deformable)”;括号内的 Deformable 是可变形选项,键入“D”可以激活该选项,并且命令行中会出现提示“Center of arc(Point Count = 12)”;其中“PointCount = 12”是设定可变形圆弧控制点数目的选项,键入“P”可以改变控制点数目。通过这个选项可以产生一个可以用控制点编辑的近似圆弧。

2. 三点画法

命令:Arc3Pt;工具栏:单击左边工具栏中的按钮不放,打开隐藏的“Arc”子工具栏中的按钮;菜单:Curve/Arc/3 Points。

【操作步骤】

用鼠标在视图中单击或输入坐标确定两点作为圆弧的起点和终点,然后移动鼠标来改变圆弧的大小,或者输入坐标让圆弧从该点通过。

【使用技巧】

利用物体捕捉功能,可以让圆弧精确地通过三个点,如图 4－13 所示。首先单击下方工具栏中的“Osnap”标签打开物体捕捉面板,勾选所需的捕捉方式;然后用三点画法绘制圆弧,利用物体捕捉功能来捕捉起点、终点和圆弧通过的一个点。

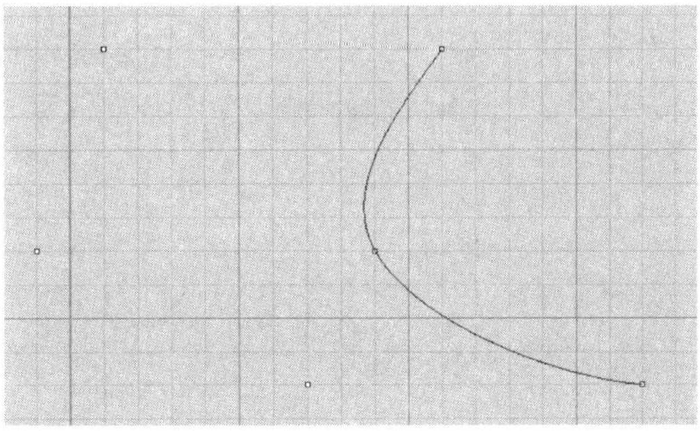

图 4－13　通过物体捕捉让圆弧精确通过三个点

3. 两点一切线法

命令:ArcDir;工具栏:单击左边工具栏中的按钮不放,打开隐藏的“Arc”子工具栏中的按钮;菜单:Curve/Arc/Start, End, Direction。

【操作步骤】

用鼠标在视图中单击或输入坐标来确定圆弧的起点和终点,然后移动鼠标来改变圆弧的大小。此方法和三点画法不一样的地方在于,“ArcDir”命令用来控制圆弧大小的是圆弧一个端点上的切线,如图4-14所示。

【使用技巧】

利用物体捕捉功能,可以让圆弧和一条直线保持相切。如图4-15所示,左边是一条直线,现在要创建一个圆弧和它保持相切:首先单击下方工具栏中的“Osnap”标签打开“Osnap”面板,勾选“End”捕捉方式,在图中1的位置捕捉直线的端点;然后移动鼠标在视图中任意位置确定圆弧的终点,即图中2的位置;最后移动鼠标到图中3的位置,键入“End”指令捕捉直线的另一个端点,同时按下Tab键锁定方向,移动鼠标到相反的方向,单击鼠标生成弧线。这样产生的圆弧就能和直线保持相切。

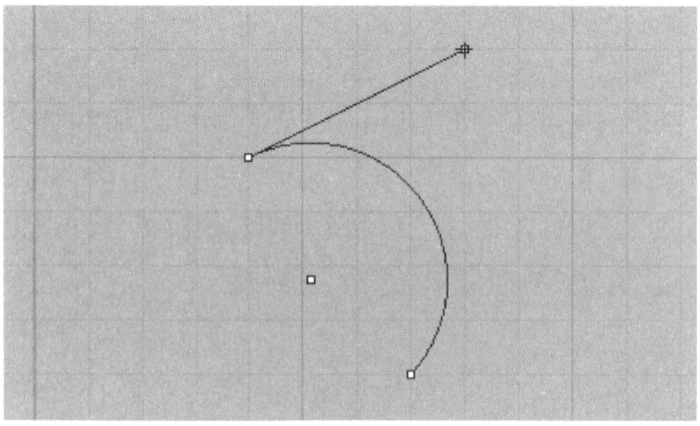

图4-14　利用圆弧的切线来控制圆弧的大小

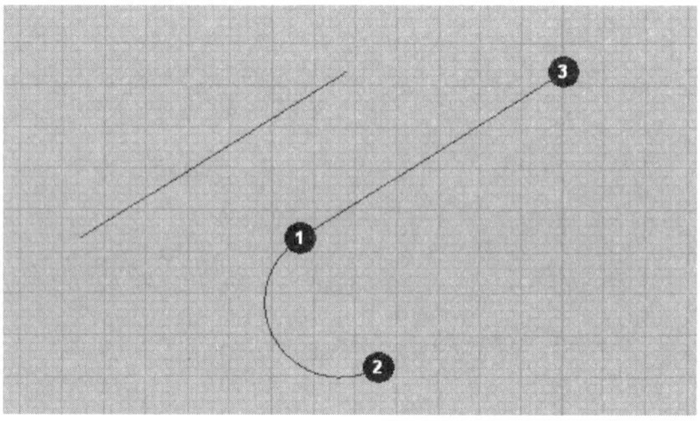

图4-15　绘制和直线相切的圆弧

4. 两点加半径画法

命令:ArcSER;工具栏:单击左边工具栏中的按钮不放,打开隐藏的“Arc”子工具栏中的按钮;菜单:Curve/Arc/Start,End, Radius

【操作步骤】

用鼠标在视图中单击或输入坐标来确定圆弧的起点和终点,然后输入半径值,或者用鼠标来确定圆弧半径的大小。其方法是:当命令行中出现输入半径的提示时,用鼠标在视图中单击一次;然后移动鼠标,会拉出一条直线,移动鼠标可以调整这条直线的长短,这条直线的长度就是半径的长度;再单击一次鼠标确定;由于圆弧存在多种可能,因此还要移动鼠标来确定圆弧的具体位置和大小。

5. 两切点加半径画法

命令:ArcTTR;工具栏:单击左边工具栏中的按钮不放,打开隐藏的“Arc”子工具栏中的按钮;菜单:Curve/Arc/Tangent, Tangent, Radius

【操作步骤】

这种画法必须在至少存在两条处于同一平面的曲线时才能进行。在视图中选择两条处于同平面的曲线,然后输入一个数值作为将要产生的圆弧的半径,就可以产生一个半径为输入数值并且同时和两条曲线相切的圆弧。因为圆弧存在两个方向,因此还要移动鼠标来确定圆弧的位置。如果输入的半径太大或太小,导致产生的圆弧无法同时和两条曲线相切,将不会产生任何圆弧。另外,除了输入数值作为半径大小外,还可以采用鼠标设定半径的方法,具体的做法是:当命令行中出现输入半径的提示时,用鼠标在视图中单击一次;然后移动鼠标会拉出一条直线,移动鼠标可以调整这条直线的长短,这条直线的长度就是半径的长度；再单击一次鼠标确定。

任务4.5 绘制多边形

在Rhino 3D中，绘制多边形主要有两种方法，即中心画法和边界画法。

1. 中心画法

命令：Polygon；工具栏：单击左边工具栏中的按钮；菜单：Curve/Polygon/Center, Radius。

【操作步骤】

默认的多边形边数为4，即默认的多边形是正方形。直接键入数值可以改变多边形的边数；修改完边数后，用鼠标在视图中单击或输入坐标来确定多边形的中心点；然后移动鼠标来确定多边形的大小和角度，也可输入数值和角度，注意角度要用“<a”的格式。

【使用技巧】

执行命令后，命令行中会出现提示“Center of Inscribed polygon (NumSides = 4 Circumscibed Vertical AroundCurve)”，括号内有4个选项：NumSides是边数设置，直接键入数值可修改边数；Circumscribes是外接多边形选项；Vertical是垂直绘制选项；AroundCurve是环绕曲线选项。

(1) Numsides(边数设置)　默认的边数是4。直接输入数值可以改变边数；如果键入错误边数或者想更改边数，可以再次键入数值进行修改。

(2) Circumscribes(外接多边形)　键入“C”可以激活该选项。默认的多边形绘制方法是内接多边形。图4－16为外接多边形和内接多边形的区别。

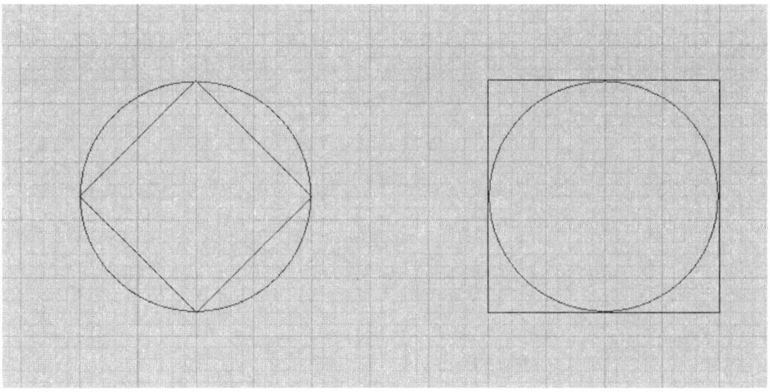

图4－16　内接多边形和外接多边形的区别

需要注意的是，该选项和单击左边工具栏中的按钮不放、打开隐藏的“Polygon”子工具栏中的按钮的功能是一样的。当需要连续绘制多个外接多边形的时候，可以先单击按钮绘制一个外接多边形，然后用点击鼠标右键的方法重复这个命令。此方法比采用Circumscribes选项更加快捷、方便。

(3) Vertical(垂直)　键入“V”可以激活该选项，产生的多边形是垂直于当前工作平面的多边形。

(4) Aroundcurve(环绕曲线)　键入“A”可以激活该选项。这是一个非常有用的选项，特别是在以曲线作为路径、以多边形为截面、用“Sweep1”命令(菜单：Surface/Sweep1 Rail)产生曲面的情况下,无需将多边形绘制好再用“OrientPerpToCrv”命令(菜单：Transform/Orient/Perpendicular to Curve)将多边形一一放置到曲线上,只需直接绘制多边形,键入“A”激活环绕曲线选项,环绕路径曲线绘制多边形即可。图 4 - 17 为采用环绕曲线方式产生多边形,然后用“Sweep1”命令产生曲面。

2. 边界画法

命令：PolygonEdge;工具栏:单击左边工具栏中的按钮不放,打开隐藏的“Polygon”子工具栏中的按钮;菜单：Curve/Polygon/By Edge。

【操作步骤】

默认的多边形边数为 4,也就是默认的多边形是正方形。直接键入数值可以改变多边形的边数;修改完边数后,用鼠标在视图中单击或输入坐标来确定多边形的起点;然后移动鼠标,拉出一个多边形。鼠标和起点之间的连线就是多边形的边长。键入数值可以确定边长,也可输入角度来确定多边形的倾斜度,注意角度要用“ < a”的格式。

【使用技巧】

执行命令后,命令行中会出现提示“Start of edge(Numsides = 4Vertical)”。括号中的 NumSides 是边数设置,直接键入数值可以改变边数; Vertial 是垂直绘制的选项,键入“V”可以激活该选项,产生的多边形是垂直于当前工作平面的多边形。在绘制多边形的时候,命令行中会出现提示“End of edge (Flip)”,这是让多边形翻转的选项,键入“F”可以让多边形出现在边的另一侧。

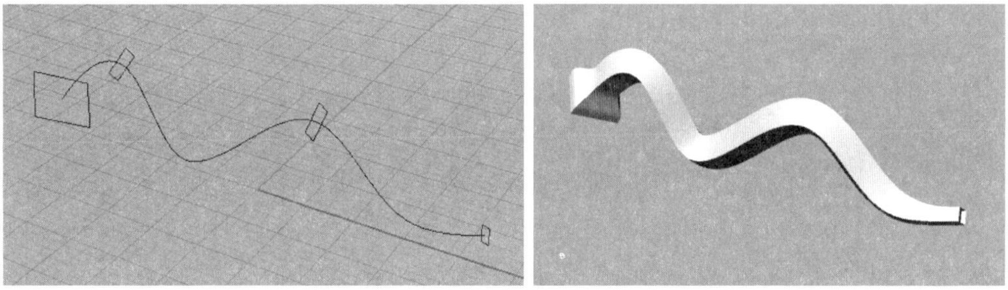

图 4 - 17　环绕曲线产生多边形

任务 4.6　绘制星形

在 Rhino 的旧版本中,没有专门绘制星形的命令,但是可以通过绘制多边形来制作星形。可以将星形看作多边形的变形,要绘制 N 个角的星形,需要先绘制拥有 $2N$ 条边的多边形。例如绘制五角星,需要先绘制出十边形来;然后打开控制点,按住 Shift 键,每隔一个控制点选择一个控制点;同时选择五个控制点后,执行“Scale”命令或者单击左边工具栏中的按钮;再输入“Cen”捕捉多边形的中心点,或者单击下方工具栏中的“Osnap”标签打开“Osnap”面板,勾选“Cen”捕捉方式,缩小或放大这五个控制点就可以产生五角星,如图 4 - 18 所示。

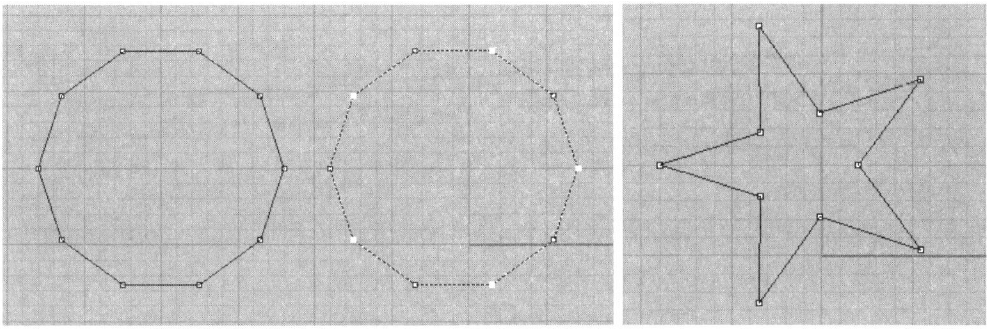

图 4－18 Rhino 旧版本绘制五角星

Rhino 3.0 以后的版本中，新增了专门的星形绘制命令，并将其内置于多边形绘制命令 Polygon（按钮为 ）内。执行 Polygon 命令后，命令行中会出现提示"Center of inscribed polygon（NumSides＝5 Circumscribed Edge Star Vertical AroundCurve）"：其中 Star 就是内置的星形绘制选项，键入"S"可以激活它，并且命令行中会出现提示"Center of star（NumSides＝5 Vertical AroundCurve）"，直接键入数值可以改变星形的角的数目；键入"V"可以激活"Vertical"选项，绘制垂直于当前工作平面的星形；键入"A"可以激活"AroundCurve"选项，用它可以围绕曲线绘制星形。如图 4－19 所示，左图为用"AroundCurve"选项围绕曲线绘制五角星；右图为执行"Sweep1"命令产生的曲面。

图 4－19 围绕曲线绘制星形并产生曲面

绘制星形功能有独立的按钮和菜单以快速调用：可以单击左边工具栏中的 按钮不放，打开隐藏的 Polygon 子工具栏中的 按钮；其菜单为"Curve/Polygon/Star"。

任务 4.7 绘制直线

Rhino 5.0 中绘制直线的方法非常丰富，包括单一直线画法、多线画法、垂直于曲面画法、垂直于曲线画法、垂直于工作平面画法、四点画法、角平分线画法、角度画法、两曲线之间作垂直线、两曲线之间作切线、同时是一条曲线的切线和另一条曲线的垂直线画法、切线画法、通过一系列点作多线、将曲线转化为多线以及在 Mesh 物体表面绘制多线等。

1. 单一直线画法

命令：Line；工具栏：单击左边工具栏中的 不放，打开隐藏的"Line"子工具栏中的 按钮；菜单：Curve/Line/Single Line。

【操作步骤】

用鼠标在视图中单击或输入坐标来确定直线的起点和终点,绘制出直线。绘制直线的时候,输入数值可以设定直线的长度,数值可以使用单位,如“5cm”或“50mm”等;输入角度可以设定直线和工作平面坐标轴的夹角,格式为“ <a”。

【使用技巧】

执行命令后,命令行中会出现提示“Start of line(Bothsides)”。括号内的 Bothsides 是双向延伸的选项,键入“B”可以激活该选项,直线将会从起点开始双向延伸直线,此时键入的数值不是整条直线的长度,而是半条直线的长度。该选项和单击左边工具栏中的按钮不放、打开隐藏的“Line”子工具栏中的按钮的功能是一样的。

2. 多线画法

命令: Polyline;工具栏:单击左边工具栏中的按钮;菜单: Curve/Line/ Polyline。

【操作步骤】

这是一种最为常用的直线画法。在实际运用中,单一直线不可能构成完整的图形,通常要连续绘制好几条相互连接的直线,因此用多线画法来绘制最为方便。用鼠标在视图中连续单击,通过鼠标单击过的地方就形成了许多相连的直线。在绘制的过程中,输入数值可以设定直线的长度,数值可以使用单位,如“5 cm”或“50 mm”等;输入角度可以设定直线和工作平面坐标轴的夹角,格式为“ <a”;如果发生绘制错误,可以键入“U”回退到上一步操作,连续键入“U”可以连续回退操作。Rhino 3D 允许作图的时候鼠标在各视图中自由移动。绘制多线的点很多,鼠标可以自由地在各视图中分别确定,此时应单击下方工具栏中的“Planar”标签,打开平面捕捉方式,这样在各视图中绘制多线就会很方便。另外,当鼠标移动到其他视图时,点的位置不一定是想要的位置,这时候需要结合 Ctrl 键来获得准确的点的位置,如图 4-20 所示。其方法是把鼠标移动到其他视图后,先不要单击,按住 Ctrl 键不放,然后单击,此时移动鼠标会出现一条垂直于当前工作平面的白线,再移动鼠标可以精确地调整点的准确位置。

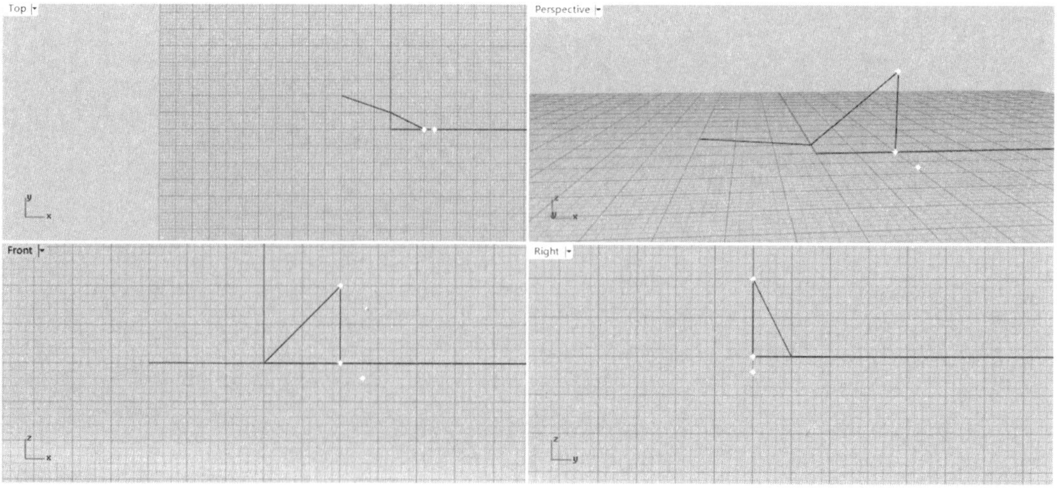

图 4-20 按住 Ctrl 键来确定点在其他视图中的准确位置

3. 垂直于曲面画法

命令:Normal;工具栏:单击左边工具栏中的按钮不放,打开隐藏的"Line"子工具栏中的按钮;菜单:Curve/Line/ Normal to Surface。

【操作步骤】

选择曲面;然后用鼠标在曲面上移动,选择要画垂直线的地方,单击鼠标确定;再移动鼠标拉出垂直线。可以输入数值来设定垂直线的长度,数值可以使用单位,如"5 cm"或"50 mm"等。

【使用技巧】

执行命令后,命令行中会出现提示"Point on surface(Bothsides)"。括号内的 Bothsides 是双向延伸的选项,键入"B"可以激活该选项,可以同时在曲面的两面延伸垂直线,如图 4-21 所示。

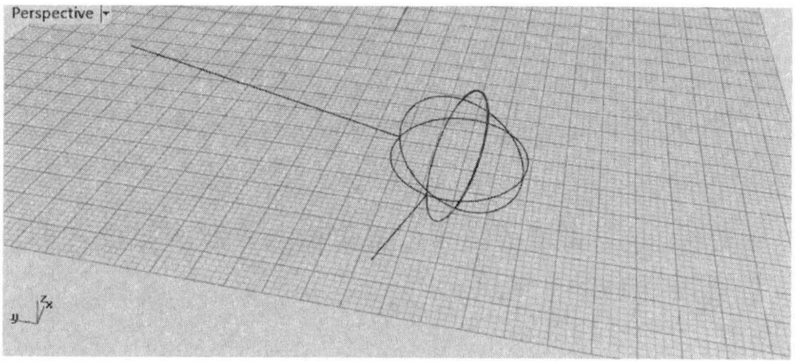

图 4-21 双向延伸曲面的垂直线

4. 垂直于曲线画法

命令: LinePerp;工具栏:单击左边工具栏中的按钮不放,打开隐藏的"Line"子工具栏中的按钮,菜单: Curve/Line/ Perpendicular from Curve。

【操作步骤】

在 Rhino 5.0 中绘制曲线的垂直线时一定要打开物体捕捉,否则无法找到曲线上的点。单击下方工具栏中的"Osnap"标签,打开"Osnap"面板,确定最后一项(Disable)没有被选择,然后在要作垂直线的曲线上移动,在要作垂直线的地方捕捉 Near 点,就可以拉出一条和曲线垂直的直线,如图 4-22 所示。

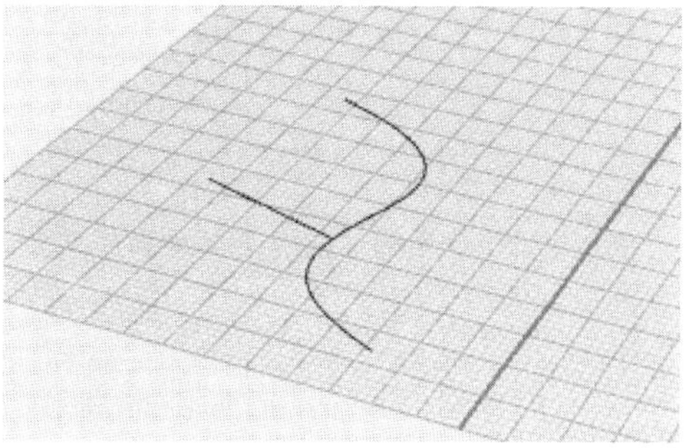

图 4-22 作曲线的垂直线

【使用技巧】

执行命令后,命令行中会出现提示"End of line(Bothsides)"。括号内的 Bothsides 是双向延伸的选项,键入“B”可以激活该选项,可以同时在曲线的两侧延伸垂直线。

5. 垂直于工作平面画法

命令：Line;工具栏:单击左边工具栏中的按钮不放,打开隐藏的“Line”子工具栏中的按钮;菜单：Curve/Line/Vertical to Cplane。

【操作步骤】

在任意视图中用鼠标单击,会垂直于该视图所在的工作平面产生一条直线。此时如果继续在该视图中以工作平面坐标轴的正向移动鼠标,则直线会在工作平面上方延伸;如果以工作平面坐标轴的负向移动鼠标,则直线会在工作平面下方延伸;如果键入“B”,则可以激活 “Bothsides”选项,直线会在工作平面两侧双向延伸。Rhino 5.0 允许作图的时候鼠标在各视图中自由移动。绘制垂直线时,可以把鼠标移动到其他视图中来确定直线的长度和方向,这样会更直观一些。

6. 四点画法

命令:Line4Pt;工具栏:单击左边工具栏中的按钮不放,打开隐藏的“Line”子工具栏中的按钮;菜单：Curve/Line/From 4 Points。

【操作步骤】用鼠标单击,确定两个点,这两个点限制了直线的方向;然后移动鼠标单击,确定两个点作为直线的起点和终点。

7. 角平分线画法

命令：Bisector;工具栏:单击左边工具栏中的按钮不放,打开隐藏的“Line”子工具栏中的按钮,菜单:Curve/Line/ Bisector。

【操作步骤】

要平分一个已有的角,必须结合物体捕捉工具。单击下方工具栏中的“Osnap”标签打开“Osnap”面板,勾选“End”和“Near”捕捉方式,然后捕捉已有角的顶点(捕捉 End),再捕捉角的两条边(捕捉 Near),这样就可以绘制出角的平分线,如图 4-23 所示。

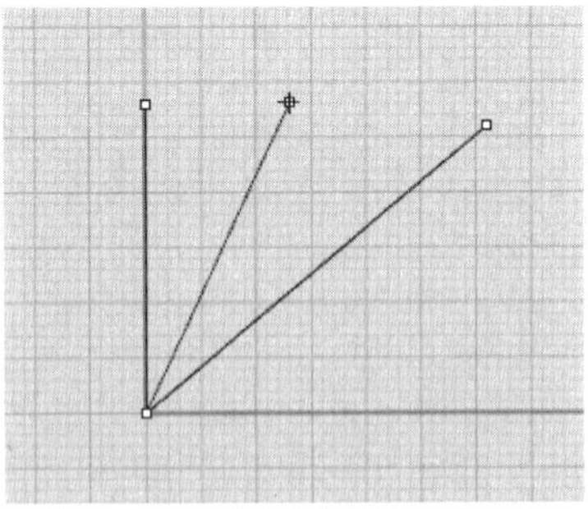

图 4-23　利用物体捕捉工具绘制角平分线

【使用技巧】

执行命令后,命令行中会出现提示“Length of line (BothSides)”。括号内的 BothSides 是双向延伸的选项,键入“B”可以激活该选项,可以同时在角的两端延伸直线。

8. 角度画法

命令：LineAngle;工具栏:单击左边工具栏中的按钮不放,打开隐藏的“Line”子工具栏中的按钮;菜单：Curve/Line/Angle。

【操作步骤】

在 Rhino 5.0 中绘制直线和多线时,均可以输入角度来确定直线的倾斜度。这个倾斜度是直线和工作平面坐标轴的夹角,是相对角度。如果要绘制一条直线,要求它必须和一条已有的直线保持特定的角度,就不能采用输入角度的方法,而应采用角度画法。先用鼠标绘制出一条基线,然后输入角度值(注意只要角度的数值,不要加上角度符号),这样就可以绘制出一条与基线夹角为输入数值的直线。利用物体捕捉工具捕捉一条已有直线上的点来绘制基线,可以绘制出和它保持一定夹角的直线。

9. 两曲线之间作垂直线

命令: LinePP;工具栏:单击左边工具栏中的按钮不放,打开隐藏的“Line”子工具栏中的按钮;菜单: Curve/Line/Perpendicular to 2 Curves。

【操作步骤】

用鼠标选取两条曲线,系统会在鼠标选取线位置的附近生成这两条线的共同垂直线,如图 4-24 所示。需要注意的是,不是所有情况下都能找到共同的垂直线。

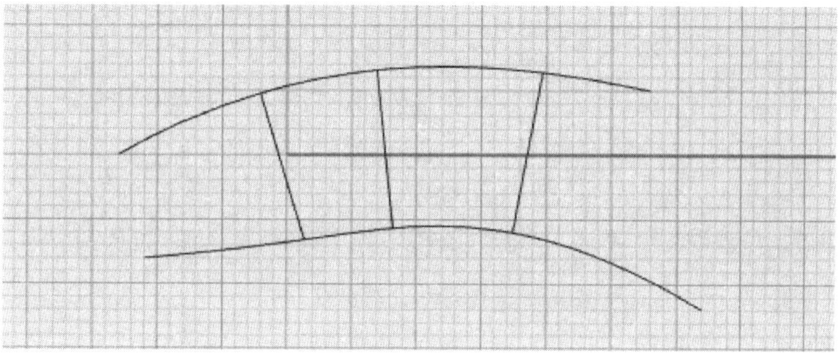

图 4-24 绘制两条曲线共同的垂直线

10. 两曲线之间作切线

命令: LineTT;工具栏:单击左边工具栏中的按钮不放,打开隐藏的“Line”子工具栏中的按钮;菜单: Curve/Line/Tangent to 2 Curves。

【操作步骤】

用鼠标选取两条曲线,系统会在鼠标选取线位置的附近生成这两条线的共同切线,如图 4-25 所示。需要注意的是,不是所有情况下都能找到共同的切线。

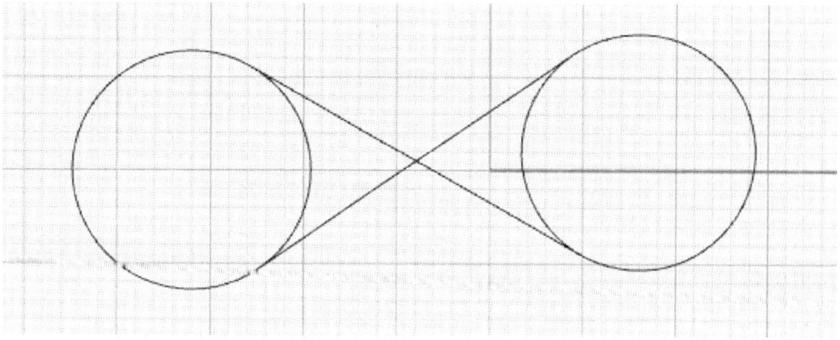

图 4-25 绘制两条曲线共同的切线

11. 同时是一条曲线的切线和另一条曲线的垂直线画法

命令：LineTP；工具栏：单击左边工具栏中的按钮不放，打开隐藏的“Line”子工具栏中的按钮；菜单：Curve/Line/Tangent，Perpendicular。

【操作步骤】

这种情况对于两条直线来说是不可能的，对于曲线来说也很少出现。用鼠标选取两条曲线，系统会自动生成一条直线，这条直线既是第一条曲线的切线，又是第二条曲线的垂直线，如图 4－26 所示。

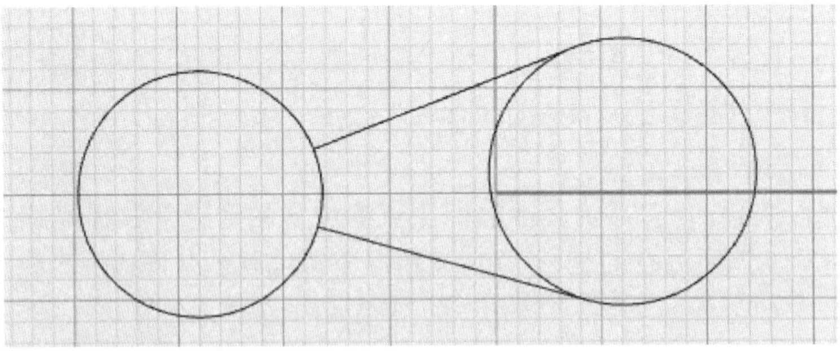

图 4－26　同时是一条曲线的切线和另一条曲线的垂直线

12. 切线画法

命令：LineTan；工具栏：单击左边工具栏中的按钮不放，打开隐藏的“Line”子工具栏中的按钮；菜单 Curve/Line/Tangent from Curve。

【操作步骤】

绘制曲线的切线一定要使用物体捕捉工具，否则将无法找到曲线上的点。单击下方工具栏中的“Osnap”标签“打开 Osnap”面板，确定“Disable”选项没有被选择，然后在要画切线的曲线上移动，在要画切线的地方捕捉 Near 点，就可以拉出一条和曲线相切的直线，如图 4－27 所示。

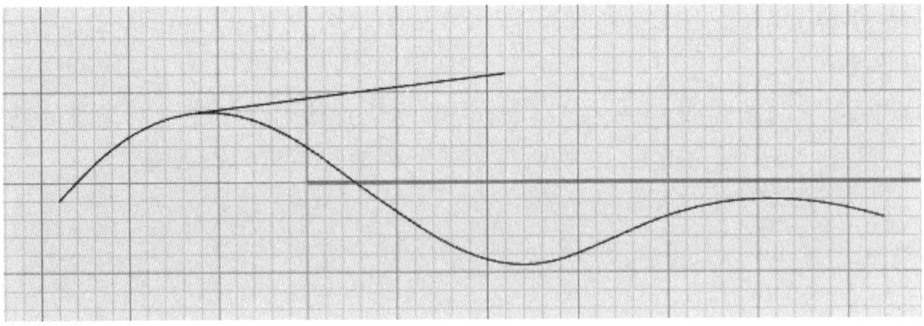

图 4－27　绘制曲线的切线

【使用技巧】

执行命令后，命令行中会出现提示“End of line(BothSides)”。括号内的 BothSides 是双向延伸的选项，键入“B”可以激活该选项，可以绘制向两侧延伸的切线。

13. 通过一系列点绘制多线

命令：PolylineThroughPt；工具栏：单击左边工具栏中的按钮不放，打开隐藏的“Line”

子工具栏中的按钮；菜单：Curve/Line/Polyline Through Points。

【操作步骤】

选择一系列点，系统会自动生成一条多线来穿过所有点，如图 4－28 所示。

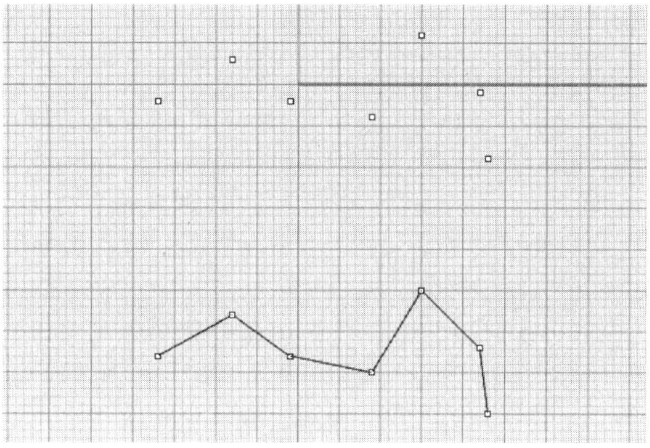

图 4－28　通过一系列点自动生成多线

【相关命令】

Rhino 5.0 新增了通过一系列点绘制曲线的功能。执行“PolylineThroughPt”命令后，命令行中会出现提示“Press Enter to accept settings（Degree 1 Curve Type = Interpolated Knots = Knots = Uniform Closed = No）”。Degree 是设置曲线的功能：当 Degree > 1 时，生成的就是曲线；键入“D”，然后输入相应的阶数，可以绘制任意阶数的曲线。Curve Type 是设置生成曲线的方式，键入“C”可以进行切换。生成有两种方式：一种是内插曲线方式（图 4－29），键入“I”激活，生成的曲线会穿过每个点；另一种方式是控制点方式（图 4－30），键入“C”激活，生成曲线的所有控制点和输入点完全重合。

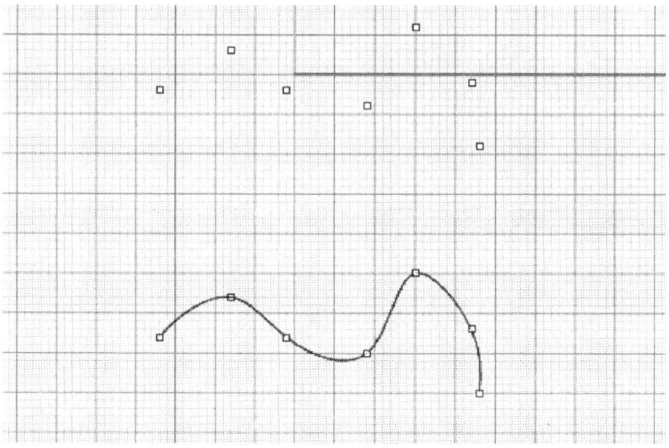

图 4－29　内插曲线方式

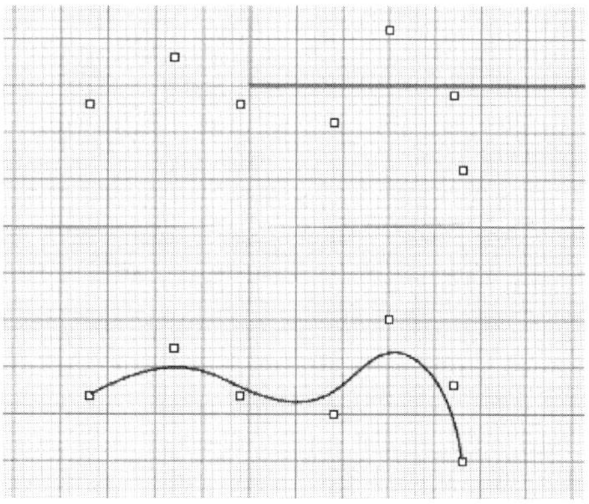

图 4－30　控制点方式

14. 将曲线转化为多线

命令：ConvertToPolyline；工具栏：单击左边工具栏中的按钮不放，打开隐藏的“Line”子工具栏中的按钮，菜单：Curve/Line/Convert Curve to Polyline。

【操作步骤】

选择一条曲线，输入容差角度，就会生成一条和该曲线形状近似的多线，如图 4－31 所示。需要注意的是，输入的容差越小，则精度越高，变形越小。

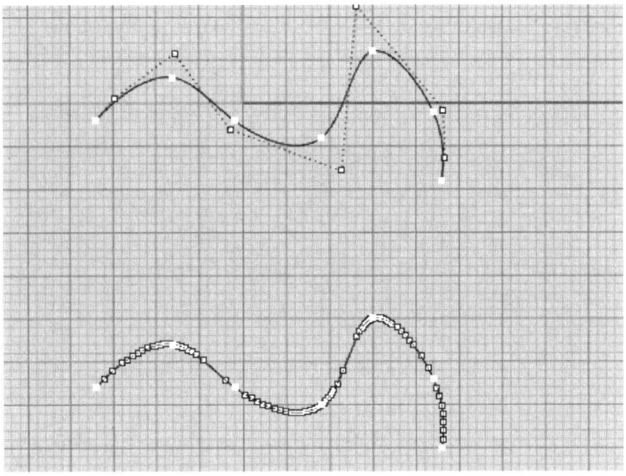

图 4-31　将曲线转化为多线

15. 在 Mesh 物体表面绘制多线

命令：PolylineThroughPt；工具栏：单击左边工具栏中的按钮不放，打开隐藏的“Line”子工具栏中的按钮；菜单：Curve/Line/Polyline on Mesh。

【操作步骤】

选择 Mesh 物体，用鼠标在 Mesh 物体表面绘制多线，如图 4-32 所示。

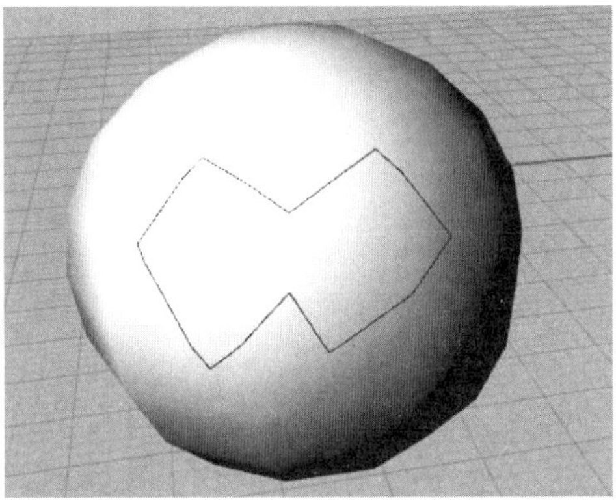

图 4-32　在 Mesh 物体表面绘制多线

任务 4.8　绘制曲线

Rhino 5.0 中可以绘制控制点曲线、内插曲线、手绘曲线、圆锥曲线、抛物线、螺旋线等，也可穿越多线产生曲线、在 Mesh 物体表面绘制曲线。

1. 控制点曲线

命令：Curve；工具栏：单击左边工具栏中的按钮；菜单：Curve/Freeform/Control Points。

【操作步骤】

用鼠标在视图中单击，确定的点就是所产生曲线的控制点。绘制过程中键入“U”可以撤销当前操作，且连续键入“U”可以连续撤销操作。

【使用技巧】

执行命令后，命令行中会出现提示“Start of curve（Degree＝3）”，括号内的 Degree 代表曲线的阶数。键入“D”可以对阶数进行设置，阶数为 1～11。键入“C”可以激活“Close”选项闭合曲线，再键入“S”可以激活“Sharp”选项，这样闭合曲线在端点处会形成尖锐的角，如图 4－33 所示。

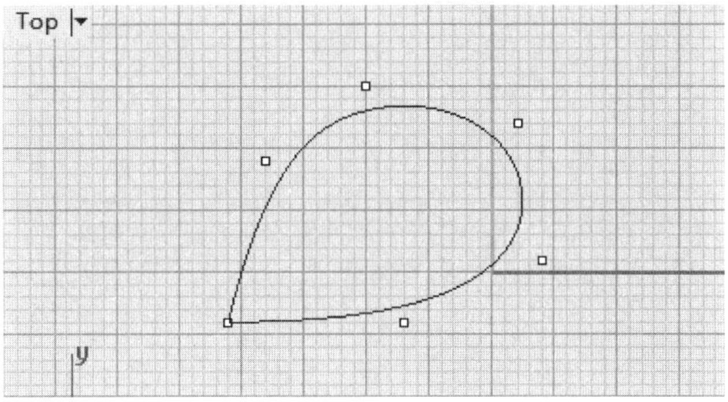

图 4－33 激活“Sharp”选项闭合曲线

2. 内插曲线

命令：InterpCrv；工具栏：单击左边工具栏中的按钮不放，打开“Curve”子工具栏中的按钮；菜单：Curve/Freeform/Interpolate Points。

【操作步骤】

用鼠标在视图中单击，产生的曲线按顺序通过所有确定的点。绘制过程中键入“U”可以撤销当前操作，且连续键入“U”可以连续撤销操作。

【使用技巧】

执行命令后，命令行中会出现提示“Start of curve（Tangent Knots＝SqrtChord Degree＝3）”，括号内有三个选项，分别是 Tangent、Knot 和 Degree。Tangent 是保持曲线和其他曲线相切的选项；Knot 是将鼠标设置的内插点转化为曲线 Knot 点的方式；Degree 是曲线的阶数设置选项。

（1）“Tangent”选项　键入“T”可以激活该选项。若要绘制一条曲线，使其与曲线 A 和曲线 B 同时保持相切，则可以键入“T”，然后用物体捕捉工具来捕捉曲线 A 的端点，绘制曲线，最后再键入一次“T”，捕捉曲线 B 的端点，设定相切的方向，完成绘制。这样绘制出来的曲线与曲线 A 及曲线 B 能够保持 G1 连续，如图 4－34 所示。

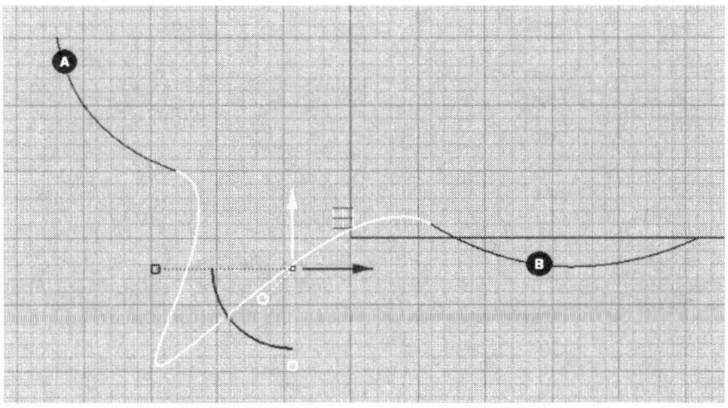

图 4－34 绘制一条与两条曲线保持 G1 连续的内插曲线

(2)“Knot”选项　键入“K”可以对该选项进行设置，命令行中会出现提示“Curve parametrization(Uniform Chord SqrtChord)”。Knot 转换方式包括 Uniform、Chord 和 SqrtChord，其中 SqrtChord 是默认的转换方式。转换的方式不同，产生的曲线形状也会有差别。图 4－35 比较了三种 Knot 转换方式所产生的曲线，可以看出 Chord 方式绘制的曲线最为平滑。

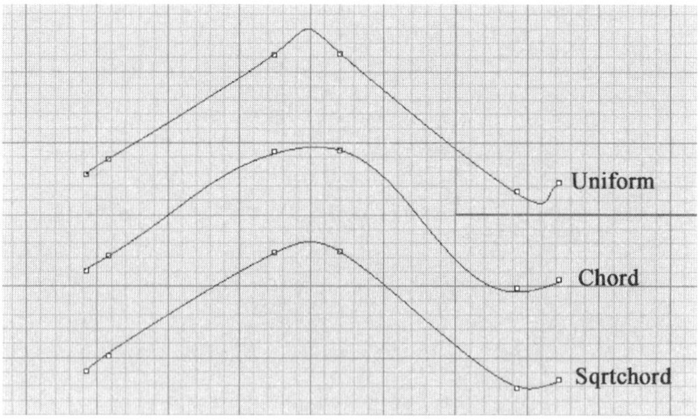

图 4－35　三种 Knot 转换方式的比较

(3)“Degree”选项　键入“D”可以对阶数进行设置，阶数可设置为 1～11。

需要注意的是，右击按钮的功能就是在曲面表面绘制曲线。这个功能具有单独的命令(InterpCrvonSrf)，其菜单为“Curve/Freeform/Interpolate on Surface”。

3. 手绘曲线

命令：Sketch；工具栏：单击左边工具栏中的按钮不放，打开“Curve”子工具栏中的按钮；菜单：Curve/Freeform/Sketch。

【操作步骤】

手绘曲线有两种绘制方式。

(1)用鼠标在视图中单击，然后移动鼠标，鼠标移动过的轨迹就形成一条曲线，单击鼠标左键或右键完成一条曲线的绘制。键入“C”可以设定下一条要绘制的曲线是否闭合。

(2)按住鼠标左键不放，同时在视图中移动鼠标，鼠标移动过的轨迹就形成一条曲线，释放鼠标或者单击鼠标右键完成一条曲线的绘制。键入“C”可以设定下一条要绘制的曲线是否闭合。

4. 圆锥曲线

命令：Conic；工具栏：单击左边工具栏中的按钮不放，打开“Curve”子工具栏中的按钮；菜单：Curve/Conic。

【操作步骤】

首先绘制出两条直线作为参考线，然后移动鼠标来设定圆锥曲线的形状，如图 4－36 所示。

【使用技巧】

利用圆锥曲线可以绘制两条曲线的圆角(图 4－37)，它比“Fillet”命令更容易控制形状。其方法为键入“T”(激活“Tangent”选项)；然后选择第一条线，把鼠标移动到末端确定；

再选择第二条线，把鼠标移动到末端确定；接下来移动鼠标，圆角形状会随之变化。

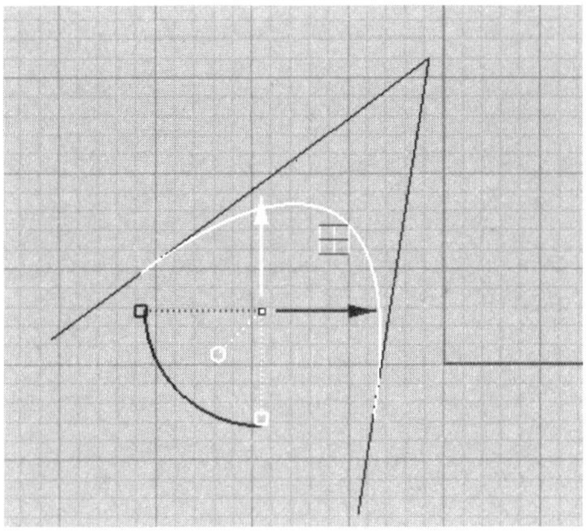

图 4－36　绘制圆锥曲线

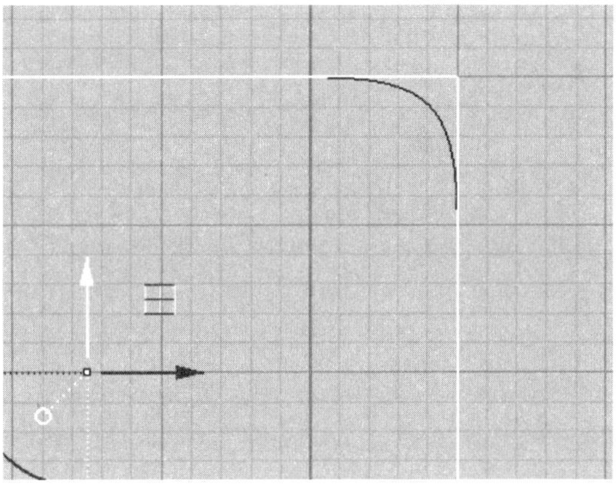

图 4－37　用 Conic 命令绘制圆角

5. 抛物线

命令：Parabola；工具栏：单击左边工具栏中的按钮不放，打开“Curve”子工具栏中的按钮；菜单：Curve/Parabola。

【操作步骤】

抛物线有两种绘制方法：一种是焦点画法；另一种是顶点画法。默认的绘制方法是焦点画法，键入“V”可以切换为顶点画法。

(1) 焦点画法　用鼠标在视图中单击，设定一个点作为抛物线的焦点，然后拉出一条直线作为抛物线的轴，移动鼠标调整抛物线的大小和位置。

(2) 顶点画法　用鼠标在视图中单击，设定一个点作为抛物线的顶点，然后拉出一条直线作为抛物线的轴，移动鼠标调整抛物线的大小和位置。

【使用技巧】

执行命令后，命令行中会出现提示“Parabola focus (Vertex MarkFocus = No Half = No)”。MarkFocus 是绘制完成后在焦点处放一个点作为标志的选项，键入“M”可以激活该选项；

Half 是只绘制一半抛物线的选项，键入“H”可以激活该选项。图 4 – 38 为只绘制半边的抛物线。

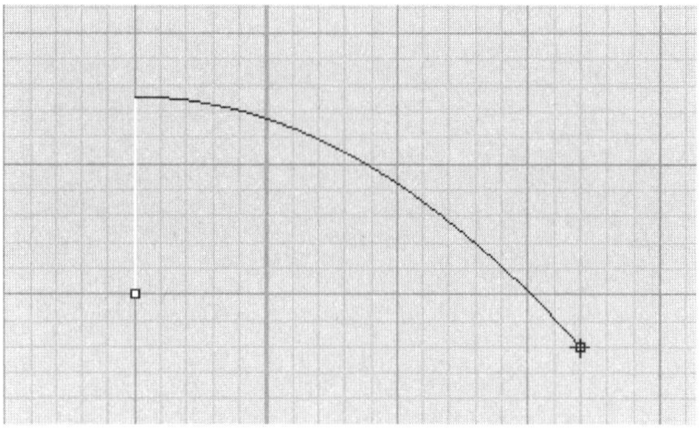

图 4 – 38　绘制一半抛物线

6. 螺旋线

在 Rhino 5.0 中有两种形式的螺旋线：一种是螺旋半径不变的 Helix 曲线；另一种是螺旋半径不同的 Spiral 曲线。

(1) Helix 曲线

命令：Helix；工具栏：单击左边工具栏中的按钮不放，打开“Curve”子工具栏中的按纽；菜单：Curve/Helix。

【操作步骤】

先用鼠标拉出一条直线作为螺旋线的轴，轴的长度就是旋线的高度；然后移动鼠标来设定螺旋线的半径(注意鼠标最后单击的位置就是螺旋线的端点)，也可以输入数值作为半径长度。命令行中有螺旋线的参数设置，可以设置螺旋线的圈数和方向，还可以用圈与圈的间隔高度来设置螺旋线。Reverse 是改变螺旋线方向的选项。

【使用技巧】

螺旋线是绘制弹簧、螺纹以及电话线等造型的必备工具。先绘制一条曲线，然后执行“Helix”命令，键入“A”激活“AroundCurve”选项，选择已经绘制好的那条曲线，然后设定螺旋线的半径，在命令行中设定圈数，就可以环绕曲线绘制一条电话线，如图 4 – 39 所示。

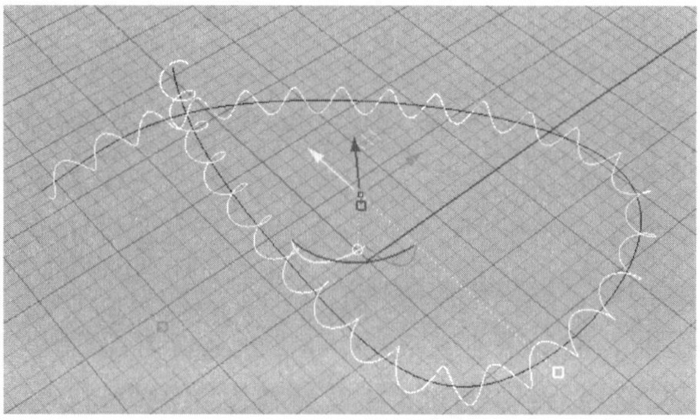

图 4 – 39　绘制电话线

(2)Spiral 曲线

命令：Spiral；工具栏：单击左边工具栏中的按钮不放，打开“Curve”子工具栏中的按钮；菜单：Curve/Spiral。

【操作步骤】

Spiral 曲线的绘制方法和 Helix 曲线的绘制方法基本一样，不同的是，Spiral 曲线首尾的半径可以不相同，需要分别设置。图 4－40 为采用不同首尾半径绘制的 Spiral 曲线。绘制螺旋线(不论是 Helix，还是 Spiral)具有记忆功能。下一次绘制螺旋线的时候，在提示输入半径时如果不做设定，右击鼠标可以自动调用最后一次绘制螺旋线的半径值，包括 Helix 的首尾半径。

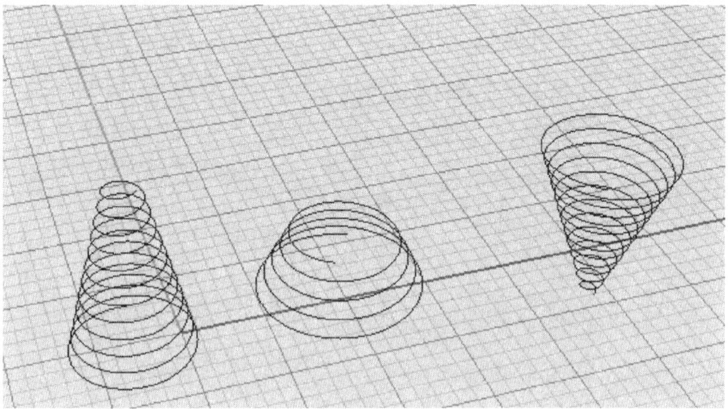

图 4－40　Spiral 曲线

【使用技巧】

用 Spiral 曲线还可以绘制平面螺旋线，如图 4－41 所示。在执行命令后，键入“F”激活“Flat”选项，然后设定首尾半径即可绘制平面螺旋线。

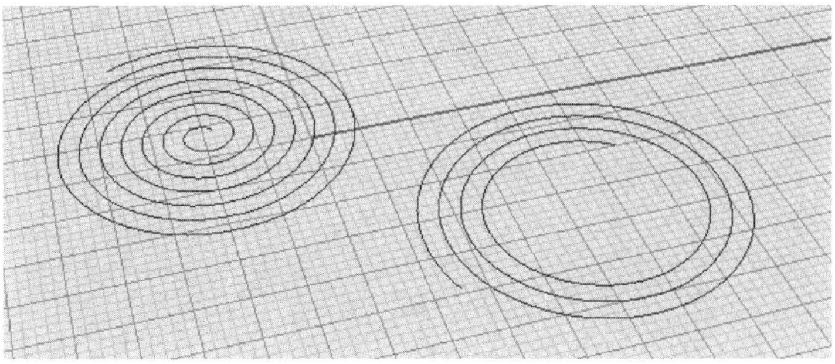

图 4－41　绘制平面螺旋线

Spiral 曲线和 Helix 曲线都具有环绕曲线的功能。键入“A”可以激活“AroundCurve”选项，环绕曲线绘制出 Spiral 曲线，如图 4－42 所示。

选择 Spiral 曲线，然后执行“Pipe”命令生成曲面，可以产生有趣的形状，如图 4－43 所示。

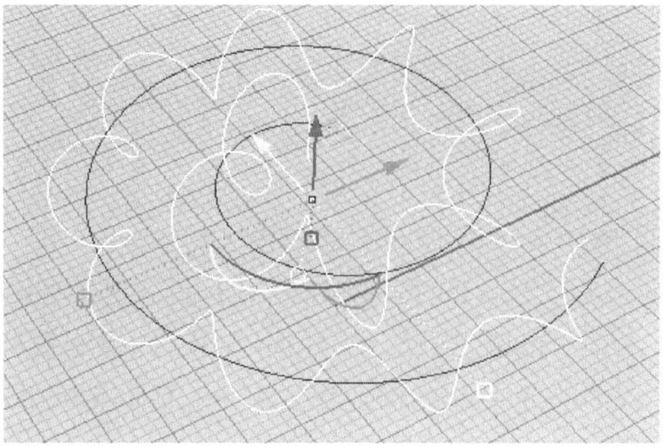

图 4－42　环绕曲线绘制 Spiral 曲线

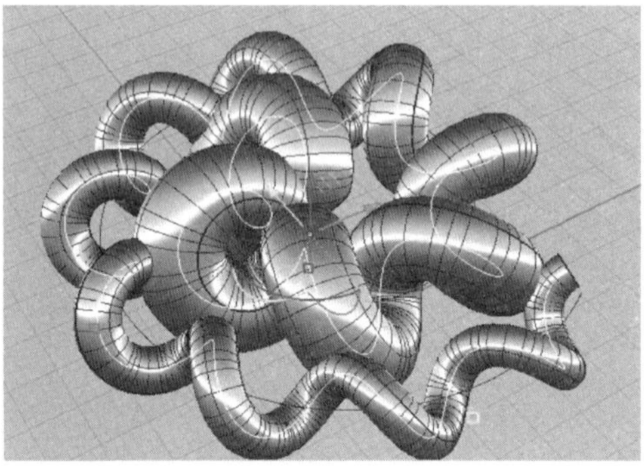

图 4－43　用“Pipe”命令产生有趣的形状

7. 穿越多线产生曲线

命令：CurveThroughPolyline；工具栏：单击左边工具栏中的按钮不放，打开“Curve”子工具栏中的按钮；菜单：Curve/Freeform/Fit to Polyline。

【操作步骤】

选择要穿越的多线，系统会自动产生曲线来穿过多线的每一个顶点，如图 4－44 所示。

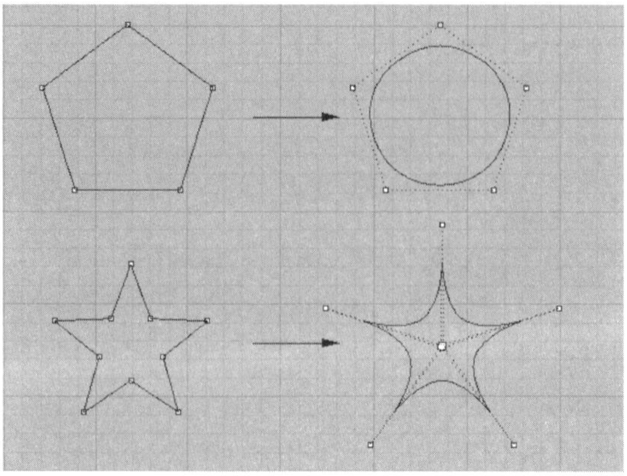

图 4－44　穿越多边形的顶点产生曲线

8. 在 Mesh 物体表面手绘曲线

命令：SketchOnSrf；工具栏：单击左边工具栏中的按钮不放，打开“Curve”子工具栏中的按钮；菜单：Curve/Freeform/Sketch on Mesh。

【操作步骤】

选择 Mesh 物体，然后按住鼠标在 Mesh 物体表面绘制曲线，如图 4－45 所示。

图 4－45 在 Mesh 物体表面手绘曲线

任务 4.9 绘制等分线

若要把一条线平均分成几段，使每段的长度相同，就需要对线进行等分。等分的方法有两种：一种是根据平分后的线段数目进行等分；另一种是根据平分后每段线段的长度进行等分。

1. 按平分后的线段数目进行等分

选择要被等分的线，可以同时选择多条线，也可以选择曲面的边界线；然后执行命令“Divide”，单击左边工具栏中的按钮不放，打开隐藏的“Point”子工具栏中的按钮，其菜单为“Curve/Point Object/Divide Curve by/Number of Segments”。如果所要等分的线是一条闭合的曲线，则线上会出现一个白色的箭头，这个箭头可以用来调整平分点的具体起点；如果同时选择很多闭合的曲线，则需要按要求分别调整；如果不想进行任何调整，则直接点击鼠标右键跳过，这时候命令行中会出现提示“Number of segments <2>”，输入分割的线段数目即可完成等分。如图 4－46 所示，外侧被等分的圆是曲线，内侧被等分的是圆形曲面的边界线。

2. 按平分后线段的长度进行等分

选择要被等分的线，可以同时选择多条线，也可以选择曲面的边界线；然后执行命令“DivideByLength”，右击“Point”子工具栏中的按钮，其菜单为“Curve/Point Object/Divide Curve by/Length of Segments”。如果所要等分的线是一条闭合的曲线，则线上会出现一个白色的箭头，这个箭头可以用来调整平分点的具体起点；如果同时选择很多闭合的曲线，则需要按要求分别调整；如果不想进行任何调整，则直接点击鼠标右键跳过，这时候命令行中会出现提示“Curves are 51.6671 to 69.6265 centimeters long. Length of segments”，提示说明了所选择曲线中最长曲线的长度值和最短曲线的长度值。如果只选择一条线进行等分，则只列出这条线的长度信息，可以输入要等分的长度值，也可以用鼠标来确定。其方法是：用鼠标在视图中的任意位置单击；然后移动鼠标，拉出一条直线，这条直线的长度就是等分的长度，移动鼠标的时候还可以观察下方工具栏数值框的提示，直线的长度变化会精确地在数值框中显示出来，如图 4 - 47 所示；最后单击鼠标确定，完成等分。

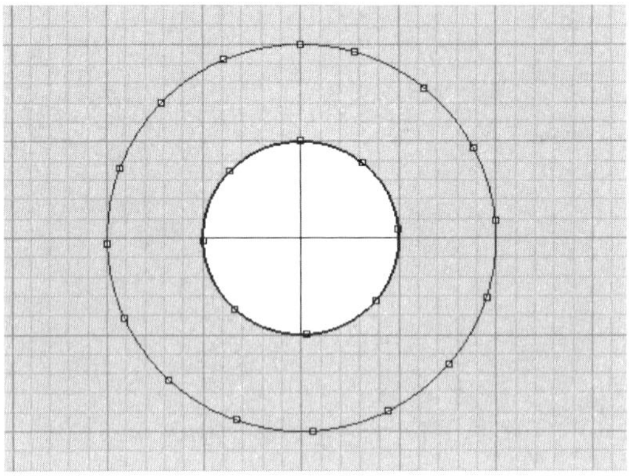

图 4 - 46　对圆和圆形曲面的边界进行等分

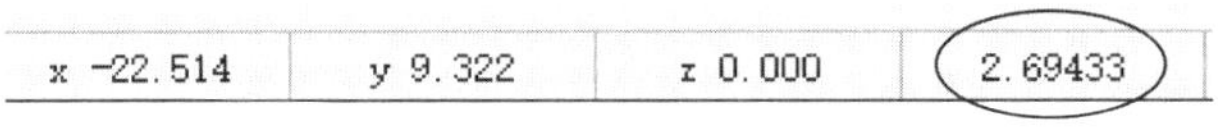

图 4 - 47　数值框显示鼠标移动的距离

任务 4.10　绘制偏移线

绘制偏移线就是在一条线的一侧生成一条新的线，这条线在每个位置均与原来的线保持相同的距离。手工绘制偏移线是非常困难的。在 Rhino 5.0 中，对曲线和曲面都可以进行偏移复制。选择一条线，执行“Offset”命令，单击左边工具栏中的按钮不放，打开隐藏的“Curve Tools”子工具栏中的按钮，其菜单为“Curve/Offset”；然后选择要进行偏移复制的线。此时有三种方法可以确定偏移距离：一种是用键盘输入数值；一种是用鼠标在视图中单击确定一个点，然后移动鼠标拉出一条直线，这条直线的长度就是偏移的距离，确定直线长度的同时还可以观察下方工具栏的数值框，直线的长度变化会精确地在数值框中显示出来；另外一种，也是最为直观和方便的一种方法是，键入“T”激活“ThroughPoint”选项，此时可以马上看到偏移后的线，移动鼠标，偏移线也会随之发生变化，同时观察下方工具栏的数值框，它会显示当前的偏移距离。偏移复制命令具有记忆功能，下一次执行偏移操作的时候如果不对偏移距离进行设置，系统会自动采用最近一次偏移操作所使用的偏移距离，用这个方法可以快速绘制出无数条距离相等的偏移线,如图 4 －48 所示。

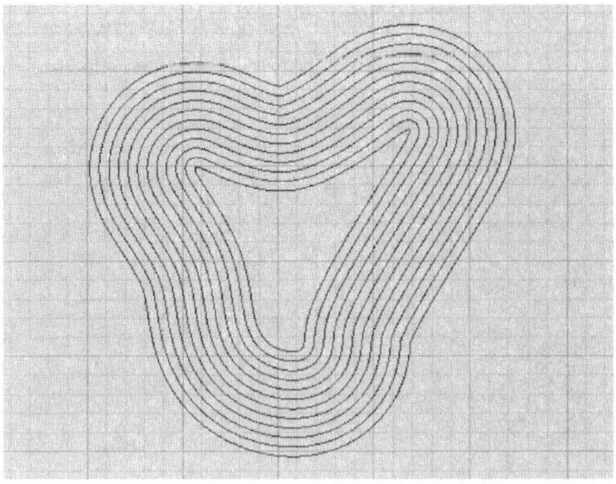

图 4 －48 绘制多条距离相等的偏移线

执行命令后,命令行中会出现提示“Side to offset(Distance = 2. 35677 Corner = Sharp ThroughPoint OffsetTolerance)”。其中 Corner 是对角偏移处理的选项,它在偏移多线和存在 G0 连续的曲线时才会被用到,并且这种情况只在角的外侧出现。键入“C”可以对其进行设置。它有四种形式,即 Sharp,Round,Smooth,Chamfer。图 4 －49 为采用这四种方式对角进行偏移的比较。“OffsetTolerance”是偏移容差的设置选项,键入“O”可以激活该选项并对其进行设置。容差值决定了偏移线的精度,容差值越低,偏移线就越精确,但是所产生的控制点也就越多。有时候为了便于编辑偏移线,可以适当提高容差值,从而产生控制点较少的偏移线。如图 4 －50 所示,若将偏移容差值提高到 1,则与偏移容差值为 0. 01 产生的偏移线比较,控制点数目可以精简很多。

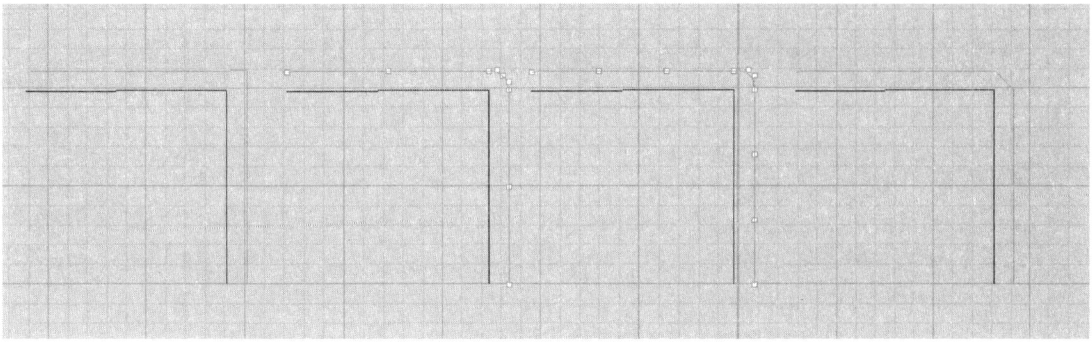

图 4 －49 对角进行不同形式的偏移

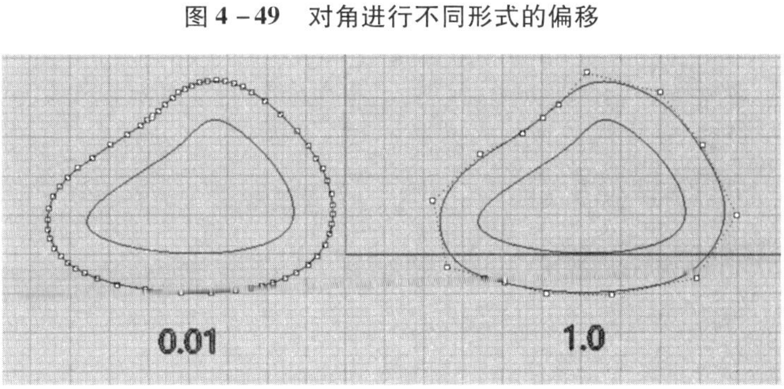

图 4 －50 提高偏移容差值可以减少控制点

任务4.11 倒圆角

倒圆角是指在两条线之间产生一段与两条线都相切的圆弧。倒圆角也可以在一条线中进行，条件是这条线必须存在G0连续的地方，如多线、多边形、矩形以及可以用“Explode”命令（按钮是 ）炸开的曲线等。执行“Fillet”命令，单击左边工具栏中的 按钮，进入菜单“Curve/Fillet”，选择两条要被倒圆角的线，即可产生圆角。默认的圆角半径是1。直接输入数值可以设置圆角半径，也可以用鼠标来确定圆角半径的大小。用鼠标确定圆角半径大小的方法是：键入“R”激活半径设置，用鼠标在视图中任意位置单击；然后移动鼠标拉出一条直线，这条直线的长度就是圆角半径的长度。移动鼠标时还可以观察下方工具栏数值框的提示，直线的长度变化会精确地在数值框中显示出来。倒圆角命令具有记忆功能，在进行下一次倒圆角操作时，系统会自动采用最近设置的半径值进行倒角。

如图4－51所示，对两条线进行倒圆角时，如果圆角直径小于两条线被倒角两端的距离，则系统会以直线方式延伸两条线至圆角；如果圆角直径大于两条线被倒角两端的距离，则系统会自动修剪两条线至圆角。

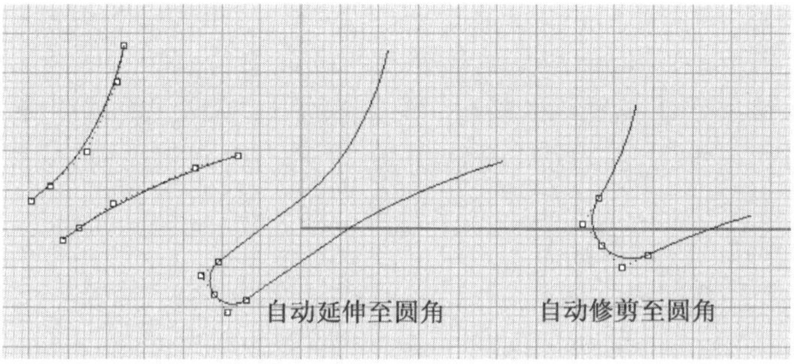

图4－51　倒圆角功能具有自动延伸和修剪的功能

利用倒圆角自动延伸和自动修剪的功能，可以将两条不相接或相交的线用倒圆角工具连接起来，如图4－52所示。执行“Fillet”命令，选择两条线，然后键入“0”将圆角半径设为0，这样就可以将两条线连接起来了。对于相交的线，要注意鼠标选取线的位置，在相交点的两侧选取线，会产生不同的结果，图4－52中数字标记代表不同的点选位置。

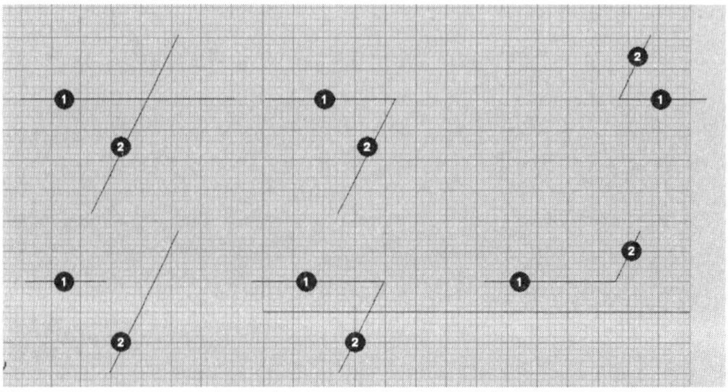

图4－52　利用倒圆角连接两条直线

若对一条线进行倒圆角，则这条线必须存在 G0 连续的地方。倒圆角时只要在 G0 连续的那个点的两侧分别点选线两次即可，如图 4－53 所示。

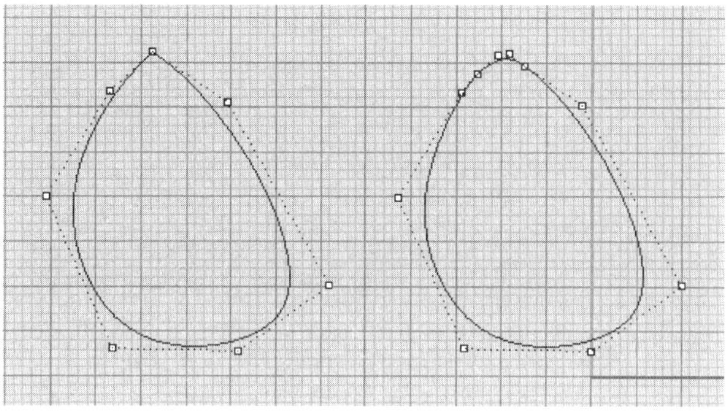

图 4－53 对一条线进行倒圆角

对两条平行线进行倒圆角时，倒角值只能为两条线末端距离的一半，做出来的圆角是一个半圆，如图 4－54 所示。

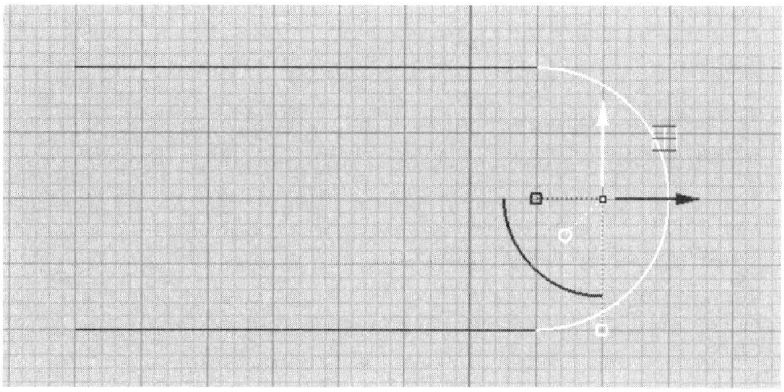

图 4－54 对平行线倒圆角

需要注意的是，倒圆角产生的圆弧和两侧的线保持相切状态（也就是存在 G1 的连续性），对于在同一个平面上的两条线，一般是不能进行倒圆角的。

任务 4.12 倒斜角

和倒圆角不同，倒斜角只能在两条独立的线之间进行。执行“Fillet”命令，单击左边工具栏中的按钮不放，打开隐藏的“Curve Tools”子工具栏中的按钮，进入菜单“Curve/Chamfer”，选择两条要被倒斜角的线，即可产生斜角。默认的两个斜角距离都为 1，键入“D”可以对其进行重新设置。

可以用键盘输入数值分别设置两个斜角距离，即第一个斜角距离（命令行中会出现提示“First chamfer distance < 1 >”）和第二个斜角距离（命令行中会出现提示“Second chamfer distance < 1 >”）。如果希望两个数值相同，则在输入第一个斜角距离后，出现要求输入第二个斜角距离的提示时按 Enter 键即可。第一个斜角距离和第二个斜角距离与鼠标选择线的顺序是直接相关的（图 4－55）：第一条被选择的线采用的是第一个斜角距离值；第二条被选择的线采用的是第二个斜角距离值。

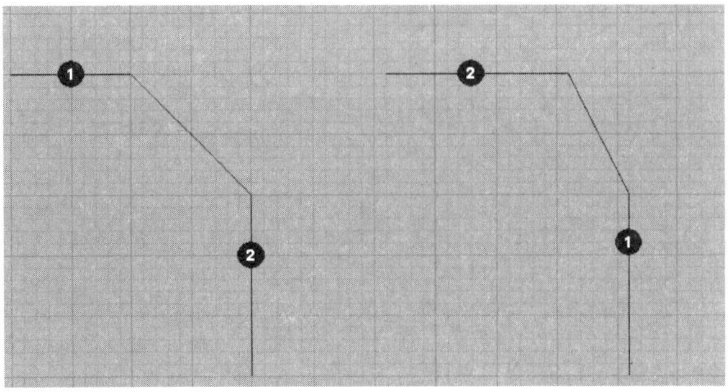

图 4-55　不同的选择线顺序产生不同的结果

也可以用鼠标来确定两个斜角距离，其方法是：用鼠标在视图中任意位置单击，然后移动鼠标拉出一条直线，这条直线的长度就是第一个斜角距离，移动鼠标时还可以观察下方工具栏中数值框的提示，直线的长度变化会精确地在数值框中显示出来；单击鼠标确定后，可以对第二个斜角距离进行设置，如果希望两条线采用相同的斜角距离，则点击鼠标右键即可。倒斜角命令具有记忆功能，在进行下一次倒斜角操作时，系统会自动采用最新设置的斜角距离进行倒斜角。

斜角距离究竟代表什么的长度呢？它是两条线的交点（如果两条线不相接，则为延长后的交点）到要被倒斜角端点的距离。如图 4-56 所示，以两条线的交点为圆心绘制一个椭圆，将椭圆圆心到椭圆与两条线交点的距离分别作为第一个斜角距离和第二个斜角距离，倒斜角后，斜角的顶点正好与椭圆相交。

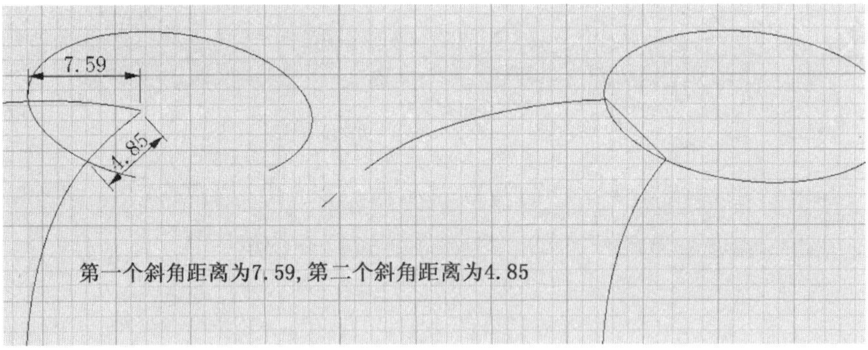

图 4-56　斜角距离

和倒圆角一样，倒斜角也具有自动延伸和自动修剪的功能，但是对两条平行线或末端切线方向相同的曲线是不能进行倒斜角的。当两个斜角距离都为 0 时，倒斜角也可以像倒圆角那样被用来连接不相接的线。

项目五　Rhino 5.0 曲面建模技术

【项目描述】

Rhino 5.0 提供了很多创建曲面的工具,具备强大的曲面建模功能,因此在工业设计方面拥有很大的设计优势。本章将介绍 Rhino 5.0 的曲面建模技术,包括创建曲面、编辑曲面和检查曲面的连续性等内容。通过对本章进行学习,学生可以创建出高精度的曲面模型,以满足工业制作与机械设计的要求。

【项目目标】

知识目标

1. 掌握创建曲面的基本操作;
2. 掌握编辑和调整曲面的方法;
3. 掌握通过曲线创建曲面的方法。

能力目标

1. 能够熟练运用曲面工具;
2. 能够运用曲面工具进行造型设计。

素质目标

1. 培养学生的自学能力;
2. 培养学生分析问题、解决实际问题的能力。

【学习任务】

学习任务 1:绘制电话线
学习任务 2:绘制圆滑立方体
学习任务 3:绘制混接曲面

【任务实施】

任务 5.1　绘制电话线

在这个练习中,要绘制一条平顺且没有变形的电话线,主要学习四个要点:

(1)用“Helix”命令绘制螺旋线;
(2)用“CplanePerpToCrv”命令设置工作平面;
(3)用“Orient”命令放置物体;
(4)用“Sweep2”命令生成无变形曲面。

【相关命令】

命令:Helix;工具栏:单击左边工具栏中的按钮不放,打开“Curve”子工具栏中的按钮;菜单:Curve/Helix。

命令: CplanePerpToCrv;工具栏:单击上方工具栏中的按钮不放,打开“Set Cplane”子工具栏中的按钮;菜单:View/Set Cplane/Perpendicular to Curve。

命令: Orient;工具栏:单击左边工具栏中的按钮不放,打开“Transform”子工具栏中的按钮;菜单:Transform/Orient/2 Points。

命令: Sweep2;工具栏:单击左边工具栏中的按钮不放,打开“Surface”子工具栏中的按钮;菜单:Surface/Sweep 2 Rails。

【操作步骤】

(1)首先绘制出一条曲线。绘制曲线主要有两种方式:一种是控制点画法,命令是“Curve”(按钮是);另一种是内插点画法,命令是“InterpCrv”(按钮是)。需要注意的是,绘制曲线时控制点的分布会影响所产生螺旋线的疏密效果。均匀分布的控制点生成的是均匀的螺旋线,但这不是代表绘制出控制点距离均等的曲线最好。要获得均匀的螺旋线效果,最好的方法是重建曲线,也就是执行“Rebuild”命令。如图 5 - 1 所示,左边是手工自由绘制的曲线产生的螺旋线,具有疏密的差别;右边是重建左边曲线后产生的螺旋线,分布比较均匀。

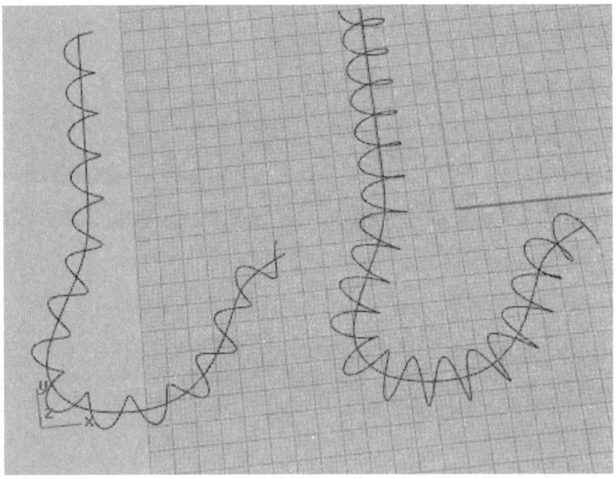

图 5 - 1 不同方式生成的曲线产生不同效果的螺旋线

(2)根据需要选择适合的命令绘制完曲线后,按 F10 键打开控制点调整形状,一般电话线不会是 2D 曲线,特别是带有听筒的电话线一般为立体曲线,也就是不处在同一平面上的曲线,如图 5 - 2 所示。

(3)绘制出电话线的截面曲线。普通电话线的截面线一般是长条形的,其内侧是平的,外侧则有一定的弧度。①先在 Top 视图中绘制一个长方形(大小不限),然后用“Explode”命令(按钮是)炸开生成四条直线,把上面那条直线删除,形成图 5 - 3 所示的形状;②打开下方“Osnap”捕捉面板中的“End”捕捉选项,执行“Arc3Pt”命令(按钮是),捕捉长方形开口的两个端点,绘制出一条弧线,如图 5 - 4 所示;③执行“Fillet”命令(按钮是),对截面图形的四个角进行倒圆角(图 5 -5),注意要设定圆角的半径,应键入“R”进行设置;④最后用“Join”命令连接生成完整的截面曲线。

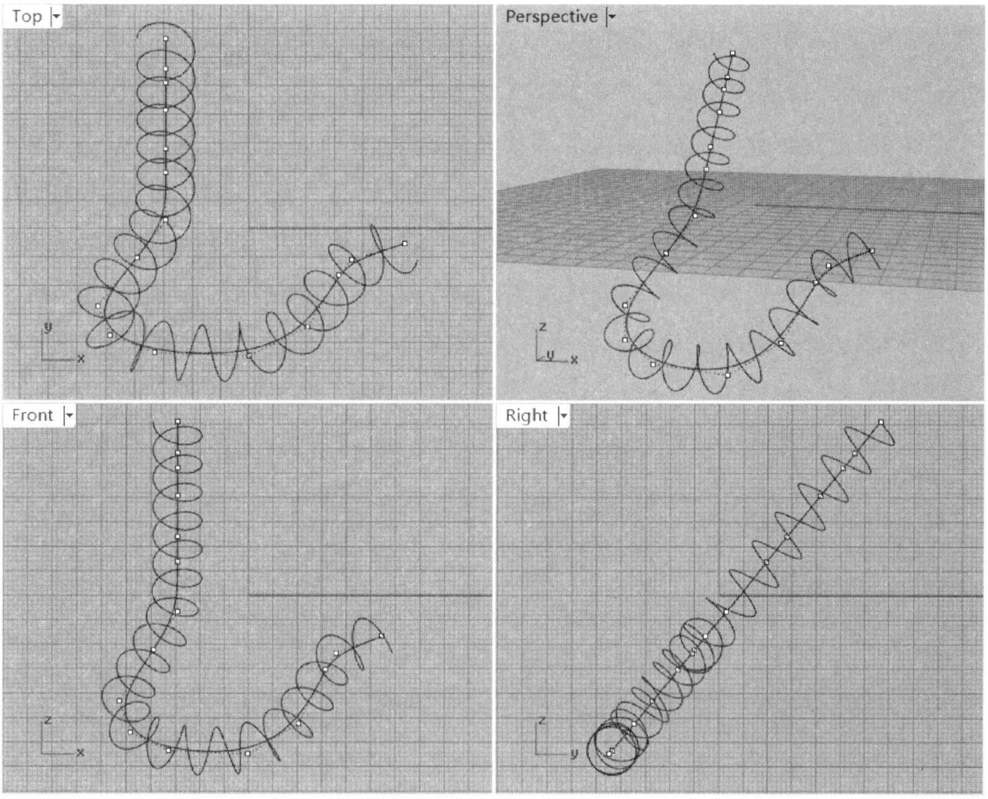

图 5 -2 调整曲线控制点生成立体曲线

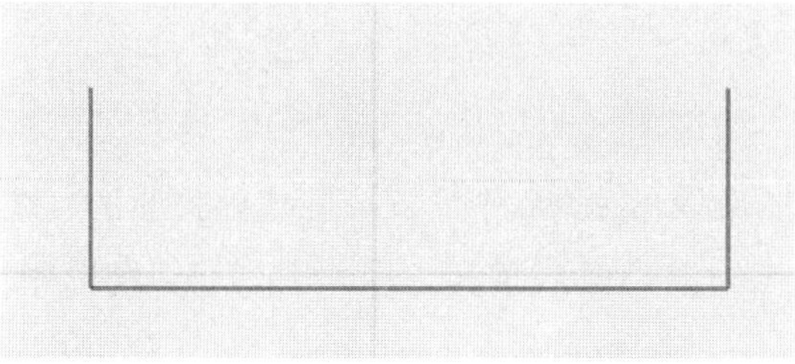

图 5 -3 把长方形上面一条边删除

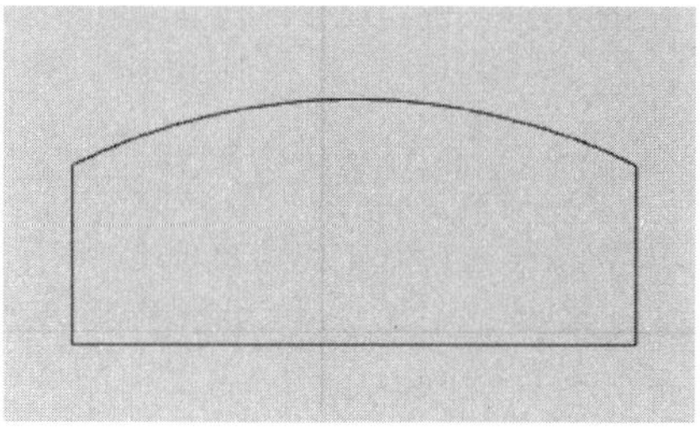

图 5 -4 捕捉端点绘制圆弧

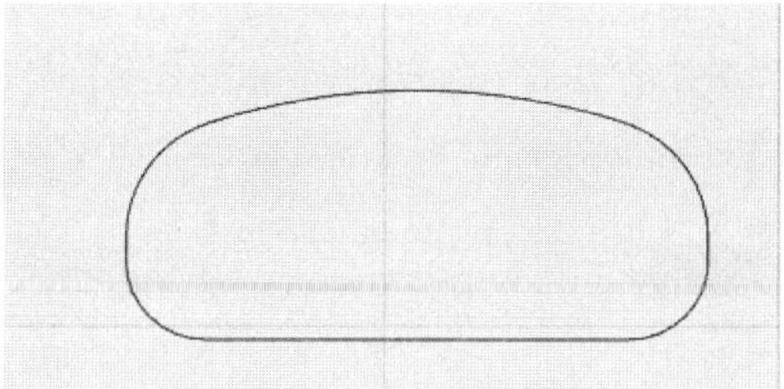

图 5 -5 用“Fillet”命令对截面图形进行倒圆角

（4）截面图形绘制完毕后，还需要两条螺旋线作为“Sweep2”命令的两条路径线。围绕前面绘制的曲线，产生两条圈数一致但半径不同的螺旋线作为“Sweep2”命令的两条路径线，具体方法是：①执行“Helix”命令（按钮是 ），键入“A”激活“Around Curve”选项，然后选择绘制的曲线，移动鼠标设定螺旋线的半径大小，确定半径大小后单击鼠标，此时会弹出一个对话框以设置圈数（普通电话线的圈数设为50左右即可），确认设置，绘制出第一条螺旋线，如图5－6所示；②点击鼠标右键再次执行“Helix”命令，键入“A”激活“Around Curve”功能，选择绘制的曲线，输入“End”指令捕捉第一条螺旋线的端点（但是不要单击鼠标），按下Tab键会出现一条白线，鼠标只能在这条白线上移动，移动鼠标调整螺旋线的半径（只要小于刚才绘制的螺旋线的半径即可），单击鼠标确定，弹出对话框（螺旋线的圈数会保留上一次操作的数值，因此不要改动它），确认设置，绘制出第二条螺旋线，如图5－7所示。

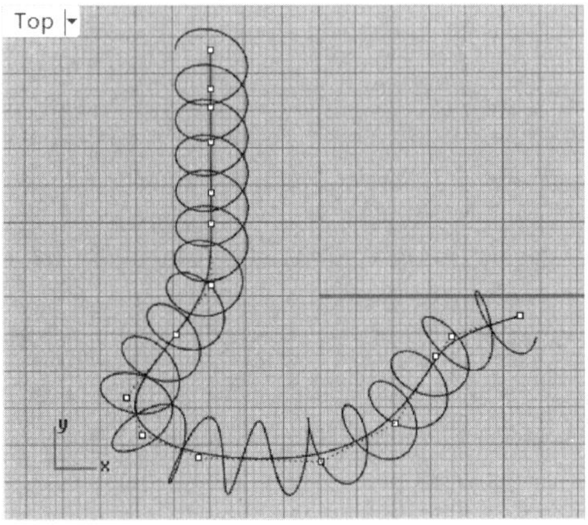

图5－6　围绕曲线绘制第一条螺旋线

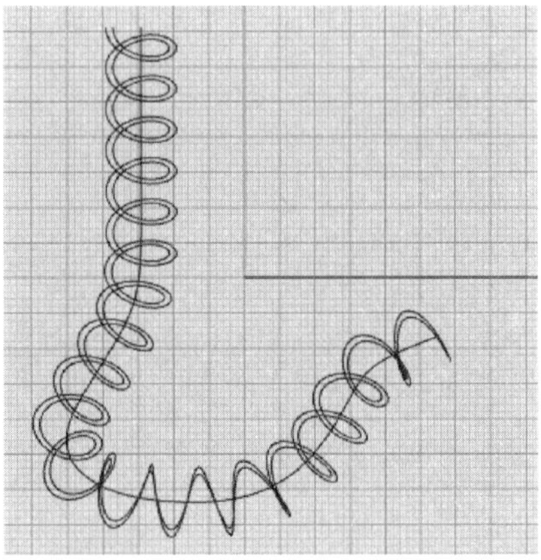

图5－7　结合物体捕捉绘制第二条螺旋线

（5）将截面图形放置到两条螺旋线上。截面图形位于Top工作平面，螺旋线却是立体的，所以要把截面图形放置到使其与两条螺旋线的末端，并且与螺旋线保持垂直。①首先设置一个新的工作平面，使其与两条螺旋线的末端保持垂直。在Perspective视图中，执行“CplanePerpToCrv”命令或进入“View/SetCplane/Perpendicular to Curve”菜单，然后选择任意一条螺旋线，输入“End”指令，捕捉螺旋线的端点，这样就会产生一个与两条螺旋线末端都保持垂直的新的工作平面，如图5－8所示。②用鼠标单击Top视图，使该视图成为当前工作视图，此时Top视图左上角的“Top”标签为蓝色（激活状态）。执行“RemapCplane”命令或进入“Transform/Orient/Remap to Cplane”菜单，在Top视图中选择截面图形，然后点击鼠标右键，命令行中会出现提示“Click on Cplane to map to (Copy)”，此时用鼠标单击Perspective视图，截面图形就会被放置到与螺旋线末端垂直的那个新的工作平面上，如图5－9所示。

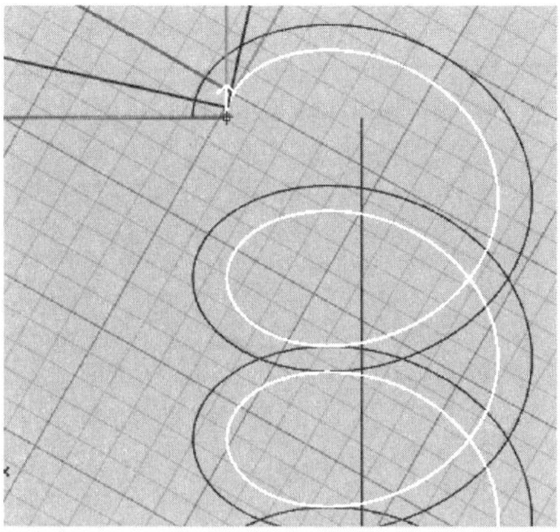

图 5－8 生成一个与两条螺旋线末端垂直的工作平面

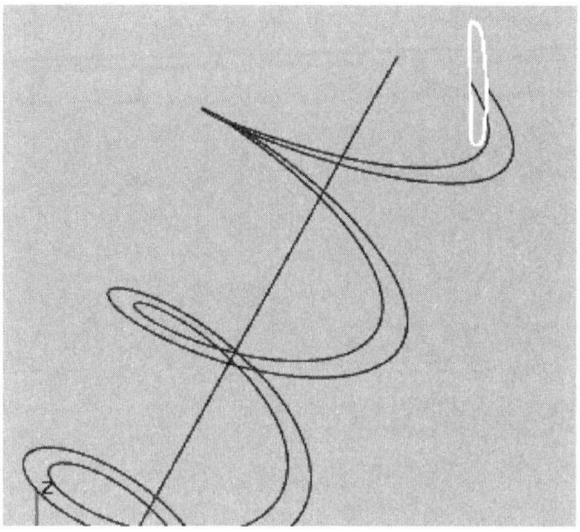

图 5－9 放置截面图形到新的工作平面上

(6)放置截面图形后会发现,截面图形有可能很大或很小,其角度也可能不正确,所以接下来需要使截面图形的位置和大小完全与两条螺旋线的末端吻合。这只需通过执行“Orient”命令就可以一次完成。①激活 Perspective 视图,执行“Orient”命令或者单击按钮,选择截面图形,打开“Osnap”面板的“Mid”和“Perp”捕捉方式,先捕捉截面图形下面平直一边的中点,再捕捉截面图形上方弧形一边的垂直点,这样两个基点就选择好了,如图 5－10 所示。②关闭“Osnap”面板的“Mid”和“Perp”捕捉方式,打开“End”捕捉方式,先选择内侧螺旋线的端点,再选择外侧螺旋线的端点,这样截面图形就会精确地与两条螺旋线对齐,即完成了截面图形的对位,如图 5－11 所示。

图 5－10 利用物体捕捉选择截面图形上的两个基点

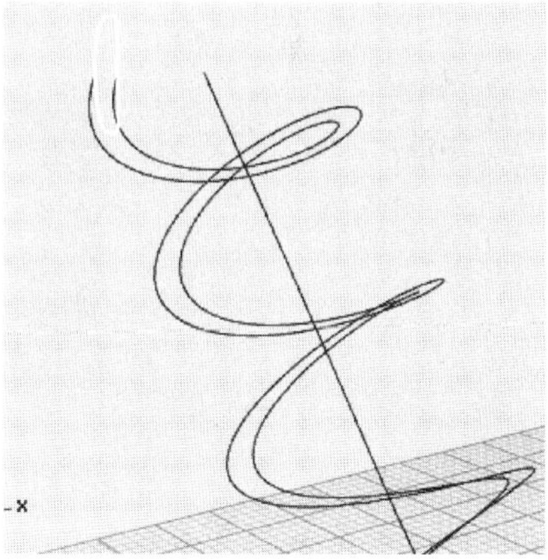

图 5－11 完成截面图形的对位

(7)执行“Sweep2”命令生成最终的电话线曲面,如图 5－12 所示。执行“Sweep2”命令,或者单击按钮,选择两条螺旋线和截面图形;在对话框左上角勾选“Maintain Height”选项,这样产生的电话线才不会粗细不均,才能产生无变形的曲面;单击“OK”按钮确认设置,即可生成最终的电话线曲面。

【应用】

用“Sweep2”命令加上“Helix”命令可以绘制任何形状的电话线,只要修改截面图形就可以产生不同的电线效果,如图 5－13 所示。需要注意的是,螺旋线不是完全平滑的。当产生的曲面出现扭曲和不平滑现象时，可以针对两条螺旋线进行“Fair”命令的平滑操作，即可产生平滑的曲面。

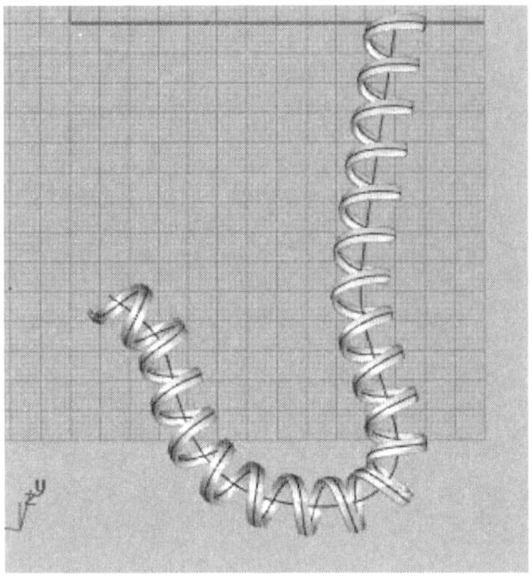

图 5-12　用“Sweep2”命令生成电话线曲面

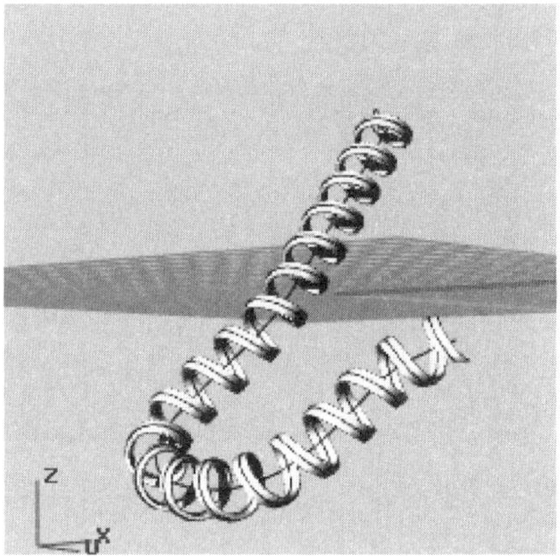

图 5-13　修改截面图形可产生不同的电线效果

任务 5.2　绘制圆滑立方体

在这个练习中，要绘制一个圆滑的立方体（图 5-14），主要学习执行“RailRevolve”命令绘制圆滑的封闭、半封闭曲面。

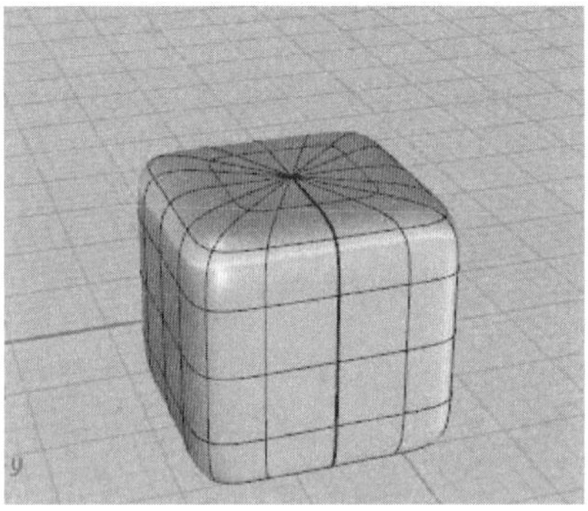

图 5-14　圆滑立方体

【相关命令】

命令：Divide；工具栏：单击左边工具栏中的 ◦ 按钮不放，打开“Point”子工具栏，右击按钮；菜单：Curve/Point Object/Divide Curve by/Number of Segments。

命令：RailRevolve；工具栏：单击左边工具栏中的按钮不放，打开“Surface”子工具栏，右击按钮；菜单：Surface/Rail Revolve。

【操作步骤】

（1）执行“Polygon”命令或者单击按钮，输入“4”作为边数，输入“0”作为中心点，绘制出一个正方形。

（2）执行“Divide”命令或者右击按钮，选择正方形；单击鼠标右键，此时正方形的一个角上会出现一个白色小箭头，这是分割的起点，不用进行修改；单击鼠标右键确认，命令行中会出现提示“Number of segments < 2 >”，输入“32”。这样就可以将正方形的每一条边分割为八段，如图 5 – 15 所示。

(3)打开下方工具栏中“Osnap”面板里的“Point”捕捉选项，关闭其他选项。执行“Curve”命令或者单击按钮，按照图 5 – 16 所示的顺序捕捉正方形上面的点，绘制出一条 8 个控制点的曲线。

(4)删除正方形和所有用于分割的点。选择刚才绘制的曲线；执行“ArrayPolar”命令或者进入“Transform/Array/Polar”菜单，命令行中会出现提示“Center of polar array”，输入“0”作为复制中心点；命令行中会出现提示“Number of elements < 1 >”，输入“4”作为复制数目；命令行中会出现提示“Angle to fill < 360 >”（如果命令行中提示的不是 360，就要输入“360”）；单击鼠标右键确认。这样就会生成一个圆滑的正方形，如图 5 – 17 所示。

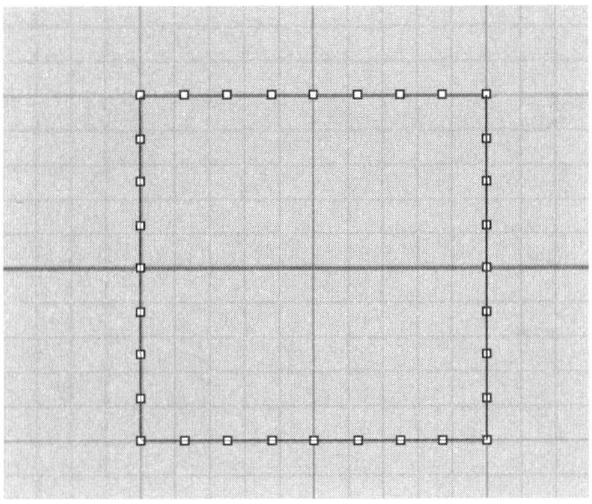

图 5 – 15　对正方形进行分割

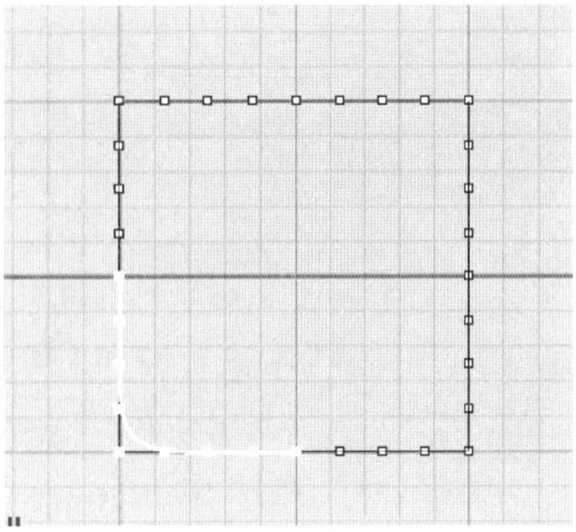

图 5 – 16　结合“Point”捕捉方式绘制曲线

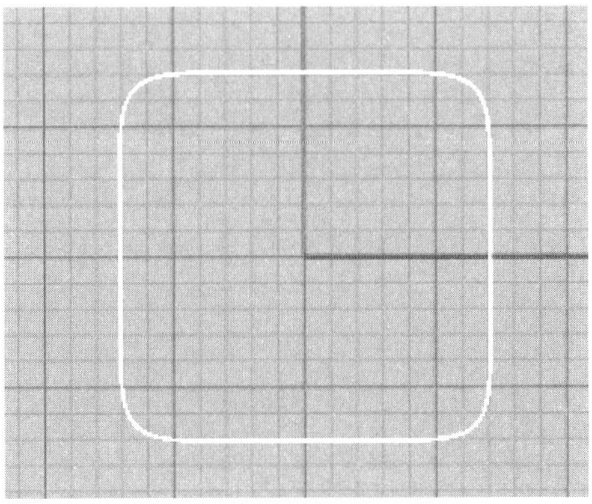

图 5 – 17　执行“ArrayPolar”命令生成圆滑的正方形

(5)选择下面两条曲线，激活“Front”视图，执行“Rotate”命令或者单击按钮，键入“C”激活“Copy”功能，输入“0”作为旋转中心，按住“Shift”键水平拉出一条直线作为旋转参考线，然后向上移动鼠标，使物体旋转 90°，如图 5 – 18 所示。

(6)现在共有六条曲线：水平平面上有四条相连的曲线；垂直平面上有两条相连的曲

线。用“Join”命令把水平平面上的四条曲线联合成为一条闭合曲线，再把垂直平面上的两条曲线联合成为一条曲线；执行“RailRevolve”命令或者右击按钮，键入“S”激活“ScaleHeight”选项；先选择垂直平面上的曲线，再选择水平平面上的闭合曲线；命令行中会出现提示“Revolve axis origin”，输入“End”指令捕捉垂直平面上曲线的一个端点；然后在“Front”视图中垂直拉出一条直线作为旋转轴。这样就会生成一个圆滑的立方体，如图 5 - 19 所示。

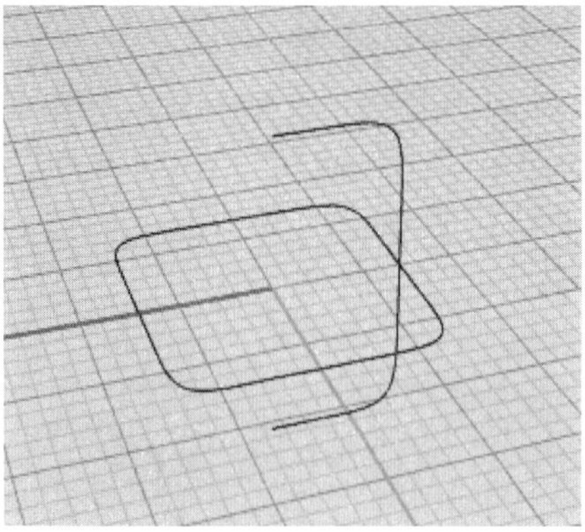

图 5 - 18　旋转复制出两条曲线

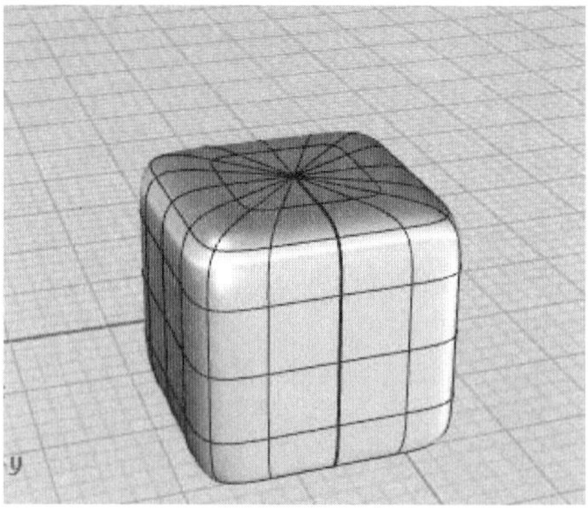

图 5 - 19　执行“RailRevolve”命令生成圆滑立方体

【应用】

“RailRevolve”命令适用于绘制各类圆滑的封闭或半封闭曲面，其中绘制曲线是所生成曲面是否平滑的关键。因为“RailRevolve”生成的曲面和输入曲线是完全吻合的，因此曲线的构造直接影响曲面的结构，平滑均匀的曲线产生的曲面也会平滑均匀。要特别注意“RailRevolve”中截面曲线（也就是“Profile”曲线）末端的控制点，最好能保证至少有三个控制点处在同一条直线上，因为这样的曲线产生的曲面才不会有明显的折痕。末端只有两个控制点在一条直线上的截面曲线产生的曲面有明显的折痕，如图 5 - 20 所示；而末端有三个控制点在一条直线上的截面曲线可以产生平滑的曲面，如图 5 - 21 所示。其基本原理是：当三点在一条直线上时，曲线末端的曲率为 0，因此旋转出来的面在旋转顶点处的曲率都是 0，这样就形成了 G2 连续，也就是说旋转出来的曲面的顶部是一个平面。

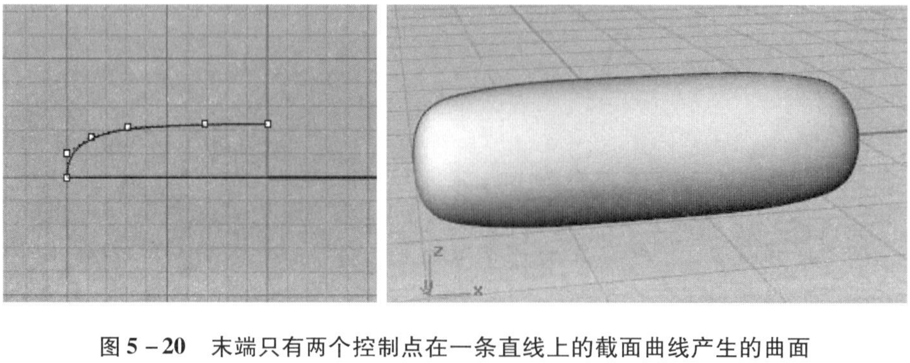

图 5 - 20　末端只有两个控制点在一条直线上的截面曲线产生的曲面

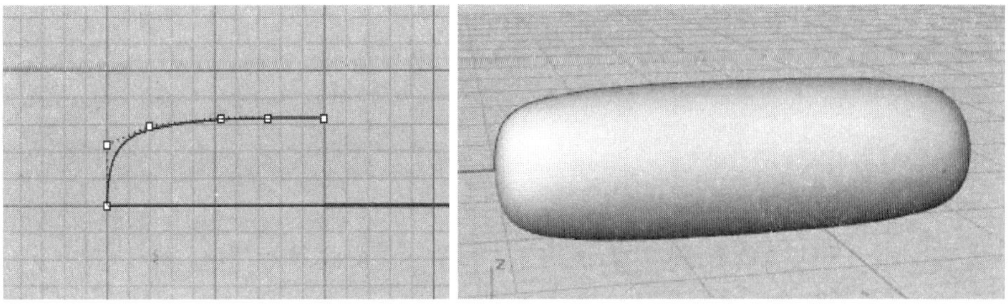

图 5－21 末端有三个控制点在一条直线上的截面曲线产生的曲面

任务 5.3 绘制混接曲面

(1)在“Front”视图中创建一个半径为 5.5 mm 的圆,在“Right”视图中创建一个半径为 5 mm 的圆,如图 5－22 所示;利用命令将半径为 5.5 mm 的圆挤出实体,选择两侧挤出,挤出长度为 15 mm,如图 5－23 所示。

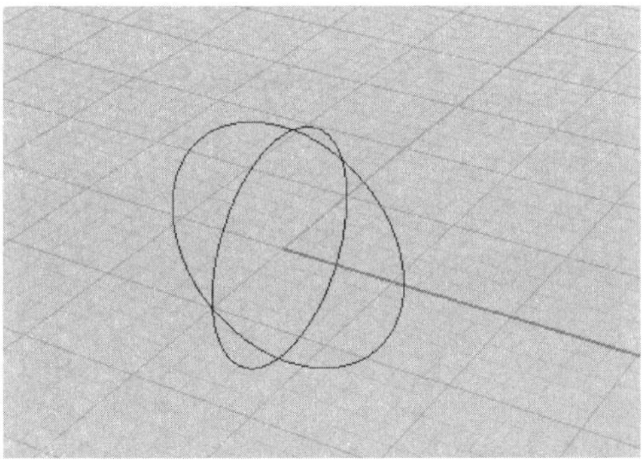

图 5－22 创建两个圆

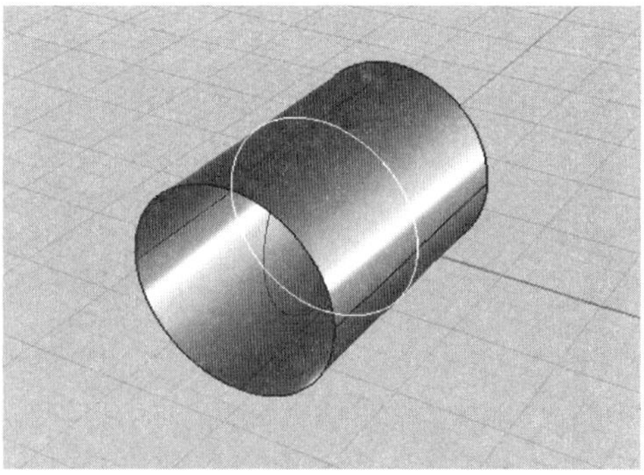

图 5－23 挤出实体

(2)进入“Top”视图,选中半径为 5 mm 的圆,移动至图 5－24 所示位置;利用命令将半径为 5 mm 的圆挤出实体,选择单侧挤出,使其与刚刚挤出的实体相交,如图 5－25 所示。

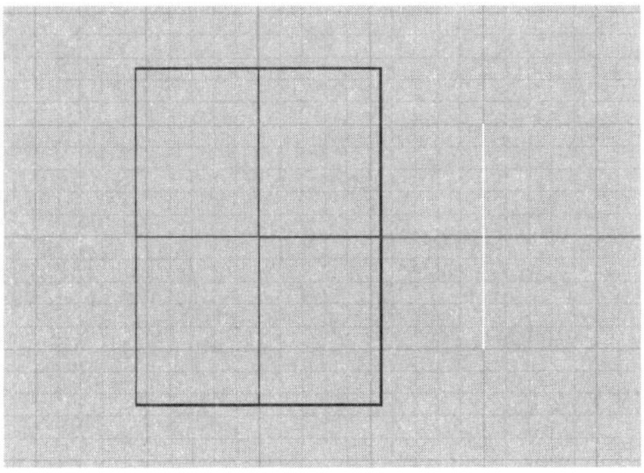

图 5－24 移动圆的位置

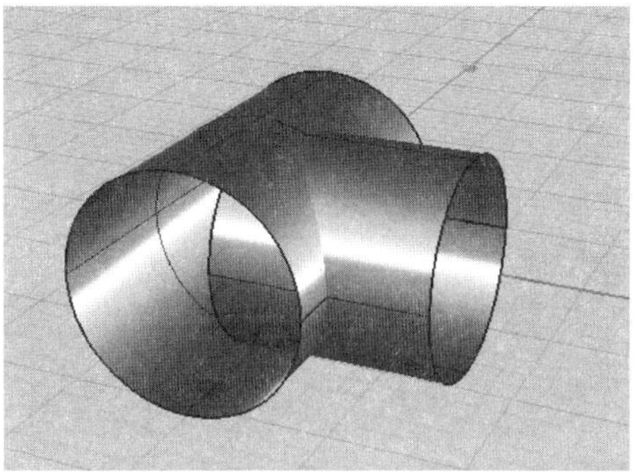

图 5－25 挤出实体与之前实体相交

(3)利用(曲面圆角)命令,对两个曲面进行倒圆角,倒圆角半径为 0.3 mm,如图 5－26 所示。

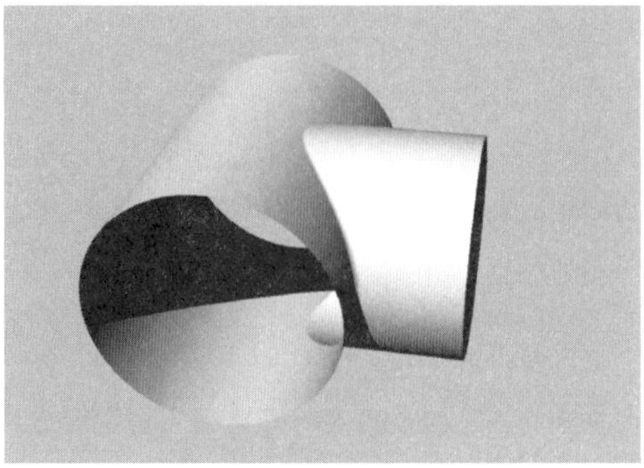

图 5－26　曲面倒圆角

(4)利用(复制边缘)命令对半径为 5.5 mm 的曲面实体边缘进行复制,然后进入“Front”视图,利用(偏移)命令对复制后的曲线进行偏移,偏移量为 0.5 mm,如图 5－27 所示。

(5)选择偏移曲线,进入“Right”视图,利用(移动)命令对其进行移动,移动量为 0.2 mm,如图 5－28 所示。

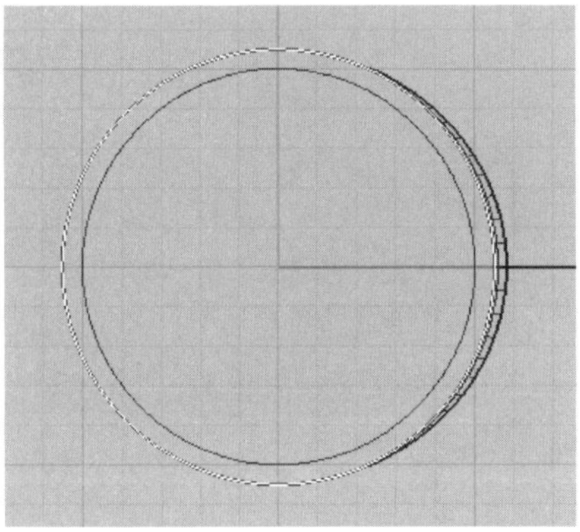

图 5－27　复制曲线并进行偏移

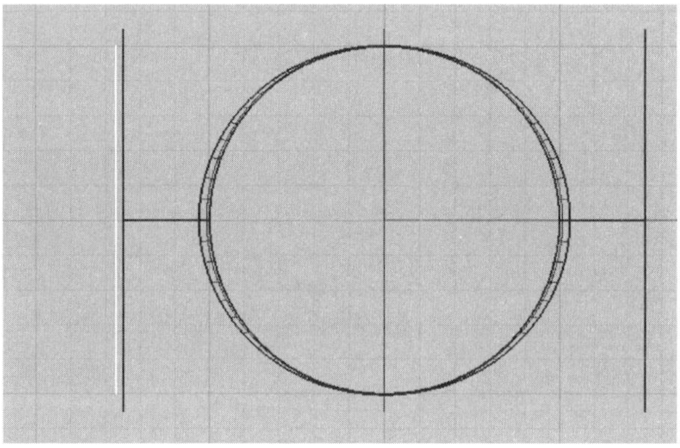

图 5－28　移动曲线

(6)利用命令将移动后的曲线挤出,选择单向挤出,挤出长度为 10 mm,如图 5－29 所示。

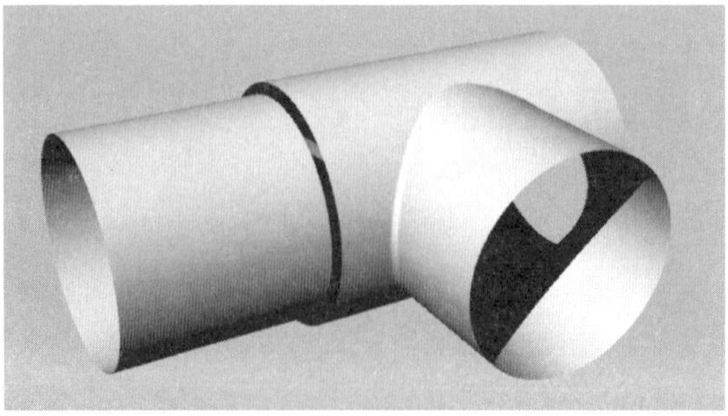

图 5－29　挤出曲线

(7)利用(混接曲面)命令将生成的曲面进行连接。选择被混接的两曲面(选择曲面之前需将先前复制边缘的曲线删除）会弹出混接曲面对话框（图5－30），然后对参数进行适当调节即可，最终效果如图5－31所示。

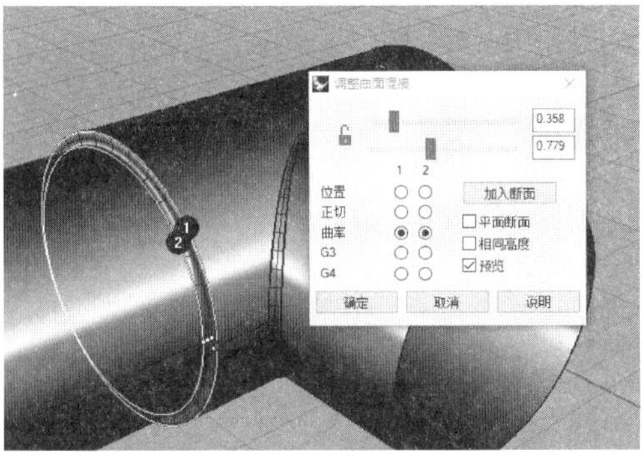

图5－30　混接曲面对话框

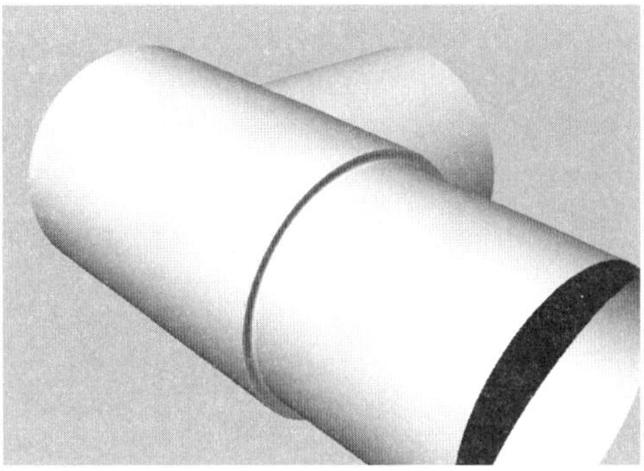

图5－31　混接曲面最终效果

（8）利用（镜像）命令复制出另一侧结构，效果如图5－32所示。

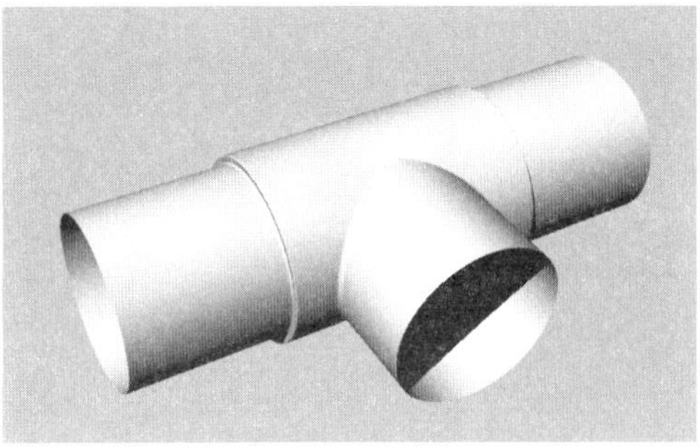

图5－32　复制出另一侧结构

（9）绘制卡扣曲线。进入“Top”视图，打开锁定格点，绘制半径为0.5mm的圆，如图5－33所示。

（10）利用命令挤出圆柱体，挤出高度为1 mm，然后将其移动到适当位置，如图5－34所示。

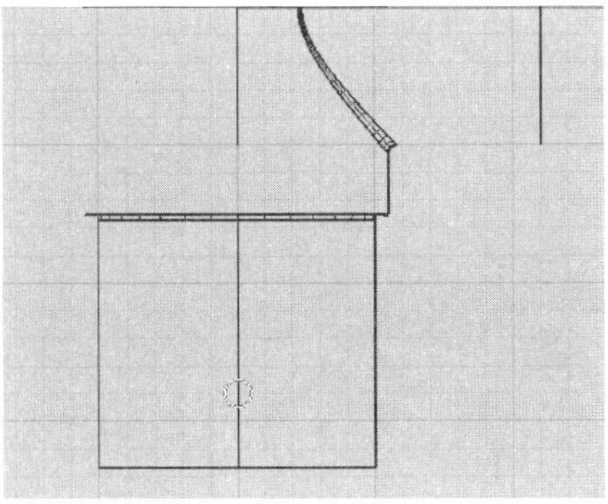

图5－33　绘制卡扣曲线

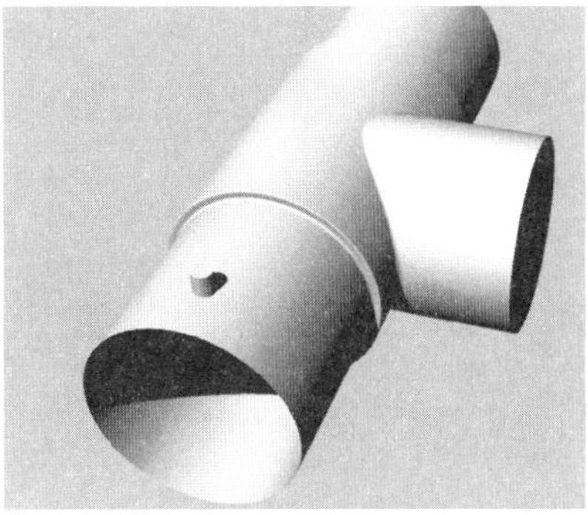

图5－34　挤出圆柱体

（11）利用（曲面圆角）命令对卡扣进行倒圆角，圆角半径为0.1 mm，如图5－35所示。

(12)进入“Top”视图，利用（镜像）命令复制出另一侧结构，最终效果如图 5 - 36 所示。

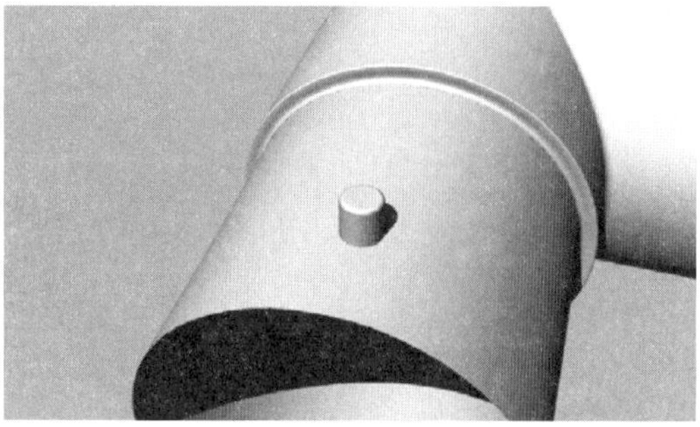

图 5 -35　对卡扣进行倒圆角

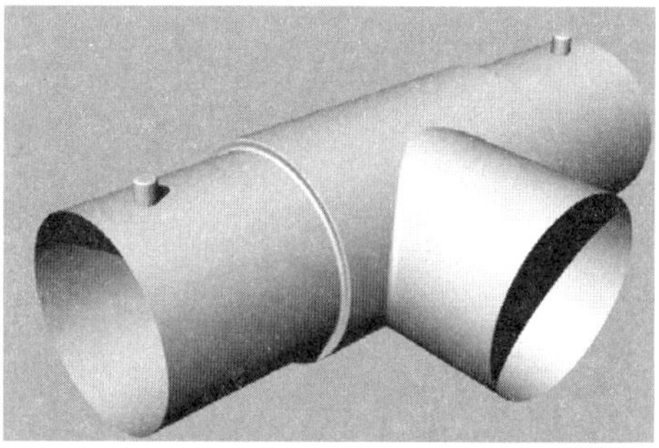

图 5 -36　复制出另一侧结构的最终效果

项目六　Rhino 5.0 实体建模技术

【项目描述】

本项目主要介绍一些常用的实体工具，包括布尔运算、实体编辑、曲面分离、偏移、复制等。通过对本章进行学习，学生可以使用曲面和实体绘制出工业设计中常见的模型。

【项目目标】

知识目标

1. 掌握布尔运算工具的操作；
2. 掌握实体倒角工具的操作；
3. 掌握实体加盖工具的操作；
4. 掌握曲面分离工具的操作；
5. 掌握曲面偏移复制工具的操作。

能力目标

能够掌握实体编辑的基本应用操作。

素质目标

1. 培养学生的自学能力；
2. 培养学生分析问题、解决实际问题的能力。

【学习任务】

学习任务 1：布尔运算工具
学习任务 2：实体倒角工具
学习任务 3：实体加盖工具
学习任务 4：曲面分离工具
学习任务 5：曲面偏移复制工具

【任务实施】

任务 6.1　布尔运算工具

在 Rhino 5.0 中，布尔运算是一个强大的工具。除了封闭的实体以外，曲面之间也可以进行布尔运算。布尔运算具有高效、快速的优点。使用曲面建模时，曲面是基本单位，因此创建模型需要一块块地生成曲面。进行布尔运算时，物体是基本单位，物体可以是单一的曲面，也可以是由很多曲面组成的多重曲面，并且布尔运算允许成百上千的物体同时进行运算，因此采用布尔运算进行建模具有手工曲面建模无法比拟的高效和方便。

布尔运算包括三种形式(图 6-1):布尔联集的命令是 BooleanUnion,按钮是左边工具栏中的;布尔差集的命令是 BooleanDifference,按钮是下隐藏的"Solid Tools"子工具栏中的;布尔交集的命令是 BooleanIntersection,按钮是"Solid Tools"子工具栏中的。

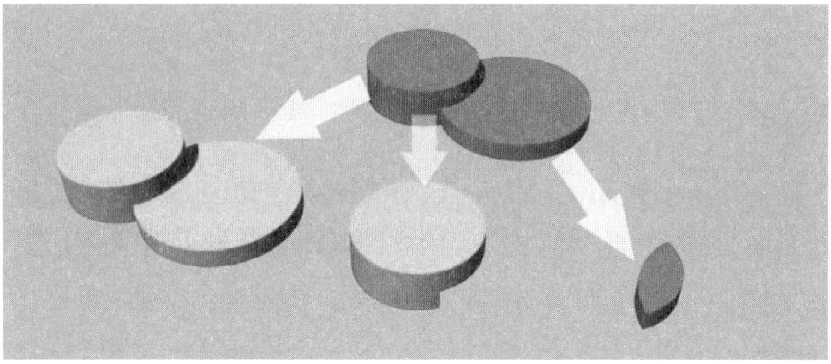

图 6-1 布尔运算的三种形式

很多 3D 软件都具备布尔运算的功能,但是 Rhino 5.0 中布尔运算最大的优势在于它允许成百上千的物体同时进行布尔运算,这是一个非常强大的功能。Rhino 1.0 中还不具备这种功能,那时布尔运算只允许在两个物体之间进行。多个物体同时进行布尔运算时,系统会自动判断哪些物体相交,然后得到正确的运算结果。如图 6-2 所示,在一个模型场景内有七个球体,其中分别有两个球体和三个球体彼此相交,另外两个球体不和其他球体相接触,在 Rhino 5.0 中可以非常方便地按下"Ctrl + A"组合键选择场景中所有的球体,然后执行"BooleanUnion"命令或者单击按钮,这样系统会自动将所有相交的球体联合成为两个物体(一个包含两个球体,一个包含三个球体),另外两个球体是独立的,因为它们不和任何其他球体相交。这就是 Rhino 5.0 的智能判断。

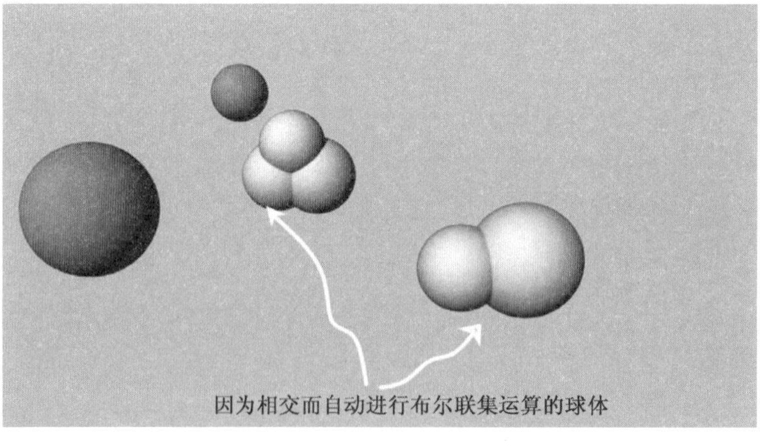

图 6-2 选择所有球体同时进行布尔联集

对于在物体表面挖洞而言,允许多个物体同时进行布尔运算是非常实用的。绘制高尔夫球就是一个典型的例子。高尔夫球表面有非常多的凹陷,如果一个个进行曲面的分割和联合生成这些凹陷会很慢,而采用布尔差集就可以很容易做到。首先需要创建一个球体,然后在其表面复制分布上很多用来挖洞的小球体,执行"BooleanDifference"命令或者单击按钮;先选择球体,然后单击鼠标右键确认第一组物体已经选择完毕;接着采用鼠标框选的方法，同时选择用来挖洞的多个小球体，再单击鼠标右键确认第二组物体选择完毕；这样系统就会自动用小球体在大球体表面进行挖洞，计算完毕后就能够形成高尔夫球的样子，如图6－3所示。

图6－3 选择多个物体进行布尔差集运算绘制高尔夫球

布尔运算能够在封闭的实体之间正常进行，在不封闭的物体或曲面之间进行则有可能产生与预期相反的结果，这主要是因为布尔运算根据曲面的法线方向来判断修剪的部分。曲面的法线方向就是曲面的朝向，每个曲面都有法线方向。执行“Dir”命令或者单击左边工具栏中的按钮，然后选择曲面或多重曲面（由多个曲面联合而成的物体形式），就可以看到很多分布在表面的白色箭头，箭头的方向就是法线的方向。对于封闭的实体而言，法线方向是固定朝外的，不可更改；对于不封闭的物体而言，法线方向可以更改，单击鼠标一次就可以把法线方向设置为相反方向。所有进行布尔运算物体都会被视为实体，但是在NURBS模型中是不存在真正意义上的实体的，因为所有物体其实都是曲面。此时法线就成为虚拟实体的一个依据：法线方向所指的区域是外部空间；法线相反方向所指的区域就是内部空间，被视为实体所在，如图6－4所示。因此，即使是开放的曲面也可以进行布尔运算，就是因为系统会根据曲面的法线方向自动算出虚拟的实体，然后在这两个虚拟实体之间进行布尔运算。总之，法线方向决定了实体所在。掌握了这个原理，就可以通过改变法线方向来自由地设定虚拟实体所在，从而可以自由决定布尔运算的结果。

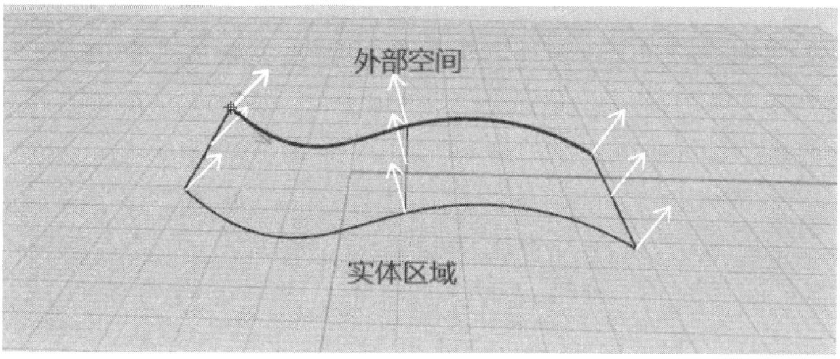

图6－4 布尔运算根据法线方向确定实体的位置

初学者常常会发现布尔运算结果总是与预期结果相差很远，觉得对布尔运算无法控制，其实就是因为不了解法线方向和布尔运算之间存在着必然联系。当一个物体没有完全封闭的时候，它的法线方向存在两种可能性，而多个物体同时参与布尔运算时就会有非常多的法线方向组合（比如有A、B、C、D四个物体，有可能物体A、C的法线方向朝内，物体B、

D 的法线方向朝外;有可能物体 A、D 的法线方向朝外,物体 B、C 的法线方向朝内;也有可能四个物体的法线方向都朝外或者四个物体的法线方向都朝内),由此得出的布尔运算结果就存在非常多的可能性。因此,如果不对参与布尔运算的所有开放物体进行法线方向的判断,那么几乎不可能直接得到预期的布尔运算结果。一般来说,必须先判断参与布尔运算的物体属于哪一种情况:如果参与布尔运算的物体全部是封闭的实体,那就不存在法线方向的问题,可以放心进行布尔运算;如果参与布尔运算的物体存在开放的曲面或开放的多重曲面,就需要对物体的法线方向进行分析判断,然后改变物体的法线方向以获得预期的布尔运算结果。另外,还可以用单面显示的方法来判断场景中所有物体的法线方向(图 6-5),具体方法是:执行"Options"命令或者单击⚙按钮,打开设置面板;单击"View"下的"Display Modes"在多种显示模式中单击"Shaded"或"Rendered",可以看到右边有一个"Backface settings"选项;单击它的下拉菜单选择"Cull back faces";单击"OK"按钮结束设置。这样就在该显示模式下启用了单面显示方式,只能看到所有物体的正面,而看不到它们的背面。由于法线方向所指区域是曲面的正面,法线反向所指区域是曲面的背面,因此很容易判断法线的方向。

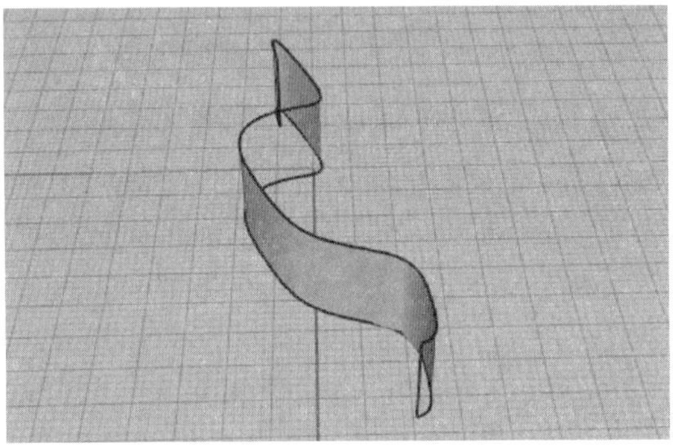

图 6-5 采用单面显示方法判断法线方向

需要注意的是,Rhino 5.0 可以通过不同的颜色来表示曲面的正反两面,颜色可以自己设定,比如正面是一种颜色或者是物体自身的颜色,而反面是另一种颜色。

下面做一个试验来证明,在参与布尔运算的物体为开放曲面的情况下,法线方向和布尔运算结果的关系。

1. 绘制两条相交的曲线,如图 6-6 所示。

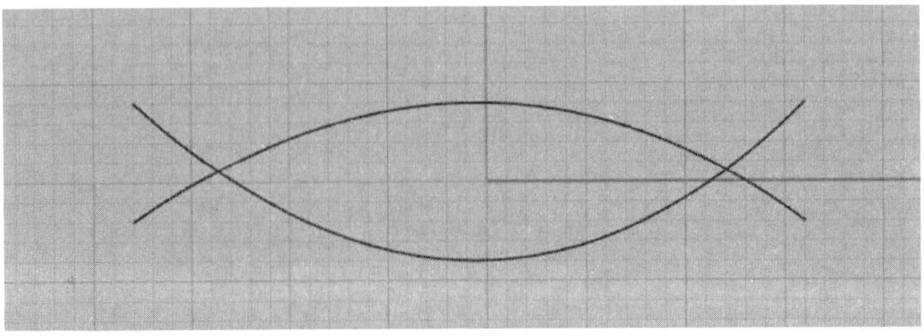

图 6-6 绘制两条相交的曲线

2. 执行"Extrude"命令或者单击▣按钮,同时将两条曲线挤出,生成两个相交的曲面

(曲面 A 和曲面 B),如图 6 - 7 所示。

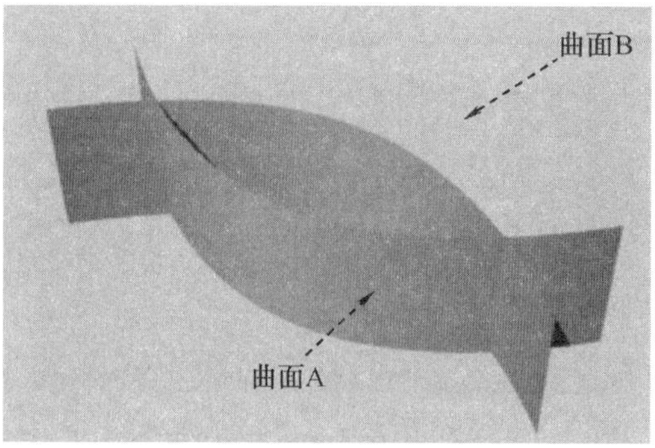

图 6 - 7 执行“Extrude”命令生成两个曲面

3. 执行“Dir”命令或者单击按钮,检查当前两个曲面的法线方向。执行“Dir”命令时,只有在检查的情况下才能看到法线,并且一次只能查看一个曲面或一个多重曲面的法线,因此要记好法线的方向。采用单面显示的方法来判断法线方向更为直观,无须记忆法线的方向。和曲面法线方向相反的区域属于虚拟实体区域,和法线方向相同的区域则属于外部空间区域,这样可以得到两个虚拟实体区域,即属于曲面 A 的虚拟实体 A 和属于曲面 B 的虚拟实体 B,如图 6 - 8 所示。从判断结果来看,由于两个曲面的法线方向指向同一侧,因此两个曲面的虚拟实体都处于相同的另外一侧。了解了虚拟实体的位置,就可以通过判断它们的并集、差集和交集位置来预测布尔运算的结果,判断的方法是:曲面 A 布尔联合曲面 B 的结果应该是图 6 - 8 中所有标有虚拟实体 A 和虚拟实体 B 区域的联合体;曲面 A 减去曲面 B 的结果应该是图 6 - 8 中所有没有标有虚拟实体 B 区域的联合体;曲面 B 减去曲面 A 的结果应该是图 6 - 8 中所有没有标有虚拟实体 A 区域的联合体;曲面 A 和曲面 B 的交集应该是图 6 - 8 中所有标有虚拟实体 A 和虚拟实体 B 区域的联合体。

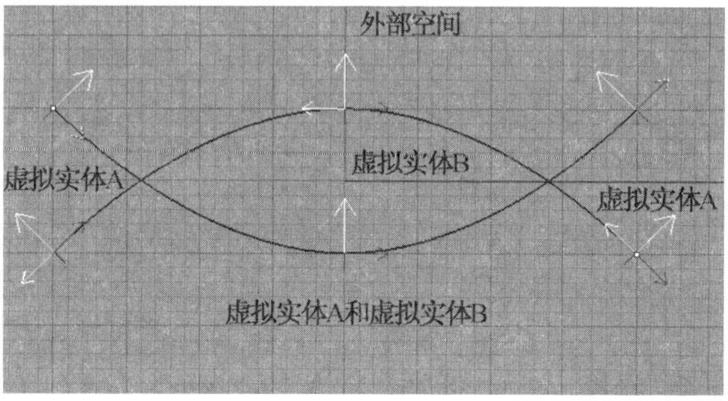

图 6 - 8 两个曲面当前的法线方向和虚拟实体的位置

4. 分别用布尔运算的三种方式进行测试,看看实际结果与预测结果是否相同。通过测试可以看出,布尔运算的实际结果(图 6 - 9)与预测结果是完全相同的。

5. 正确预测布尔运算的结果后,就可以通过改变曲面的法线方向来得到不同的布尔运算结果。例如将曲面 B 的法线方向进行翻转:执行“Dir”命令或者单击按钮,显示当前曲面 B 的法线方向,此时曲面 B 的法线方向和曲面 A 的法线方向指向同一侧;单击鼠标将曲面 B 的法线方向翻转,右击鼠标完成翻转法线方向的操作,此时两个曲面的法线方向如图 6 - 10 所示。

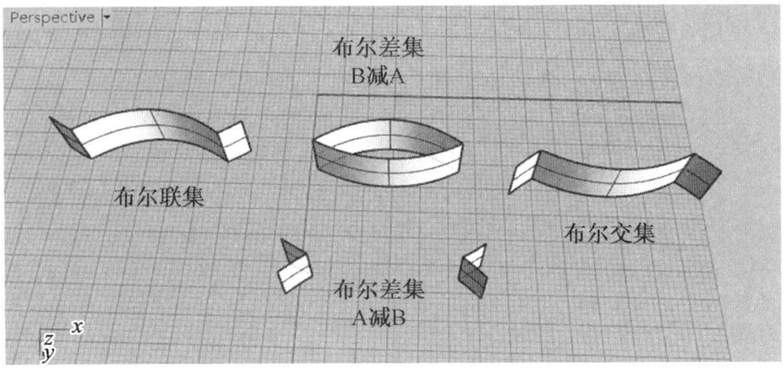

图 6－9 布尔运算的实际结果

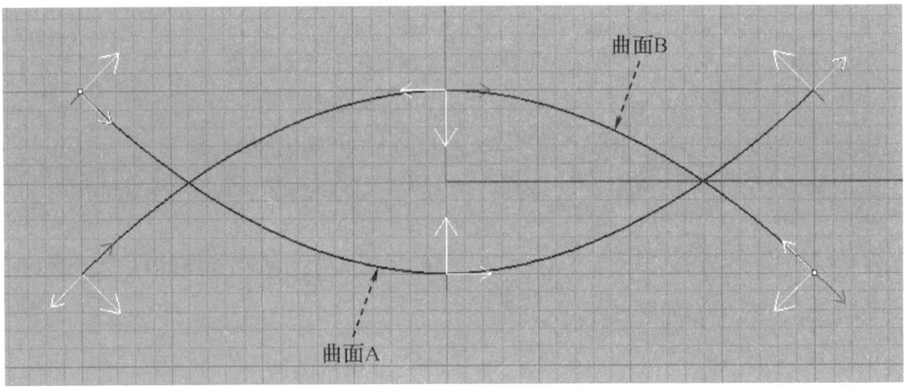

图 6－10 翻转曲面 B 的法线方向

需要注意的是，翻转物体的法线方向除了可以用“Dir”命令以外，还可以用“Flip”命令，其工具栏是：单击左边工具栏中的按钮不放，打开隐藏的“Mesh Tools”子工具栏，右击按钮。这个命令最适合用于单面显示的情况，因为单面显示时可以直接看到曲面的正面和反面，所以可以同时选择许多物体，然后执行“Fip”命令统一对其法线进行翻转。这比执行“Dir”命令更为高效和方便。

6. 选择曲面 A 和曲面 B，执行“BooleanUnion”命令或者单击按钮可以看到，此时布尔联集的结果如图 6－11 所示。这是因为曲面 A 的法线方向改变以后，曲面 A 的虚拟实体区域变换到原来的另一侧，所以两个虚拟实体区域就联合成为中间的部分。有趣的是，虽然布尔运算后曲面分成了不相连的两部分，但是用鼠标选择其中一个曲面，另外一侧的曲面也会被选择，这正是因为这两部分曲面虽然不相连，但是它们被视为同属于一个虚拟实体上的曲面。因此选择该曲面不是被视作选择单独的曲面，而是被视作选择了一个实体。

图 6－11 布尔联集的结果

任务6.2 实体倒角工具

实体倒角工具是使用频率很高的建模工具。它的命令是"FilletEdge",使用时单击左边工具栏中的按钮不放,打开"Solid Tools"子工具栏中的按钮,其菜单是"Solid/Fillet Edge"。使用实体倒角工具的前提是,模型必须含有重合的边界线,并且这条边界线所处曲面的连续性为G0。例如,一个立方体有6个平面,每个平面有4条边界线,由于立方体是6个平面联合起来的多重曲面,因此每个平面的4条边界线都和相邻的4个曲面的4条边界线两两重合,对这种重合的边界线就可以进行实体倒角。执行"FilletEdge"命令或者单击按钮,用鼠标框选立方体所有的边界线,然后键入"N"对倒角半径进行设置,可以直接输入数值,也可以用鼠标来设定。用鼠标设定倒角半径的方法是:在视图中任意位置单击鼠标,移动鼠标拉出一条直线,这条直线的长度就是倒角的半径;同时观察下方工具栏的数值区,直线长度会随时显示出来(默认边界两头数值相同),可以任意改变某一边的数值做不等半径倒角;右击鼠标,开始进行倒角计算。在该命令中,还可以增加控制杆对边角进行几个不同半径的倒角:当选择要被倒角的边界按"Enter"键后,在命令行中单击"AddHandle",然后将其放置到想要的位置,修改数值按"Enter"键即可完成。图6-12为对立方体进行倒角的结果。

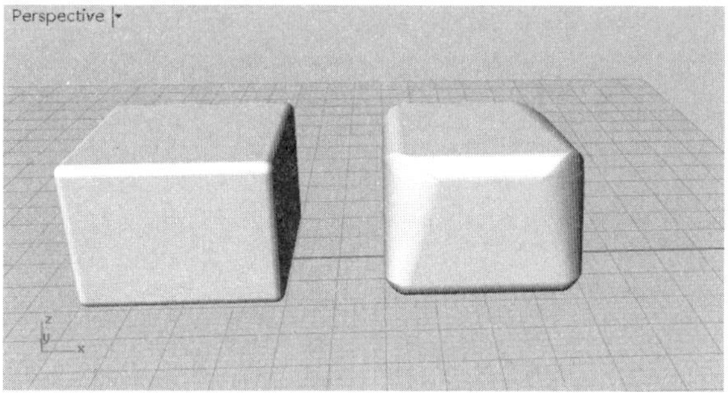

图6-12 对立方体进行倒角

立方体进行倒角以后,同样具有重合的边界线,但是因为这些边界线所处曲面的连续性为G1(实体倒角产生的曲面的连续性一般为G1),不符合倒角所需要的G0连续性的条件,因此对倒角后的立方体就不能再进行倒角了。

实体倒角不一定要求物体是多重曲面,只要物体拥有重合并且连续性为G0的边界线,就可以进行倒角。比如,一个闭合的曲面,如果它的闭合边界线所处曲面存在尖锐的角,那么就可以用实体倒角工具对其进行平滑处理,如图6-13所示。

对一个物体进行不同半径的倒角,要注意先后顺序。应该以倒角半径从大到小的顺序进行,也就是说,先进行半径值大的倒角,再进行半径值小的倒角。图6-14所示为一个立方体,先进行半径值大的倒角,产生的圆角边足以再进行一次半径值小的倒角。如果先进行半径值小的倒角,再进行半径值大的倒角,就很容易出错,如图6-15所示。

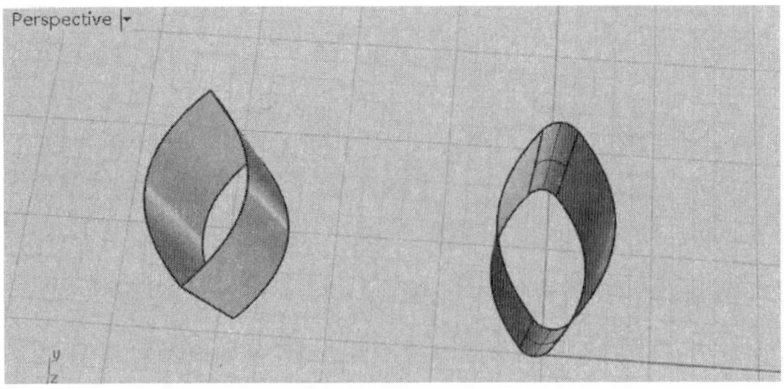

图 6－13　对单一曲面进行倒圆角

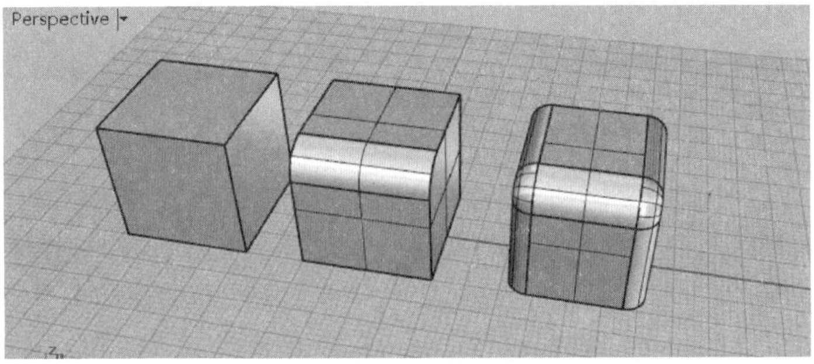

图 6－14　先进行半径值大的倒角

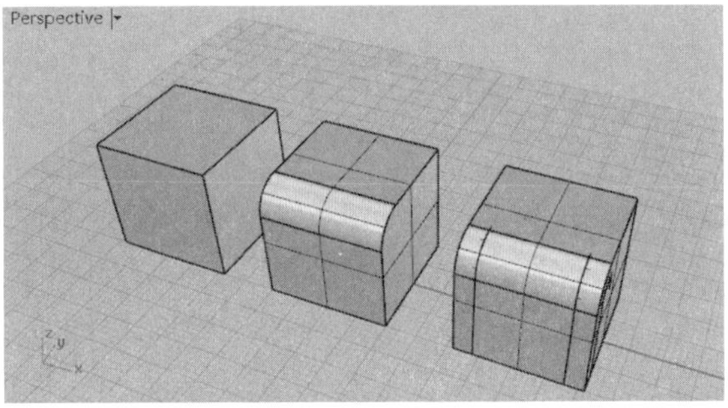

图 6－15　先进行倒角值小的倒角再进行半径值大的倒角

在实际操作中，倒角不是在任何情况下都能正常进行的。倒角时会对模型进行自动修剪，倒角错误也经常出现在对模型的修剪上。修剪出错的一个主要原因是，倒角时只能自动修剪倒角边所在的曲面，而不能修剪周围的曲面，当倒角产生的圆角面超过了倒角边所在曲面并延伸到相邻曲面时，系统仍然只修剪倒角边所在的曲面。如图 6－16 所示，有一个由两个平面和一个圆柱面构成的多重曲面，其中要进行倒角的倒角边是平面 A 和圆柱面的交界线，它和平面 B 无关，因此对这条边界线进行倒角时，系统将不会对平面 B 进行修剪。此时倒角的半径不能超过倒角边到平面 A 和平面 B 边界线的最短距离，在这个范围内进行倒角不会出错。但是一旦倒角半径超过了这个距离，也就是倒角后的圆角曲面将会超出平面 A 到达平面 B 时，就不能得到正确的修剪结果，如图 6－17 所示。

执行“ChamferEdge”命令或者单击按钮，可以进行倒斜角。可以输入不同数值，做到不等距倒斜角，如图 6－18 所示。

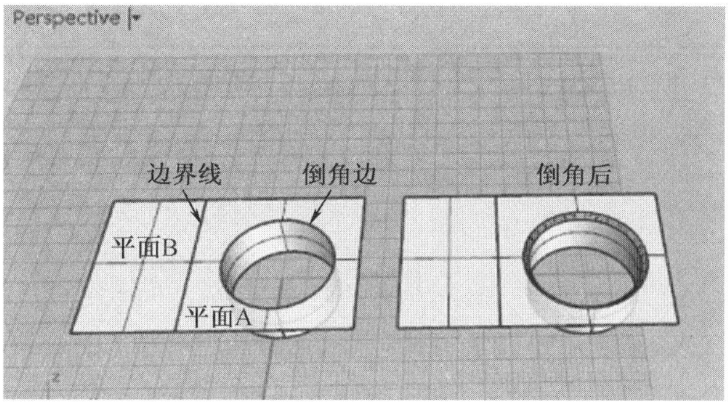

图6-16 倒角范围没有超过两个平面交界线的结果

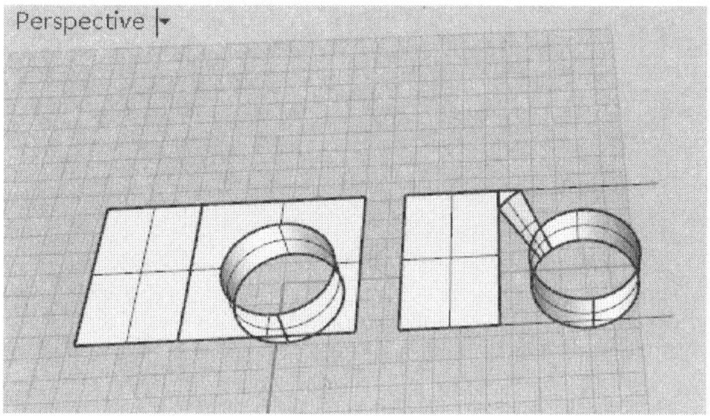

图6-17 倒角范围超过两个平面交界线而出错

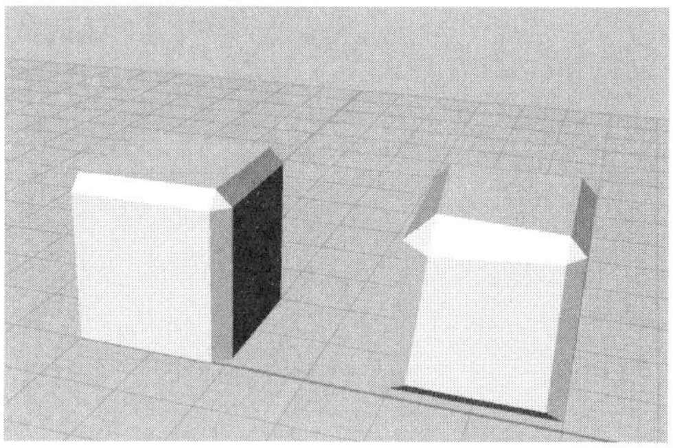

图6-18 不等距倒斜角

任务6.3 实体加盖工具

实体加盖工具可以快速地封闭物体上所有的平面开口,并将封闭后的面与物体自动联合成为多重曲面。平面开口的边界线必须为2D线,如果开口的边界线为3D线,就不能使用实体加盖工具。实体加盖工具的命令是“Cap”,使用时单击左边工具栏中的按钮不放,打开“Solid Tools”子工具栏中的按钮,其菜单是“Solid/CapPlanar Holes”.

执行“PlanarSrf”命令或者单击按钮,然后选择物体平面开口的边界线,产生一个封闭开口的平面,再执行“Join”命令将其联合到物体上,可以达到和实体加盖工具一样的效果。平面加盖工具最大的优点是可以同时对所选物体的所有平面开口进行加盖封闭,它具有手工加盖无法比拟的高效性。用两条直线通过执行“Spilt”命令将一个球体分割成为三部分,同时选择这三个部分,然后执行“Cap”命令可以同时对这三个曲面进行加盖,生成三个实体。

加盖后的面和原有的物体之间存在重合的边界线,这为进行实体倒角提供了条件。对图6-19中加盖后的三个实体,就可以执行“FilletEdge”命令或者单击按钮来进行倒圆角,使模型更平滑,如图6-20所示。

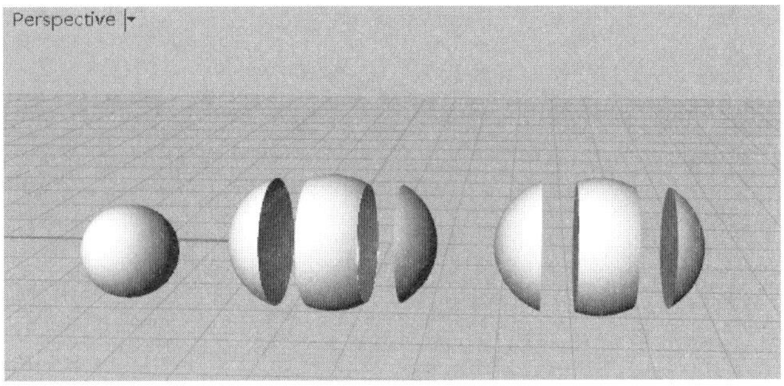

图 6－19　加盖分割后的球体

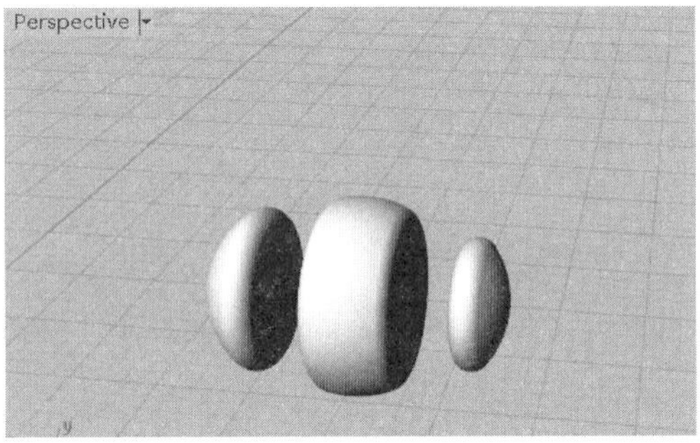

图 6－20　对加盖后的实体进行倒圆角

模型的开口如果不是平面开口，就不能使用加盖工具。此时执行“Patch”命令（按钮是 ），然后选择物体开口的边界线，再右击鼠标弹出对话框，在对话框中取消“Adjust tangency”这一项，就可以简单快速地对物体进行加盖封闭。如图 6－21 所示，左边是一个拥有非平面开口的物体，右边是执行“Patch”命令对它进行加盖的效果。如果在“Patch”对话框中不取消“Adjust tangency”，则产生的加盖面可以和物体保持 G1 连续，这样就能够产生平滑的加盖效果，如图 6－22 所示。

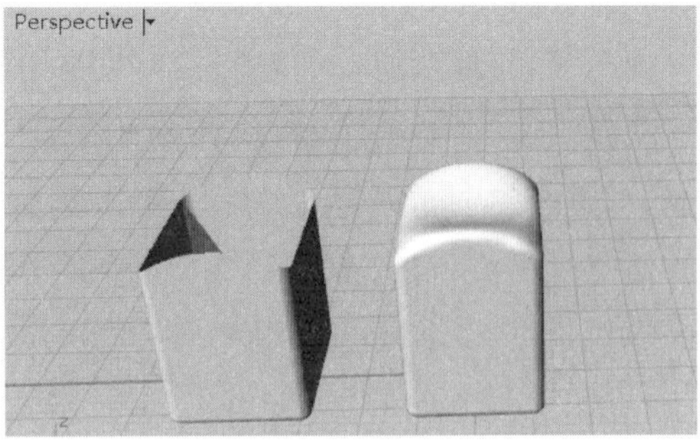

图 6－21　执行“**Patch**”命令对非平面开口进行加盖

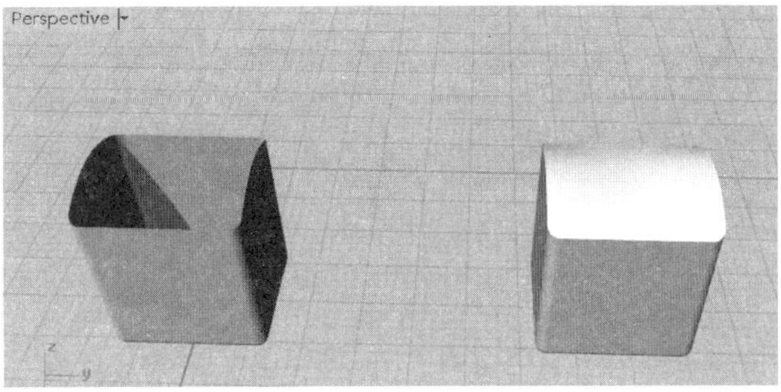

图 6－22 执行“Patch”命令生成平滑的加盖面

任务 6.4 曲面分离工具

多个曲面组合成为多重曲面后，若要从中分离出某个曲面，就要使用曲面分离工具。和炸开工具（命令是“Explode”，按钮是 ）把多重曲面中的所有曲面全部分离不同，曲面分离工具可以单独分离指定的曲面。曲面分离工具的命令是“ExtractSrf”，使用时单击左边工具栏中的 按钮不放，打开“Solid Tools”子工具栏中的 按钮，其菜单是“Solid/Extract Surface”。

执行“ExtractSrf”命令后，命令行中会出现提示“Select surfaces to extract（Copy）”。括号内的“Copy”是复制曲面功能，键入“C”可以激活该功能。这个功能不是从多重曲面上分离出曲面，而是从多重曲面上复制指定的曲面，从而保持多重曲面的完整性。

任务 6.5 曲面偏移复制工具

曲面偏移复制工具的命令是“OffsetSrf”，使用时单击左边工具栏中的 按钮不放，打开“Surface Tools”子工具栏中的 按钮，其菜单是“Surface/Offset”。

曲面偏移复制工具的原理是，生成与所选曲面上每一点距离都相同的新的曲面。曲面偏移复制工具具有精度，默认的精度和系统容差值是一样的。用曲面偏移复制功能可以生成具有一定厚度的实体（图 6－23），其方法是：执行“OffsetSrf”命令或者单击 按钮，选择要进行偏移复制的曲面；右击鼠标，命令行中会出现提示“Offset distance <1>（Flip All Solid Loose Tolerance）”，此时键入“S”激活“Solid”选项；然后输入数值作为厚度即可生成封闭的实体。

由图 6－23 可以看到，生成的偏移曲面具有更多的结构线。这是因为为了使新曲面和原曲面上每一点的距离都相同，对新曲面进行了重建，从而形成密密麻麻的结构线。如果不希望对曲面进行重建，可以在选择将被偏移复制的曲面后，在命令行出现提示时输入“L”激活“Loose”选项，这样就不会出现任何结构线，从而产生平滑的效果，如图 6－24 所示。

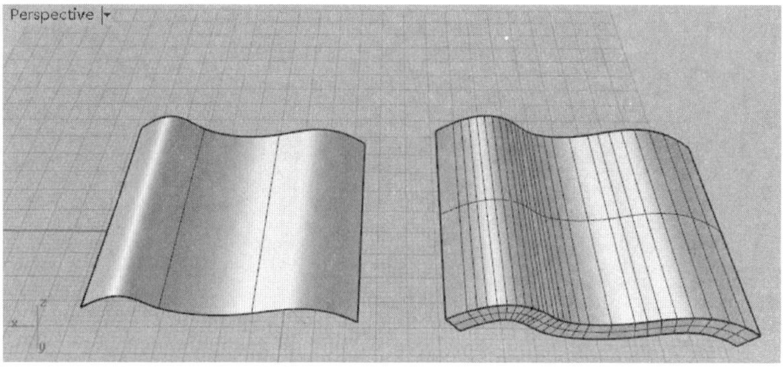

图 6 – 23 执行“OffsetSrf”命令产生加厚效果

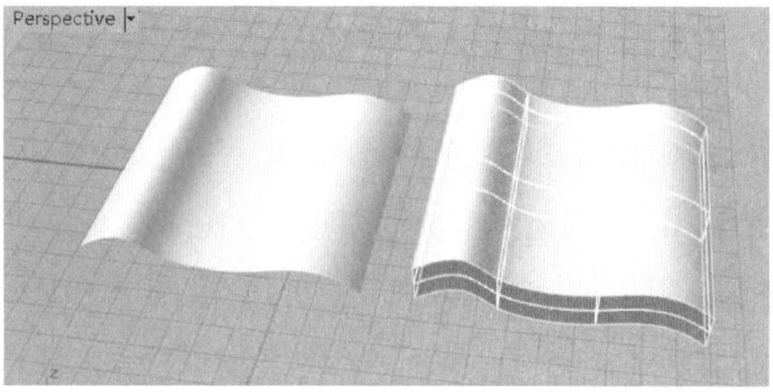

图 6 – 24 激活“Loose”选项产生最为简洁的偏移曲面

曲面偏移复制工具可以运用在多重曲面上，但要求多重曲面的曲面连续性至少为 G1，这样产生的偏移曲面才能平滑。如图 6 – 25 所示，左侧为未经过倒角的立方体，经过偏移复制后产生的结果是错误的；而右侧的立方体为经过倒圆角的立方体，曲面连续性为 G1，经过偏移复制后，仍然是平滑的物体。

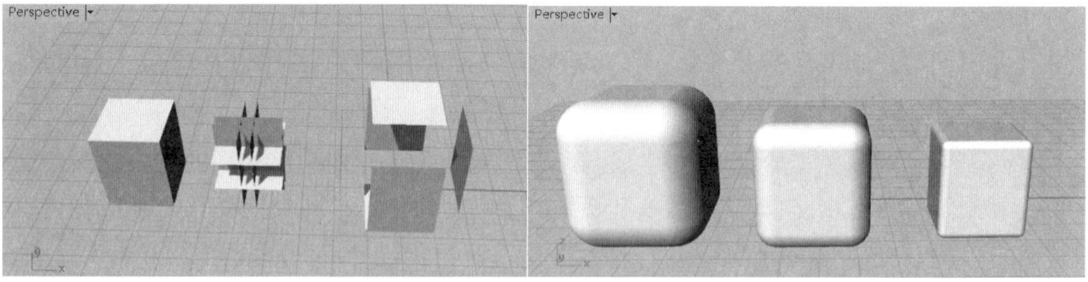

图 6 – 25 多重曲面的连续性至少为 Gl 才能正常偏移复制

需要注意的是，多重曲面偏移复制后产生多个单独曲面，必须执行“Join”命令或者单击按钮把所有的曲面联合起来。因此，对多重曲面进行偏移复制，不要采用偏移复制命令中的“Solid”指令，否则产生的将不是一整个实体，而是多个实体。

任务6.6　遥控器绘制实例

1. 打开 Rhino 5.0 软件，新建五个图层：曲线层、上盖层、下盖层、中心线层、丝印层。

2. 进入“TOP”视图，在中心线层分别绘制两条点划线作为 x 轴和 y 轴。

3. 确定当前图层为曲线层，利用“偏移”工具（按钮为）将 y 轴分别向左、右偏移 25 mm，将 x 轴分别向上、下偏移 100 mm，如图 6 – 26 所示；然后对其进行倒圆角（图 6 – 27），上部倒圆角半径为 5 mm，下部倒圆角半径为 25 mm；再利用“群组”工具（按钮为）将所有曲线群组。

图 6 – 26　偏移

图 6 – 27　倒圆角

4. 进入“Front”视图，利用“控制点曲线”工具（按钮为）绘制图 6 – 28 所示曲线，并对其进行镜像复制（图 6 – 29），然后利用“群组”工具对两条线进行群组。

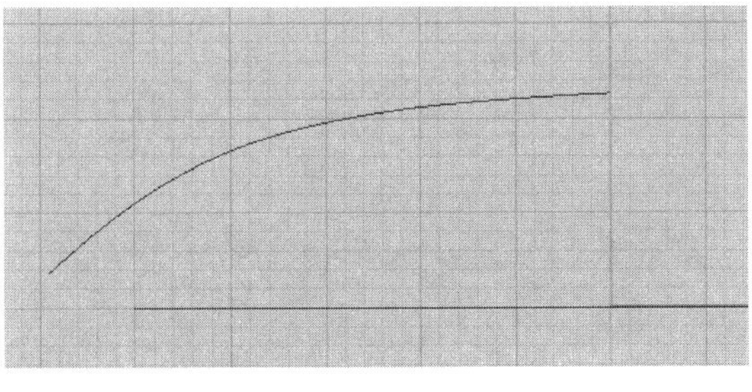

图 6 – 28　绘制曲线

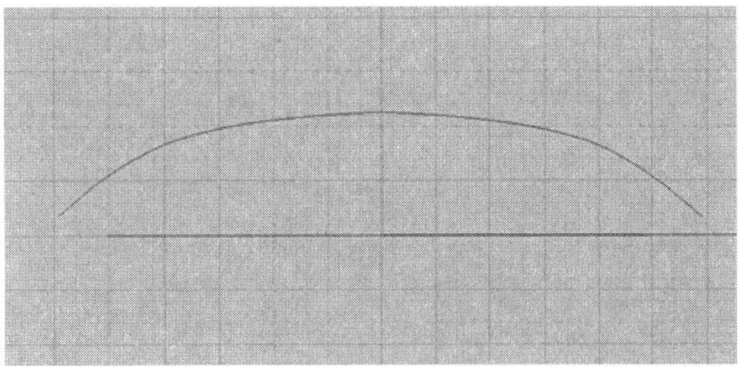

图 6 – 29　镜像

5. 选取群组后的曲线，利用“直线挤出”工具（按钮为）将其拉伸，如图 6 – 30 所示。

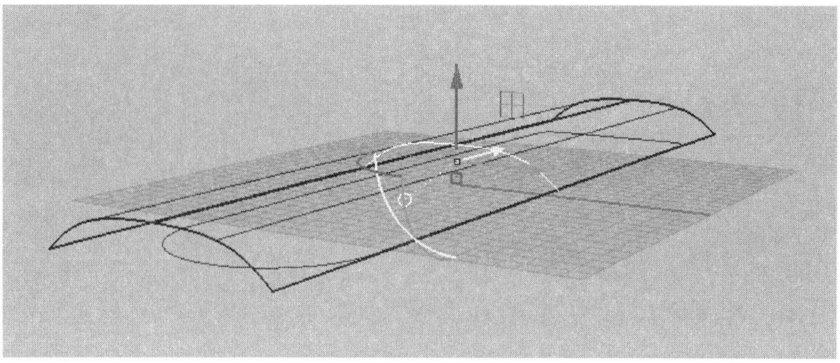

图 6－30　挤出效果

6. 选择之前绘制的曲线,利用“投影曲线”工具(按钮为)将曲线投影到上面的曲面上,如图 6－31 所示。

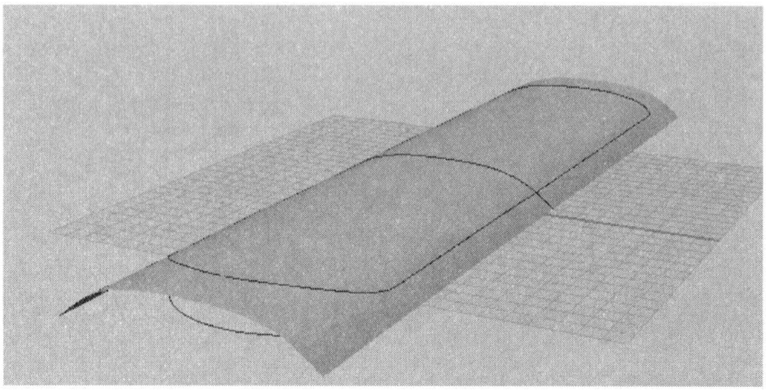

图 6－31　投影曲线

7. 利用“分割”工具(按钮为)沿投影后的曲线进行修剪,如图 6－32 所示。

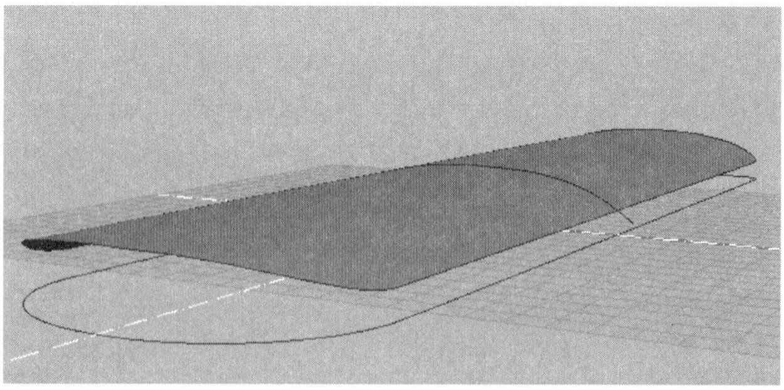

图 6－32　修剪后效果

8. 利用“放样”工具(按钮为)对上、下曲线进行放样,效果如图 6－33 所示,将放样后的曲面进行组合并放置到上盖层中。

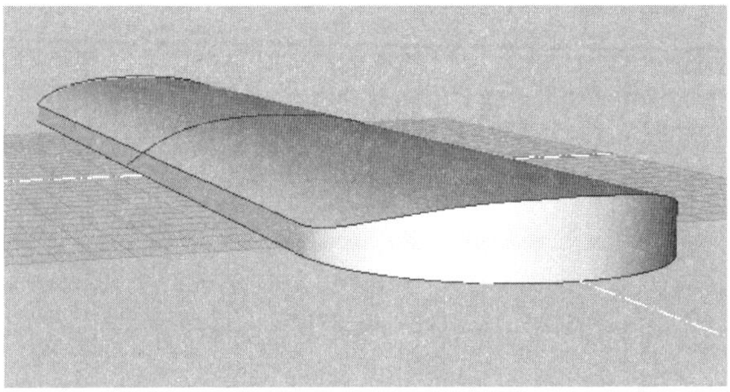

图 6－33 曲线放样效果

9. 将曲线层隐藏,并将图像翻转,利用“偏移曲面”工具(按钮为 )对曲面进行偏移(注意法线方向如图 6－34 所示,偏移量为 1 mm)。偏移后的效果如图 6－35 所示。

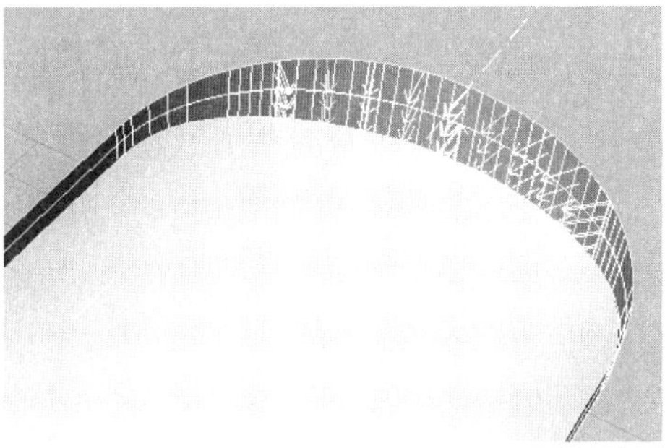

图 6－34 法线方向

图 6－35 偏移效果

10. 利用“复制边缘”工具(按钮为 )对上盖内沿进行边缘复制,并将复制后的曲线进行组合。利用“偏移”工具对复制后的曲线进行偏移(偏移量为 0.5 mm),如图 6－36 所示。

11. 利用“直线挤出”工具挤出凹槽(偏移量为 －2 mm,选择实体挤出),如图 6－37 所示。

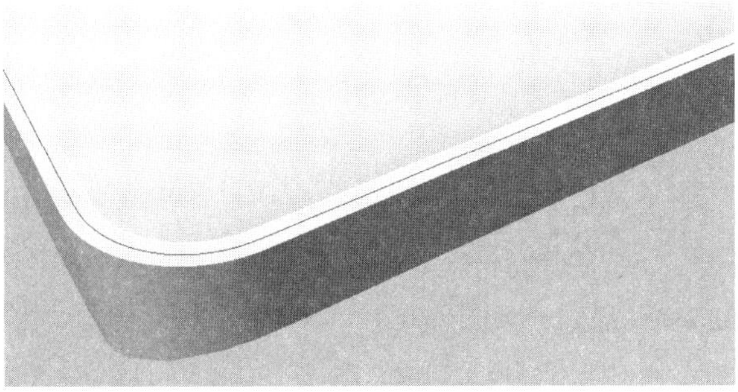

图 6－36 将复制的曲线进行偏移

图 6－37 挤出效果

12. 进入“TOP”视图,利用“圆角矩形”“圆”等工具绘制按键造型(偏移量均为 0.1 mm);布局如图 6－38 所示。

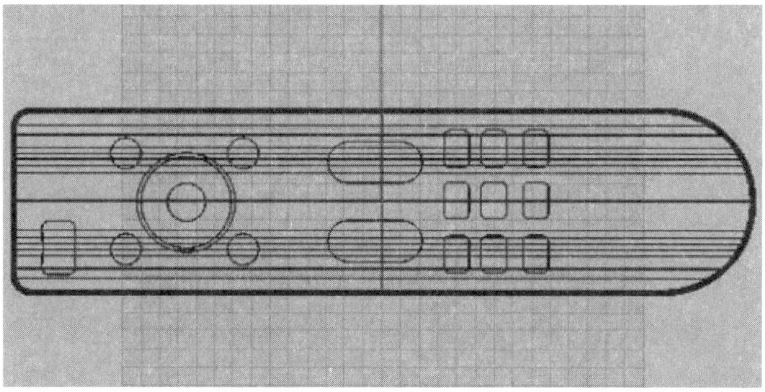

图 6－38　按键布局

13. 将绘制的按键造型全部选中，利用“直线挤出”工具使其形成实体，如图 6－39 所示。

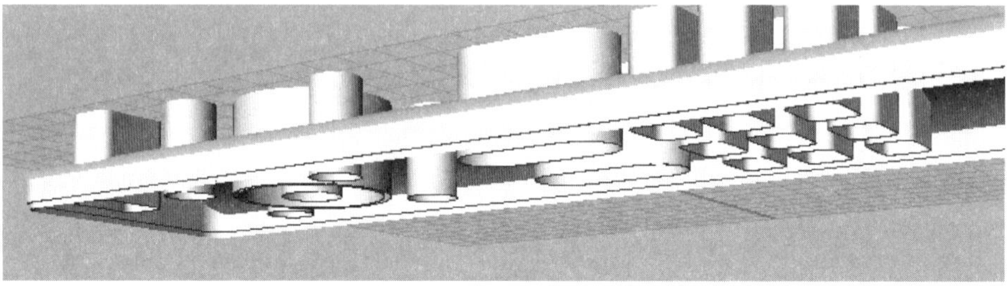

图 6－39　按键挤出效果

14. 利用“布尔运算”工具（按钮为 ）对按键进行修剪，修剪后的效果如图 6－40 所示。

图 6－40　按键修剪后效果

15. 将运算好的按键全部选中，进入“Front”视图，将按键向上微微移动，如图 6－41 所示。效果如图 6－42 所示。

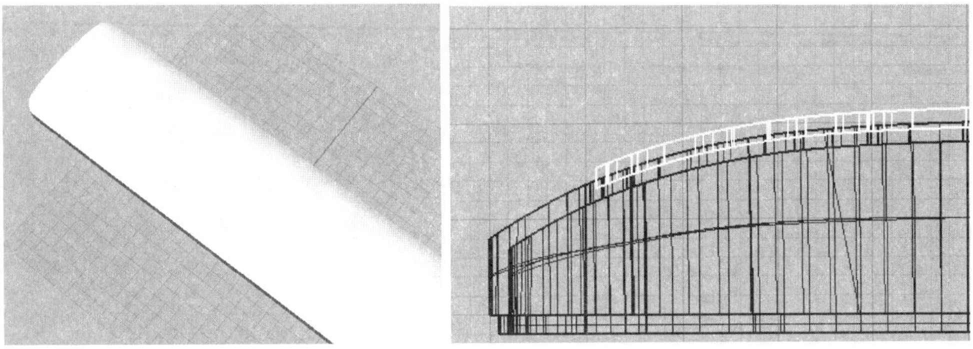

图 6 -41　移动按键

图 6 -42　按键效果

16. 为了更逼真，可以利用“不等距边缘圆角”工具（按钮为 ）对每个按键进行倒圆角。

17. 用同样的方法绘制出底部按钮，如图 6 -43 所示。

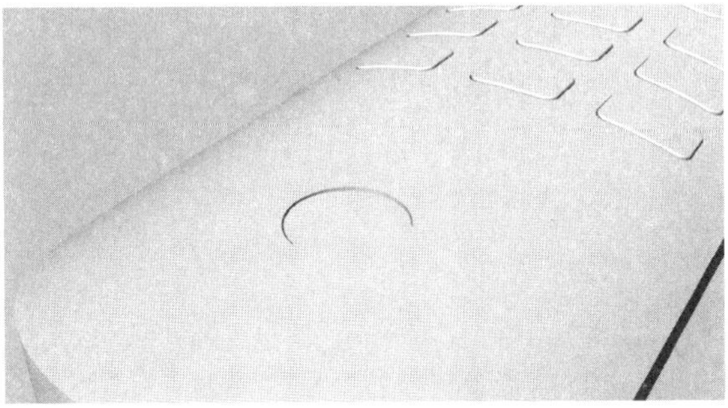

图 6 -43　绘制底部按钮

18. 利用“文字”工具（按钮为 ）、“控制点曲线”工具（按钮为 ）绘制丝印，然后利用“直线挤出”工具将其绘制成实体，再利用“弯曲”工具（按钮为 ）使之与按键吻合，效果如图 6 -44 所示。

图 6－44　绘制丝印

19. 绘制遥控器底部造型时，将其他图层关闭，只留取图 6－45 所示图形，并将其移动至下盖层。

20. 复制外轮廓线并缩小，倒圆角后的形状如图 6－46 所示。

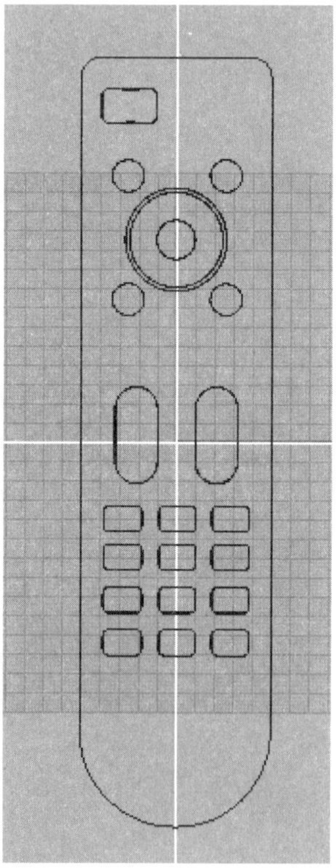

图 6－45　留取图形

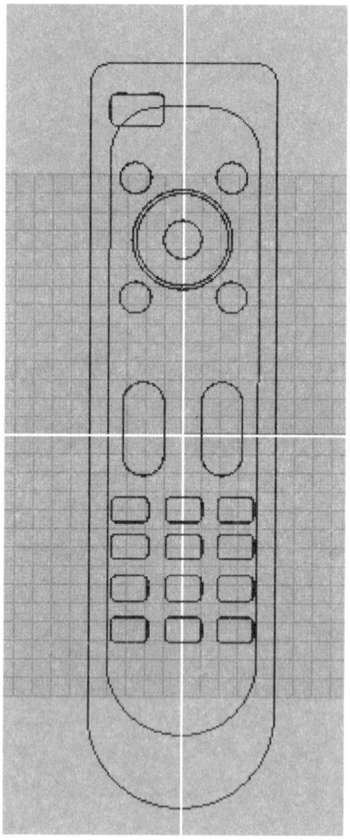

图 6－46　复制、缩小外轮廓线并倒圆角

21. 利用“移动”工具（按钮为 ）将复制后的轮廓线向下移动 12.8 mm，如图 6－47 所示。

22. 选择纵向中轴线，利用“直线挤出”工具挤出实体，如图 6－48 所示。

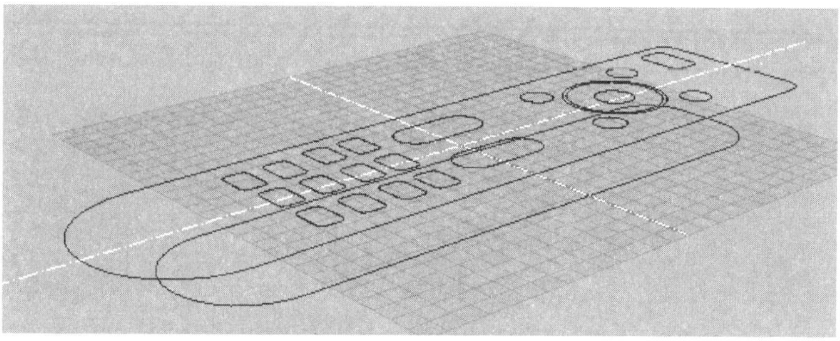

图 6 - 47 移动后效果

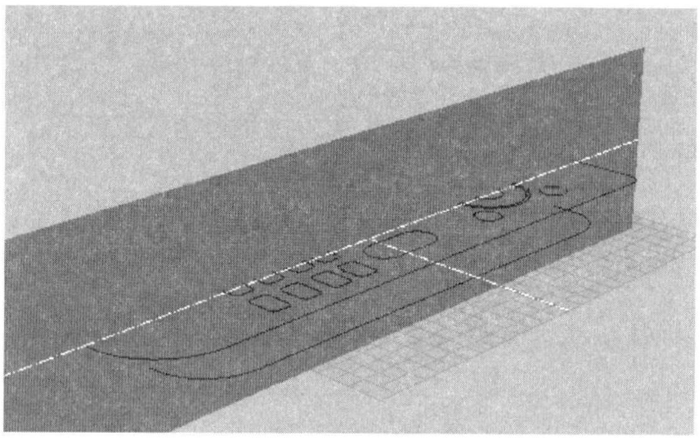

图 6 - 48 挤出后效果

23. 利用“物件交集”工具(按钮为)找到上轮廓和下轮廓与挤出物件的交点,如图 6 - 49 所示。

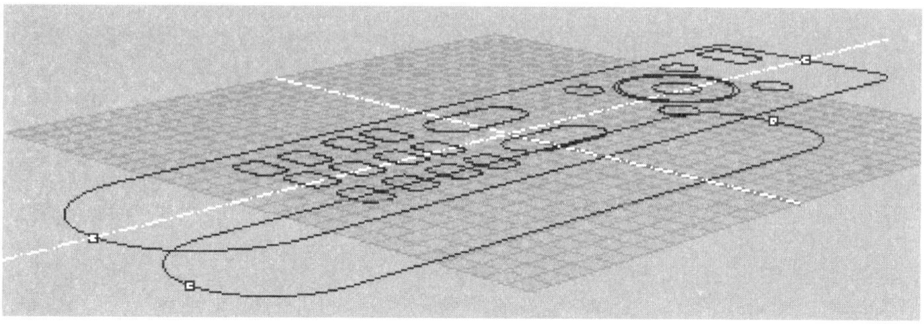

图 6 - 49 轮廓与挤出物件的交点

24. 进入 Right 视图,在下轮廓交点处绘制曲线,如图 6 - 50 所示。

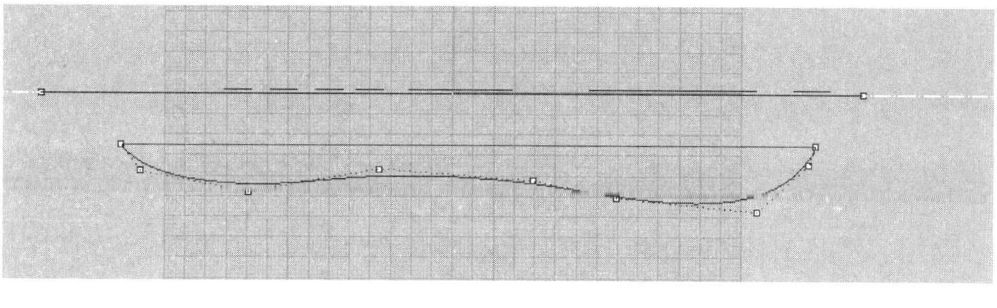

图 6 - 50 在下轮廓交点处绘制曲线

25. 打开上盖层，显示出上盖，选择内侧及外侧两条轮廓线，利用“直线挤出”工具向下挤出厚度为 2 mm 的实体，挤出后效果如图 6 – 51 所示。

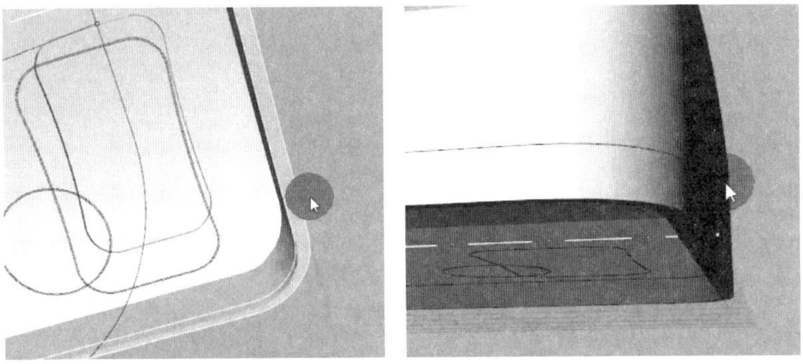

图 6 – 51　上盖轮廓挤出后效果

26. 利用“复制边缘”工具（按钮为 ）复制遥控器上盖底部外轮廓线，如图 6 – 52 所示。

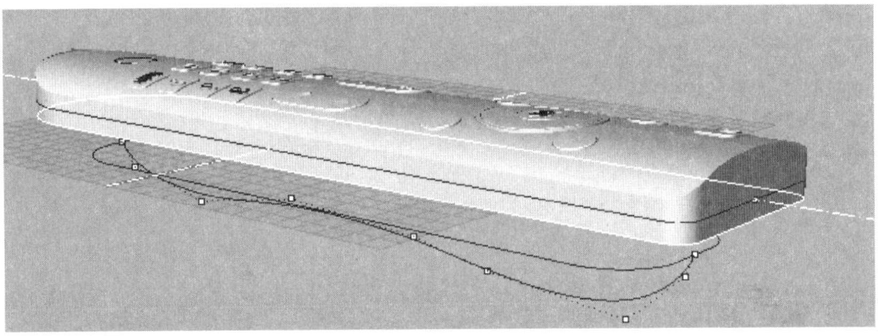

图 6 – 52　复制边缘

27. 利用“放样”工具（按钮为 ）对复制后边缘曲线及遥控器底部曲线进行放样，效果如图 6 – 53 所示。

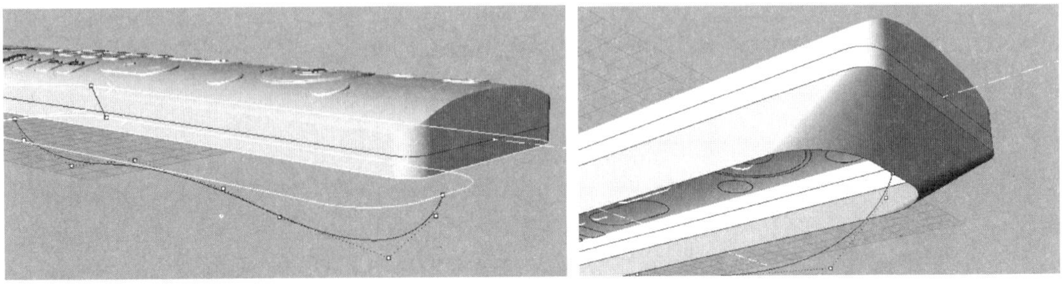

图 6 – 53　遥控器底部放样后效果

28. 利用“分割”工具（按钮为 ）将底部曲线修剪成两部分，如图 6 – 54 所示。

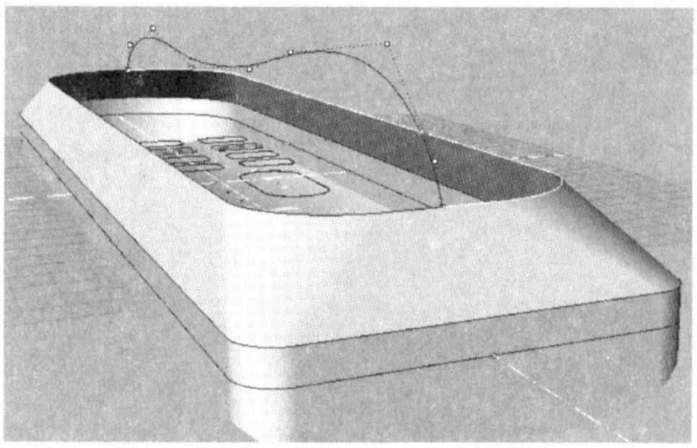

图 6-54　修剪后的曲线

29. 利用“放样”工具(按钮为)对修剪后的曲线再次放样,效果如图 6-55 所示。

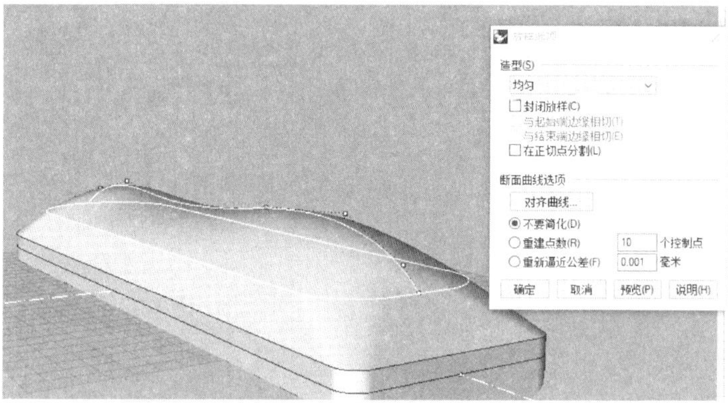

图 6-55　放样后效果

30. 最后,可将其导入 KeyShot 软件进行材质渲染。最终效果如图 6-56 所示。

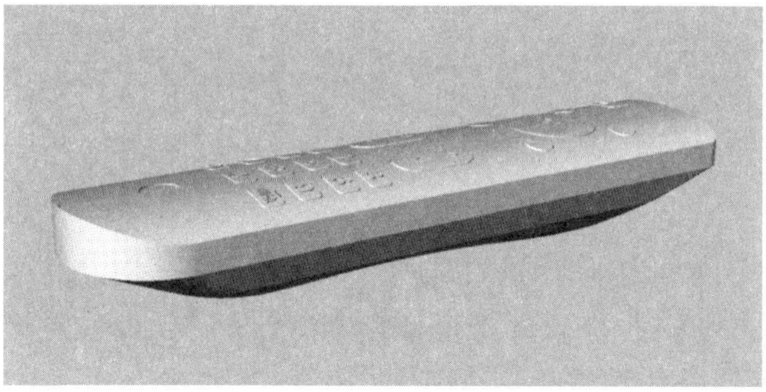

图 6-56　最终效果

项目七　Rhino 5.0 网格建模技术

【项目描述】

本项目将系统地介绍 Rhino 5.0 的网格建模技术。通过对本项目两个任务进行学习，学生可以对 Rhino 5.0 网格建模技术形成基本认识，并且掌握创建网格模型和网格编辑的方法与操作技巧。

【项目目标】

知识目标

1. 掌握创建网格模型操作；
2. 掌握网格编辑操作。

能力目标

能够进行 Rhino 5.0 网格建模技术操作。

素质目标

1. 培养学生的自学能力；
2. 培养学生分析问题、解决实际问题的能力。

【学习任务】

学习任务 1：创建网格模型

学习任务 2：网格编辑

【任务实施】

在 Rhino 5.0 中，网格的作用主要是将 NURBS（非统一均分有理性 B 样条）复合曲面转换为网格曲面。由于只有少数软件需要使用 NURBS 复合曲面进行结构表现等，因此在大部分情况下，Rhino 5.0 的模型涉及网格化。例如，模型着色显示或渲染器工作前都需要把 NURBS 曲面转化为造型近似 NURBS 曲面的网格物体，使用此网格物体代替显示或渲染出 NURBS 曲面；此外，后期材质贴图以及与其他软件数据交换时，都需要先进行网格化，因为这直接决定了物体表现的最终品质和精度。

（1）关于网格

在 Rhino 中，网格是指若干定义多面体形状的顶点和多边形的集合，包括三角形和四边形面片等。

在三维建模中，网格对象与几何参数对象的区别主要在于：几何参数对象采用参数化的整体控制方式；而网格对象没有几何控制参数，采用的是局部的次级构成元素控制方式。

因此，网格建模主要通过编辑“节点”“边”和“面”等次级结构对象来创建复杂的三维模型。

在这些次级结构对象中，“节点”是指网格对象的结构顶点；“边”是指两个节点之间的线段；“面”是指网格对象中的三角结构面或四边形面片；“多边形”是指由多个三角结构面或四边形面片组成的次级结构对象。

(2)网格面与 NURBS 曲面的关系

要了解网格面与 NURBS 曲面的关系，首先要知道网格面与 NURBS 曲面的异同。NURBS 和网格都是建模方式(其他软件也有)。NURBS 建模方式起源于造船业，它的理念是曲线概念，即物体都是由一条条曲线构成的面；而网格建模的理念是物体是由一个个面构成的。在这两种建模方式中，NURBS 建模方式侧重于工业产品建模，而且不用像网格建模那样展开 UV，因为 NURBS 可以自动适配 UV；而网格建模方式侧重于角色、生物建模，因为其修改起来比 NURBS 方便。

目前，市面上很多软件制作的模型都用多边形的网格来近似表示几何体(如 3D Studio Max、LightWave、AutoCAD 中的 DXF 格式文件都支持多边形网格)，所以 Rhino 也可以生成网格对象或者把 NURBS 的物体转换为网格对象，以支持 3DS、LOW、DWG、DXF、STL 等格式的文件。

任务 7.1　创建网格模型

Rhino 5.0 中用于创建网格模型的工具主要位于“建立网格”工具面板中，如图 7-1 所示。通过“网格”工具栏和“网格”菜单也可以找到这些工具及对应的命令，如图 7-2 所示。

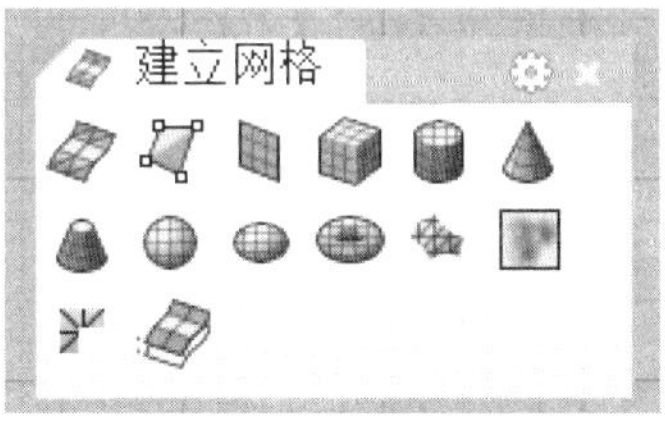

图 7-1　“建立网格”工具面板

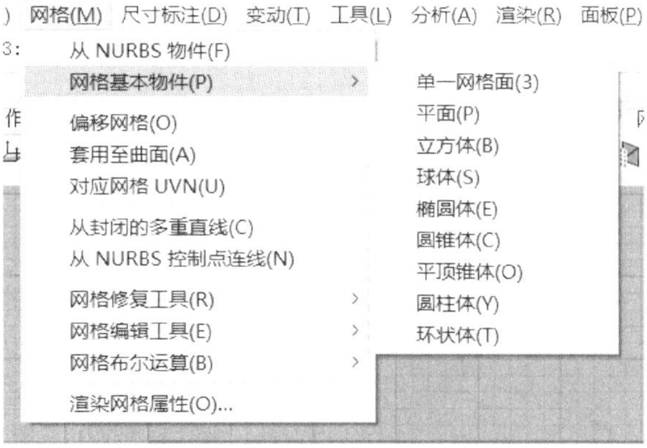

图 7-2　“网格”工具栏

7.1.1　转换曲面/多重曲面为网格

使用“转换曲面/多重曲面为网格”工具(按钮为)可以将 NURBS 曲面或多重曲面转换为网格对象。该工具的用法比较简单，启用工具后选择需要被转换为网格对象的模型即可。例如，图 7-3 中有两个球体，启用“转换曲面/多重曲面为网格”工具后选择其中一个球体，并按 Enter 键确认，此时将打开“网格选项”对话框，如图 7-4 所示。

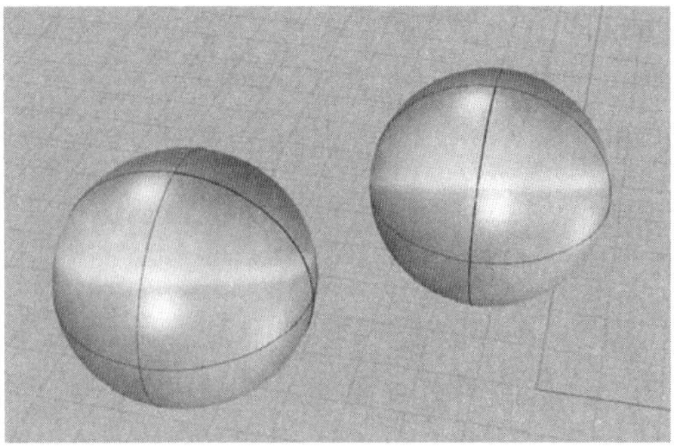

图 7－3　球体

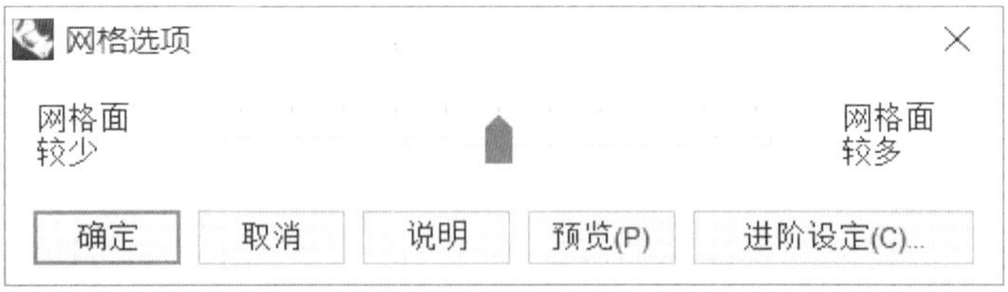

图 7－4　“网格选项”对话框

在“网格选项”对话框中，通过拖曳滑块可以设定网格面的数量。滑块向右滑动时，网格面数较多，模型较精细，但是占用的内存也较多，运行的速度会较慢；滑块向左滑动时，网格面数较少，模型较粗糙，但是占用的内存也较少，运行的速度会较快。

在“网络选项”对话框中，单击 预览(P) 按钮可以预览 NURBS 球体转换成网格球体的效果，如图 7－5 所示；直接单击 确定 按钮，可以得到图 7－6 所示的模型；单击 进阶设定(C)... 按钮，可以打开“网格高级选项”对话框，如图 7－7 所示。

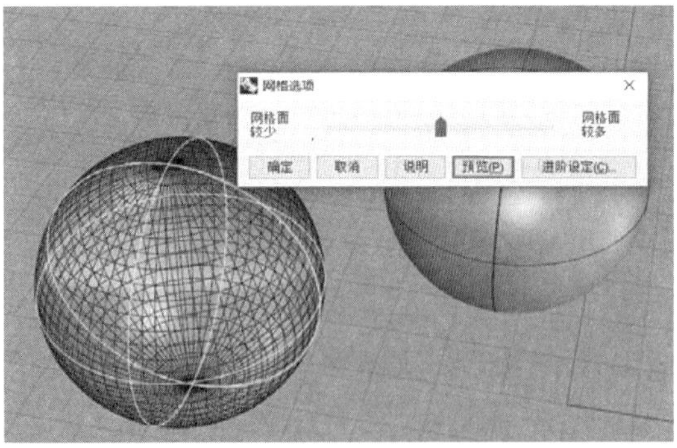

图 7－5　网格球体预览效果

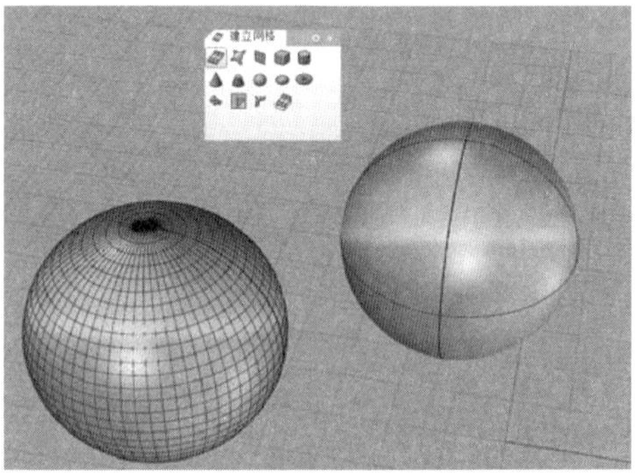

图 7－6　网格球体最终效果

在“网格高级选项”对话框提供的参数中，“最大长宽比”“最大边缘长度”和“起始四角网格面的最小数目”用于控制初始网格生成；“最大角度”“最大边缘长度”“最小边缘长度”和“边缘至曲面的最大距离”用于控制初始生成四边形网格时划分出更细的网格。

对照前面的讲解可以看出，由于网格是通过微小的平面(三角形和四边形的结合)来显示模型的，因此可以通过设置这些参数的数值来满足显示的具体要求。其中，“最大角度”

参数的默认值应适当设置得小一些，对其他数值，操作者可以根据每次模型的大小和需要的精确程度来具体设置。

图 7－7　“网格高级选项”对话框

网格创建主要包括三个步骤：①初始划分四边形网格，预估符合标准；②细分以满足设置要求；③调整以适合边界。

7.1.2　创建单一网格面

使用“单一网格面”工具（按钮为）可以创建一个3D网格面。该工具的用法与“指定三或四个角建立曲面”工具（按钮为）相同，区别在于两者创建的模型类型不同。

使用“单一网格面”工具可以创建四边形网格面和三角形网格面，如图7－8和图7－9所示。

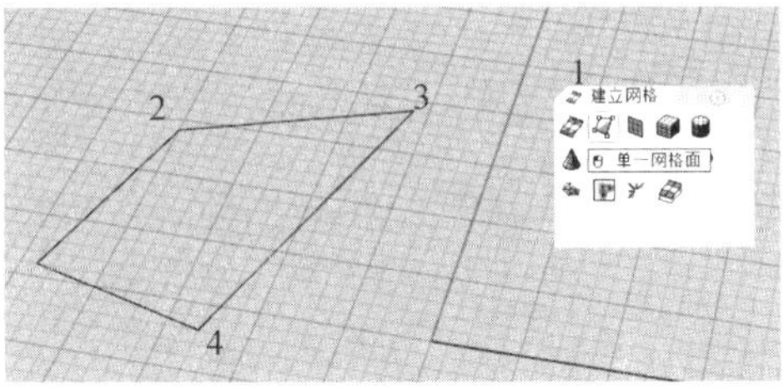

图 7－8　四边形网格面

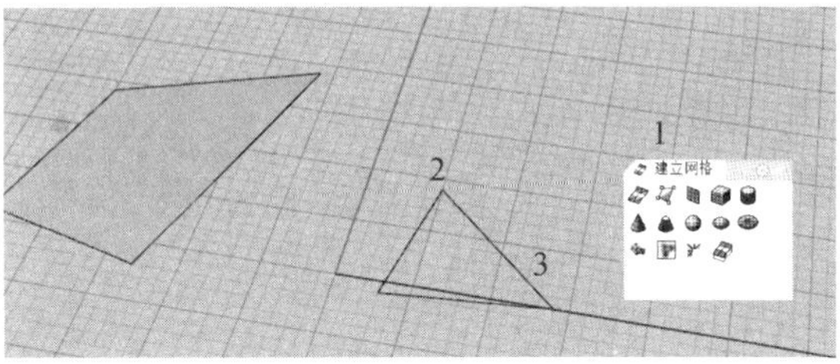

图 7－9　三角形网格面

7.1.3　创建网格平面

使用“网格平面”工具（按钮为）可以创建矩形网格平面（图7－10），默认以指定对角点的方式进行创建。

启用“网格平面”工具后，在命令行中将看到图7－11所示的命令选项。下面对这些命令选项进行介绍。

三点　通过指定三个点来创建网格平面，第一个点和第二个点定义网格平面一条边的长度，第三个点定义网格平面的宽度，如图7－12所示。“三点”方式可以创建任意方向的网格平面。

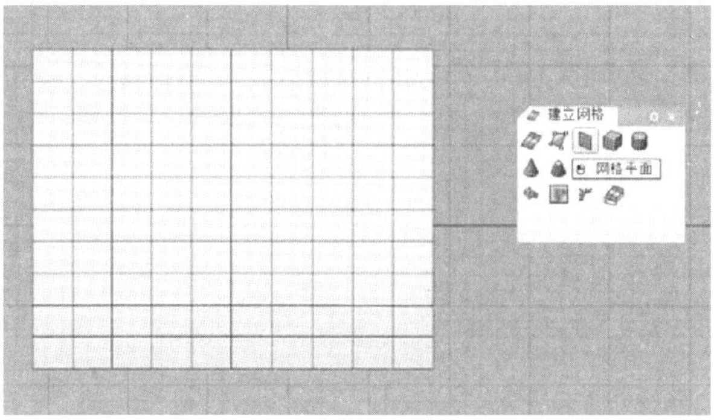

图 7 - 10　矩形网格平面

矩形的第一角（ 三点(P)　垂直(V)　中心点(C)　X面数(X)=*10*　Y面数(Y)=*10* ）

图 7 - 11　“网格平面”命令选项

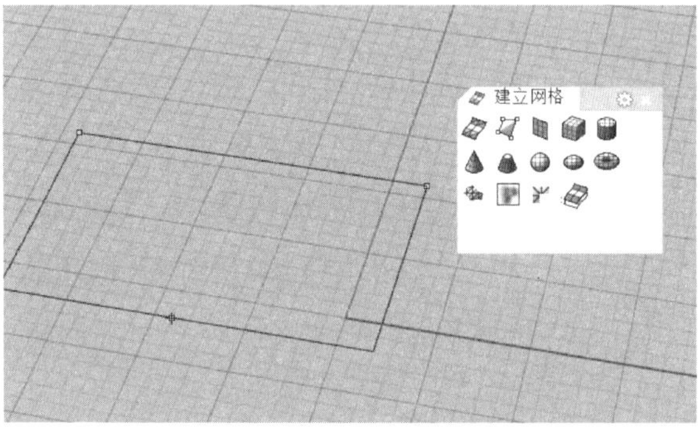

图 7 - 12　指定三个点创建网格平面

垂直　创建与工作平面垂直的网格平面，同样通过指定三个点来创建，如图 7 - 13 所示。

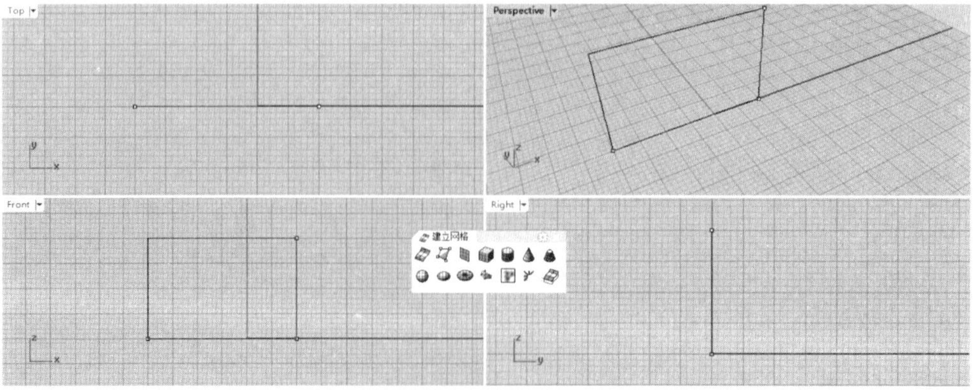

图 7 - 13　指定三个点创建与工作平面垂直的网格平面

中心点　通过指定中心点和一个角点来创建网格平面，如图 7－14 所示。

X 面数/Y 面数　这两个选项分别控制矩形网格面 x 轴方向和 y 轴方向的网格数。如图 7－15 所示，左侧网格平面的“X 面数”为 5、“Y 面数”为 6，右侧网格平面的“X 面数”为 10、“Y 面数”为 12。

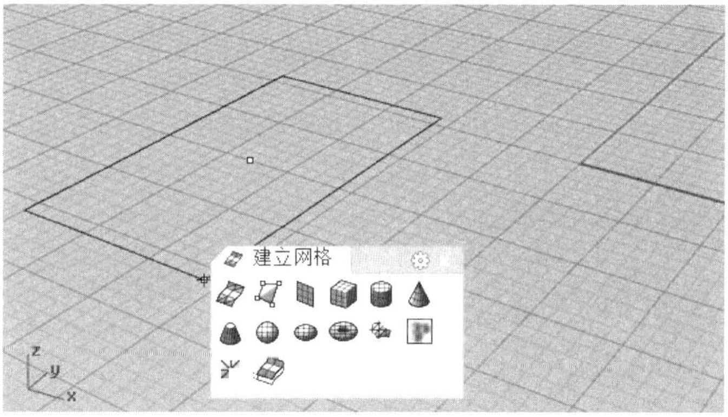

图 7－14　指定中心点和一个角点创建网格平面

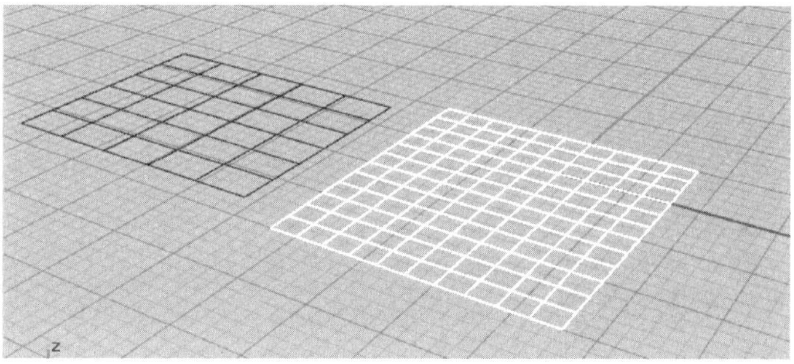

图 7－15　x 轴方向和 y 轴方向的网格数

7.1.4　创建网格标准体

同 NURBS 实体模型一样，Rhino 5.0 也为网格模型提供了一些标准体，包括网格立方体、网格圆柱体、网格圆锥体、网格平顶锥体、网格球体、网格椭圆体和网格环状体等，如图 7－16所示。

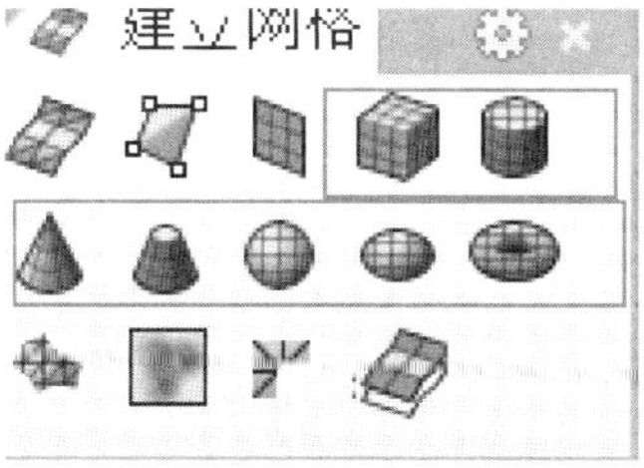

图 7－16　网格标准体

创建各种网格标准体的方法与前面介绍的创建标准实体的方法一致，不同的是，创建网格标准体时命令行中会多出几项控制网格数的选项。例如，创建网格立方体时，打开“网格立方体”工具（按钮为 ）后，其命令行提示如图 7－17 所示，与立方体的命令选项（图 7－18）。进行对比可以看出，多了“X 面数”“Y 面数”和“Z 面数”三个选项，这三个选项分别用于控制所建网格立方体三个方向的网格数。图 7－19 为网格实体与 NURBS 实体的对比效果。

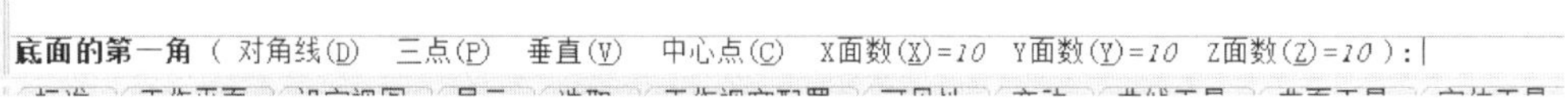

图 7－17　网格立方体命令

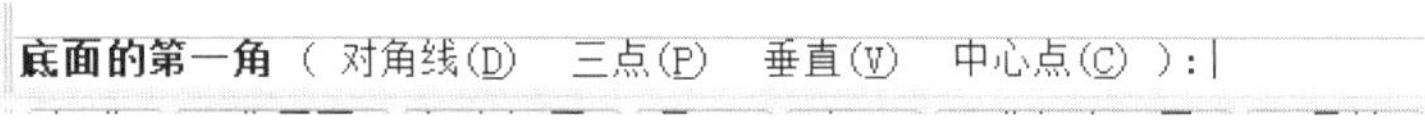

图 7－18　立方体命令

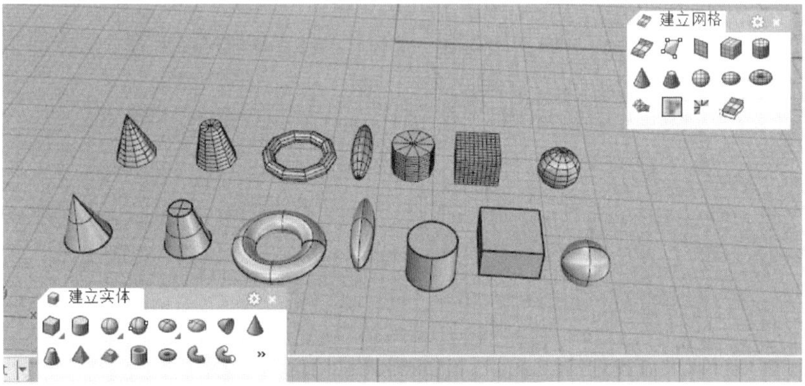

图 7－19　实体对比效果

任务 7.2　网格编辑

7.2.1　熔接网格

熔接网格对网格编辑而言非常重要。在介绍如何熔接网格之前，我们先来了解一下为什么要熔接网格。

首先，是否熔接网格顶点会影响渲染的效果。图 7－20 中是以“线框模式”显示的两个网格物件，这两个物件看起来很类似，但切换到“着色模式”或“渲染模式”后，左侧网格物件看起来比较平滑，而右侧网格物件却有明显的锐边，如图 7－21 所示。这是因为左侧网格上的顶点都熔接在了一起，所以切换模式后看起来比较平滑；而右侧网格上的顶点只是重叠在一起，并未熔接，所以切换模式后每一个网格面的边缘都清晰可见。

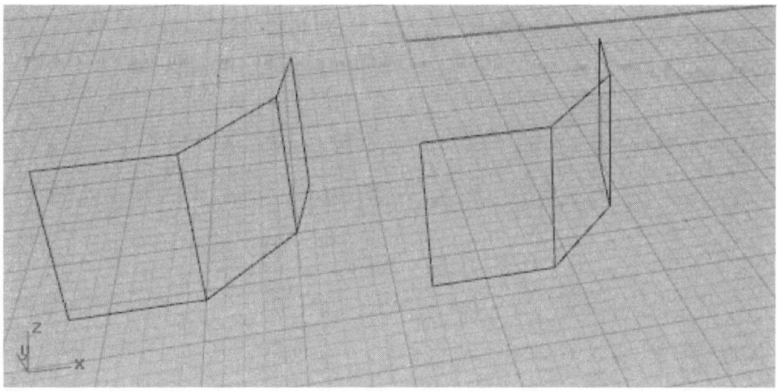

图 7－20　线框模式

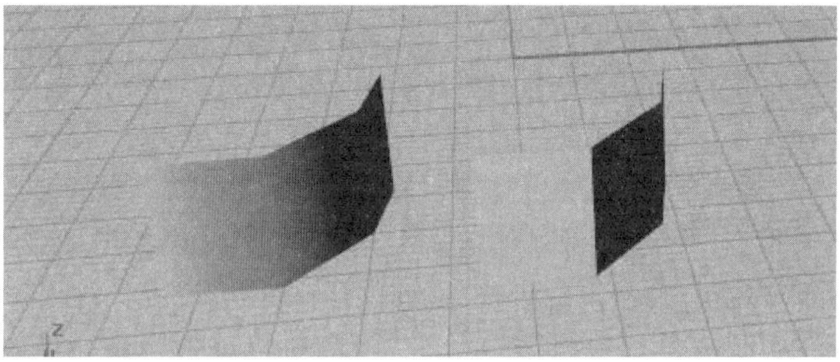

图 7－21　渲染模式

其次，是否熔接网格顶点也会影响网格的贴图对应。网格物件最大的特点就是贴图。贴图如何包覆在物件上由贴图坐标控制。贴图时会将贴图的 2D 坐标对应在网格顶点上，然后依据顶点的数值将贴图影像插入相邻的顶点之间。贴图左下角顶点的坐标为(0,0)，右下角顶点的坐标为(1,0)，左上角顶点的坐标为(0,1)，右上角顶点的坐标为(1,1)，贴图坐标的数值永远都在这些数值以内。每个顶点只能含有一组贴图坐标，重叠的几个顶点包含的几组贴图坐标在熔接后只有一组会被留下来。当一个网格的贴图坐标遗失后，无法从该网格中复原遗失的贴图坐标。

最后，是否熔接网格顶点还会影响导出为 STL 格式的文件，因为某些软件只能读取 STL 格式的网格文件。可以通过以下步骤确保导出的是有效的 STL 格式文件。

步骤 1：使用“组合”工具（按钮为）组合网格。

步骤 2：使用“熔接网格/解除熔接网格”工具（按钮为）熔接组合后的网格（设置角度公差为 180°）。

步骤 3：使用“统一网格法线/反转网格法线”工具（按钮为）统一网格法线，建立单一的封闭网格。

步骤 4：使用“显示并选取未熔接的网格边缘点”工具（按钮为）检查网格是否完全封闭（没有外露边缘）。

使用“熔接网格/解除熔接网格”工具熔接位于不同网格上的顶点时，必须将网格组合以后才可以进行熔接。熔接网格主要使用“熔接”工具面板中提供的三个工具，如图 7－22 所示。

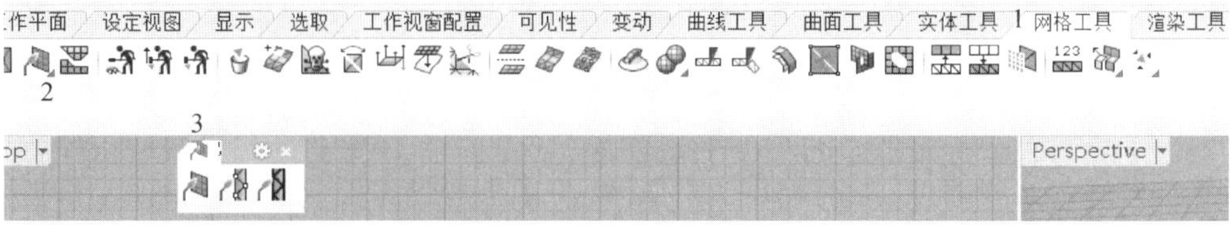

图 7 – 22 “熔接”工具面板

1. 熔接网格/解除熔接网格

使用“熔接网格/解除熔接网格”工具可以熔接重叠的网格顶点,熔接后网格顶点的贴图坐标信息会被删除。该工具通常用于熔接组合后的网格。熔接时需要指定角度公差,当两个网格面法线夹角的角度小于设定的角度公差时,可以熔接这两个网格面的顶点。如果同一个网格的不同边缘有顶点重叠在一起,且网格边缘两侧的网格面法线夹角的角度小于角度公差的设置值,则重叠的顶点会被单一顶点取代。不同网格组合而成的多重网格在熔接顶点以后会变成单一网格。

例如,在图 7 – 21 中,若想要让右侧网格看起来和左侧网格一样平滑,则必须先决定网格的熔接角度公差值,如果锐边两侧网格面夹角的角度小于该值,那么网格熔接后原本在“渲染模式”下看到的锐边会消失。

使用“熔接网格/解除熔接网格”工具的右键功能可以解除熔接网格,同时会添加贴图坐标信息到解除熔接后的每一个网格顶点。解除熔接以后,网格在“渲染模式”下或渲染时会出现明显的锐角。

2. 熔接网格顶点

使用“熔接网格顶点”工具(按钮为)可以将组合在一起的数个顶点合并为单一顶点,同时删除重叠网格顶点的贴图坐标信息。使用该工具可以只熔接选取的网格顶点,而不必熔接整个网格。

“熔接网格顶点”工具不用设置熔接角度公差。启用该工具后,选择要熔接的网格顶点,然后按“Enter”键即可完成操作。

3. 熔接网格边缘/解除熔接网格边缘

使用“熔接网格边缘/解除熔接网格边缘”工具(按钮为)可以在组合网格边缘上熔接共点的网格顶点,同时删除重叠顶点的贴图坐标信息。该工具的右键功能是将网格面的共用顶点解除熔接。

7.2.2 网格布尔运算

网格布尔运算和 NURBS 布尔运算类似。可以对曲面、多重曲面和网格进行网格布尔运算,但得到的结果都是网格。

对网格进行布尔运算的工具主要有“网格布尔运算联集”工具(按钮为)、“网格布尔运算差集”工具(按钮为)、“网格布尔运算交集”工具(按钮为)和“网格布尔运算分割”工具(按钮为),如图 7 – 23 所示。

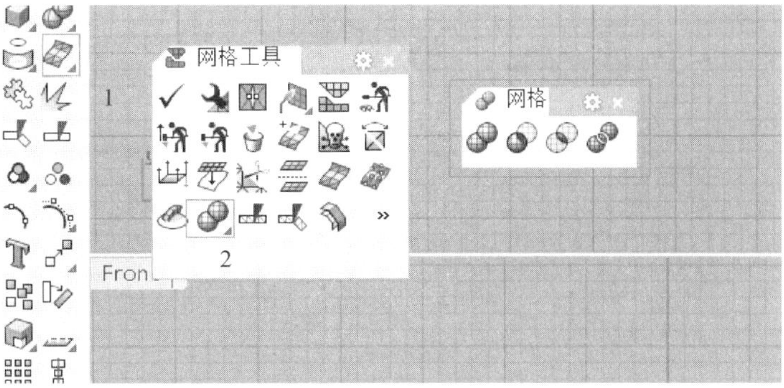

图 7－23 网格布尔运算工具

7.2.3 检查网格

Rhino 5.0 将之前版本中的“检查网格”和“检查物件”功能合并为一个功能。当导入或导出网格对象时，可以使用“检查物件/检查所有新物件”工具（按钮为✓）检查网格物件是否存在错误，并根据提示清理、修复或封闭网格。

“检查物件/检查所有新物件”工具的用法比较简单，启用该工具后选取网格物件，并单击鼠标右键确定即可。此时将弹出“检查”对话框，如图 7－24 所示。该对话框中列出了网格物件的详细数据，作为修复网格时的检查列表。

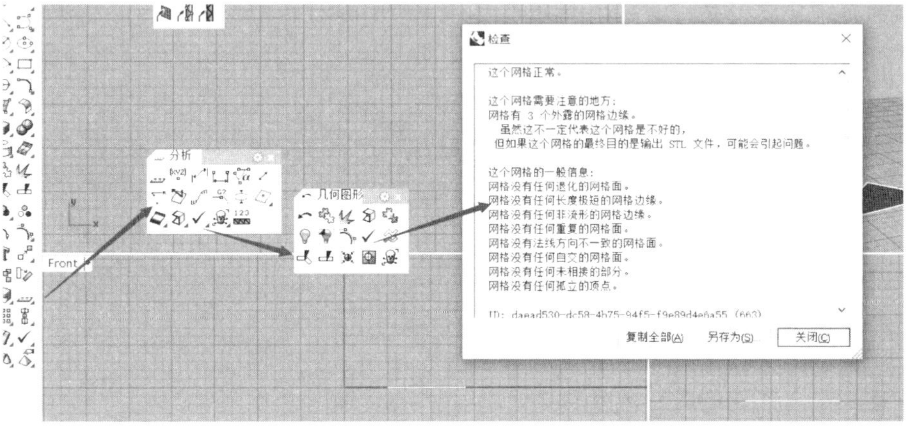

图 7－24 “检查”对话框

不论是导入 Rhino 还是在 Rhino 里将曲面转换为网格，都可以使用“检查物件/检查所有新物件”工具检查网格是否有错误，以减少后续处理中可能产生的问题。

7.2.4 网格面常见错误及修正方式

下面介绍一下网格面常见的错误及其修正方式，修正这些错误所使用的工具主要位于“网格”工具栏下。

1. 退化的网格面/非流形网格边缘

退化的网格面是指面积为 0 的网格面或长度为 0 的网格边缘，使用“剔除退化的网格面”工具（按钮为☠）可以将其删除。启用该工具后，选择一个网格，并按“Enter”键即可。

组合三个网格面或曲面的边缘称为非流形网络边缘,图 7 – 25 中加重显示的边缘就是非流形网格边缘。非流形网格边缘可能会导致布尔运算失败,使用“剔除退化的网格面”工具可以将其删除。

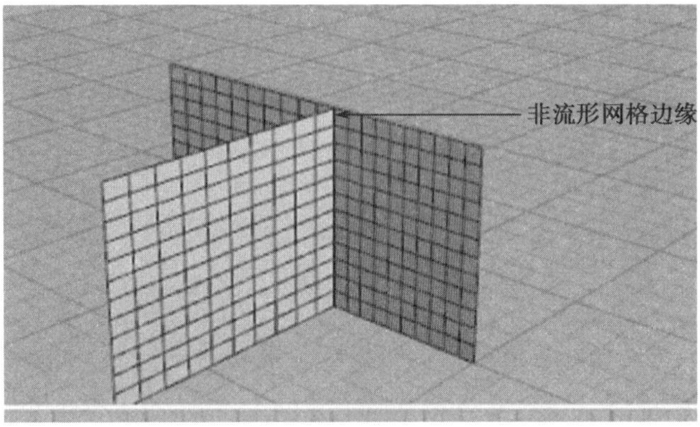

图 7 – 25　非流形网络边缘

使用“显示边缘/关闭显示边缘”工具(按钮为)可以分析网格的非流形网格边缘和外露边缘。

2. 外露的网格边缘

外露的网格边缘是指未与其他边缘组合的网格边缘。网格上可以有外露边缘存在,但在输出为其他格式的文件时可能会发生问题。

通常需要修补的外露网格边缘是指网格上存在不应该存在的洞或网格模型上出现了缝隙。可以使用“填补网格洞/填补全部网格洞”工具(按钮为)和“衔接网格边缘”工具(按钮为)来消除需要修补的外露网格边缘。

3. 重复的网格面

如果网格中存在重复的网格面,可以使用“抽离网格面”工具(按钮为)将其抽离。

通常在“着色模式”下使用“抽离网格面”工具,因为这样既可以直接选取网格面,也可以选取网格边缘。

4. 网格面的法线方向不一致

网格有顶点法线和网格面法线两种法线。所有网格的法线都有方向,但有些网格没有顶点法线,如 3D 面、网格标准体以及不以 3DM 或 3DS 格式导入的网格都没有顶点法线。

通常,网格面顶点的顺序决定了网格面的法线方向。顶点顺序必须是顺时针或逆时针方向,如果网格面的顶点顺序不一致,就会导致网格面的法线方向不一致。使用“统一网格法线/反转网格法线”工具(按钮为)可以使所有熔接后的网格面的顶点顺序一致。

如果“统一网格法线/反转网格法线”工具无法对网格产生作用,则应先将网格炸开,将网格面的法线方向统一以后再组合一次。

5. 未相接的网格

对于边缘未接触但组合在一起的网格,如果要将其分开,可以使用“分割未相接的网格”工具(按钮为)。启用工具后,选择需要分割的组合网格,按“Enter”键即可。

6. 孤立的网格顶点

孤立的网格顶点通常不会造成影响,因此不用理会。

7. 分散的网格顶点

如果原本应该位于同一个位置的许多顶点因某些因素而被分散，则可以使用“以公差对齐网格顶点”工具（按钮为▣）进行修复。

启用该工具后，需要注意“要调整的距离”选项。如果网格顶点的距离小于该选项设置的距离，那么这些顶点会被强制移动到同一个点。

7.2.5 导入网格面

在 Rhino 5.0 中，网格面的导入可根据软件的类别分为两种情况：一种是同类软件之间的导入；另一种是不同类软件之间的导入。

1. 同类软件之间的导入

通常情况下，一个软件是不可能打开两个窗口的，即多个窗口不能同时运行。例如，AutoCAD 这类软件一般具有两组窗口控制按钮（图 7－26），其中上面一组按钮用于控制软件的最小化、最大化和关闭，下面一组按钮用于控制文件的最小化、最大化和关闭，这是为了应对同时编辑多个文件的情况。

而 Rhino 5.0 不同，Rhino 5.0 可以同时打开多个窗口，每个窗口只能编辑一个文件。因此，当一个窗口中的模型需要被导入另一个窗口时，就会涉及同类软件之间的导入。最简便的方法就是通过“复制→粘贴”模式来完成，即在第一个窗口中先复制（快捷键为“Ctrl + C”），然后到另一个窗口中粘贴（快捷键为“Ctrl + V”）即可；也可以通过相应的工具（图7－27）和菜单（图 7－28）命令来完成。

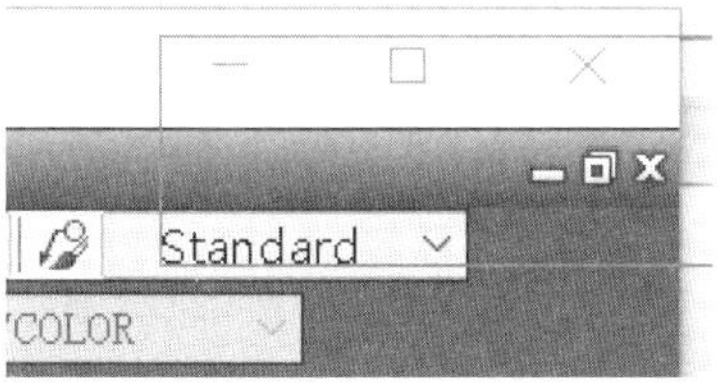

图 7－26 两组窗口控制按钮

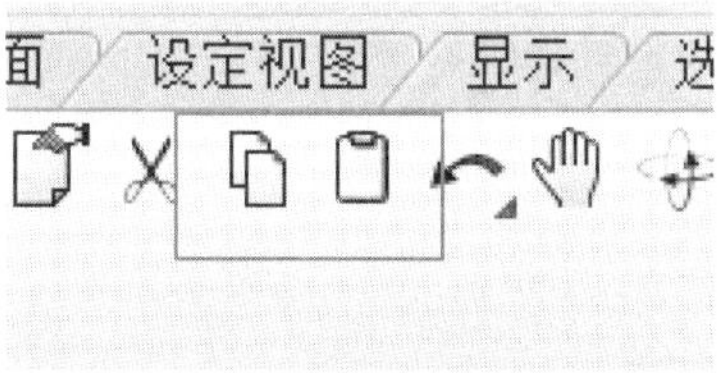

图 7－27 “复制→粘贴”工具

2. 不同类软件之间的导入

不同类软件的导入有两种方式：一种是通过“文件”菜单下的“打开”或“导入”命令（图 7－29）导入；另一种是通过 Rhino 5.0 的插件导入，其前提是已安装插件。

7.2.6 导出网格面

在 Rhino 5.0 中，网格面的导出同样可以分为两种情况：一种是直接导出，设置支持网格面的文件格式即可；另一种是先在 Rhino 5.0 中网格化，再进行导出。

1. 直接导出

通过“文件”菜单下的“另存为”“导出选取的物件”或“以基点导出”命令即可直接导出，如图 7－30 所示。

在这一种导出方式中，执行“另存为”和“导出选取的物件”命令将直接打开“储存”和“导出”对话框，而执行“以基点导出”命令还需要在视图中先指定基点才能打开“导出”对话框。用户可以在对话框的“保存类型”列表下选择. 3ds、. dwg、. dxf、. obj、. iges、. stl 以及. step 等进行导出，如图 7－31 所示。

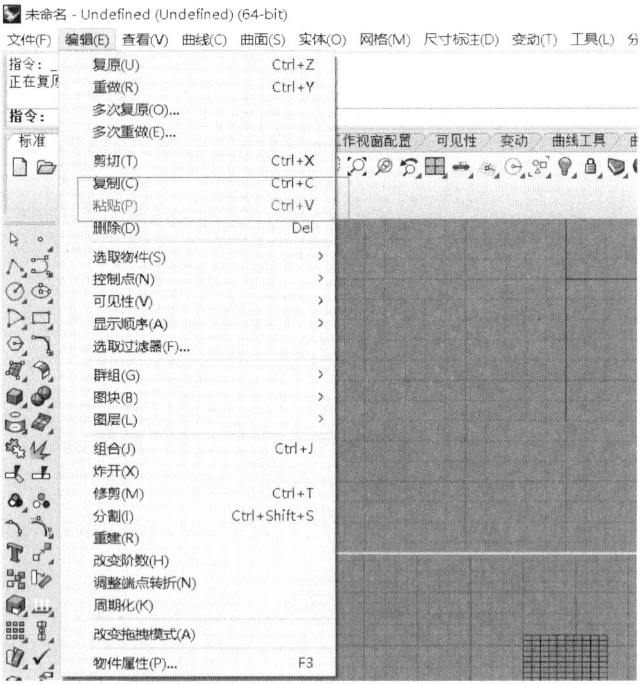

图 7-28 “复制→粘贴”菜单

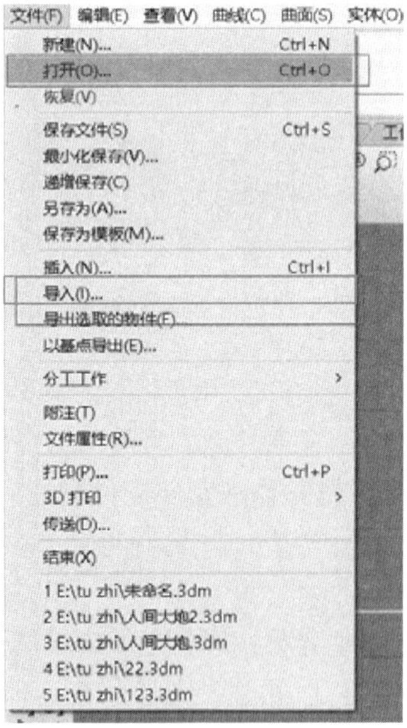

图 7-29 “打开”“导入”命令

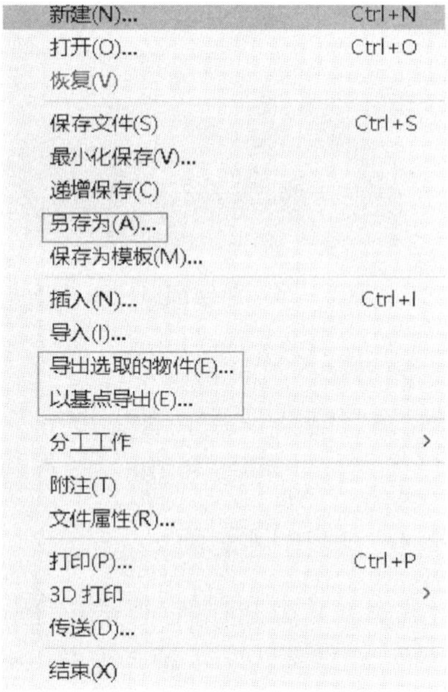

图 7-30 直接导出方法

2. 先网格化再导出

这种方式使用“转换曲面/多重曲面为网格”工具将物件先转换为网格模型，然后再通过“文件”菜单下的“另存为”“导出选取的物件”或“以基点导出”命令进行导出。

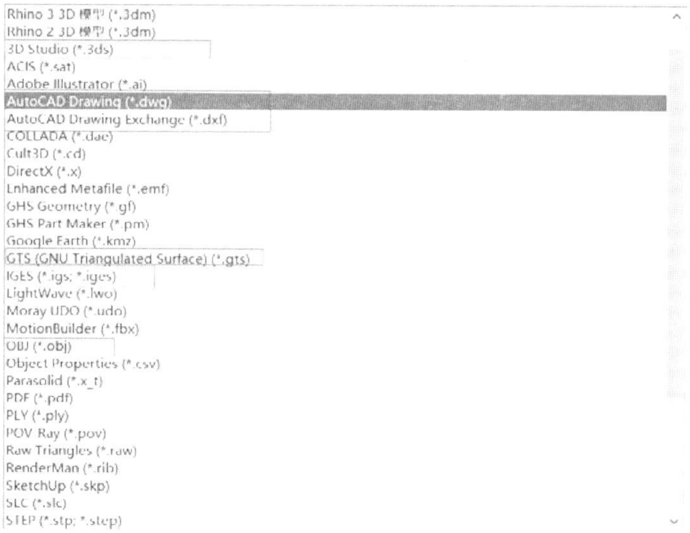

图 7-31 导出格式

7.2.7 Rhino 5.0 常用网格文件格式及注意事项

1. IGES

IGES 的全称为 Initial Graphics Exchange Specification，这类文件的后缀为. igs 或. iges。它是一种中立的文件格式，可用于曲面模型的文件交换。

对于这种格式的文件，如果以“打开”命令导入 Rhino，则 IGES 文件的单位与公差会成为 Rhino 的单位与绝对公差，必要时会做一些调整，以避免 IGES 文件的公差设定不合理时，Rhino 将绝对公差设定得太大或太小；如果以“导入”命令导入 Rhino，则 Rhino 的公差不变，并以自己的公差或更小的公差值重新计算曲面；如果文件的单位与 Rhino 的单位不同，则可以设定导入 IGES 文件的缩放选项，使导入的 IGES 几何图形符合目前 Rhino 的单位系统。

Rhino 中的网格对象无法导出 IGES 格式的文件，如果将 3DS 格式的文件（网格）导入 Rhino 再输出，则 IGES 文件为空。

2. STL

STL 的全称为 Stereolithography，是常用的网格文件输出格式，这类文件的后缀为. stl。它的网格没有颜色、没有贴图坐标或其他任何属性资料。它的网格面全部都是三角形，并且网格顶点全部解除熔接。

STL 文件只能包含网格物件，被导入 Rhino 后仍然是网格物件，不会转换成 NURBS 物件。导出时点击 选项... 按钮可以打开“STL 导出选项”对话框，如图 7-32 所示。

在“STL 导出选项”对话框中可以控制文件的类型为“二进制”或 Ascii，而勾选“导出开放物件”选项可以允许未完全封闭的对象输出。如果要导出 STL 格式文件而不勾选此选项，则不封闭对象将会导出失败。

此外，如果导出的是 NURBS 物件，由于 STL 文件只能包含网格物件，因此导出时会将 NURBS 物件转换为网格物件，同时会弹出“STL 网格导出选项”对话框，如图 7-33 所示。

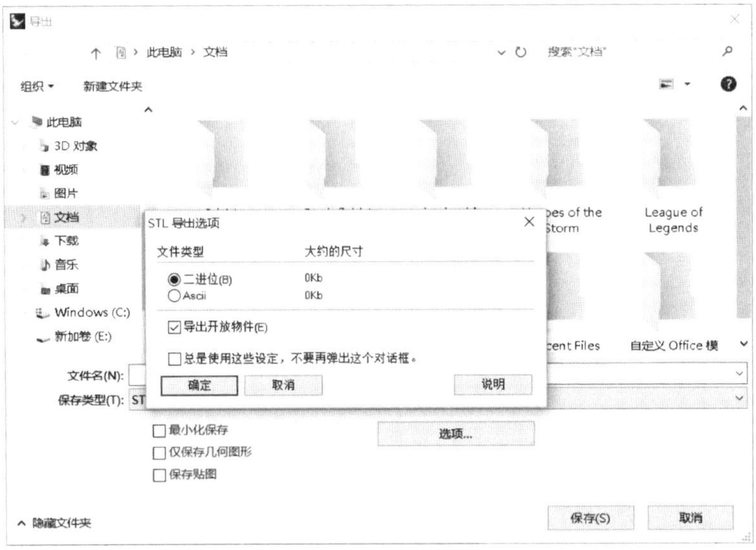

图 7－32　STL 导出选项

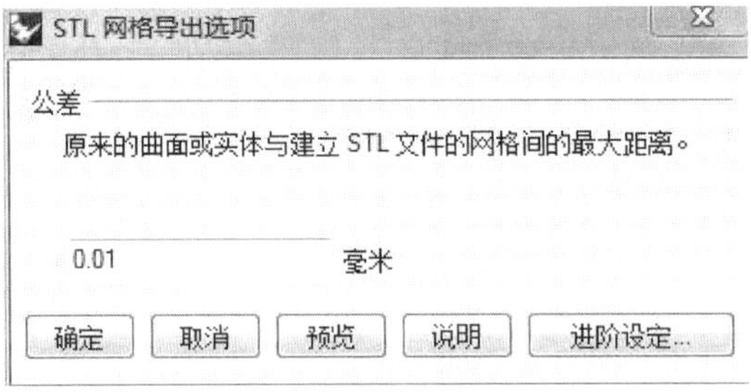

图 7－33　STL 网格导出选项

在"STL 网格导出选项"对话框中,"公差"参数用于设置原始物体和所创建的多边形网格间的最大距离。点击 进阶设定(C)... 按钮可以打开图 7－34 所示的"网格高级选项"对话框,该面板在前面的内容中已经出现过多次,这里不再介绍。

图 7－34　网格高级选项

3.3DS

3DS 的全称为 3D Studio Max，这类文件的后缀为.3ds。3DS 文件只能包含网格物件，被导入 Rhino 后仍然是网格物件，并不会转换成 NURBS 物件。Rhino 可以读取 3DS 文件的纹理坐标。

导出 3DS 文件时会尽量保留物件的名称。如果物件在 Rhino 里的名称为 RhinoObjectName，则导出为 3DS 文件时只能保留物件名称的前 10 个字符，即 RhinoObjec，因为 MAX 或 3DS 文件的物件名称最长为 10 个字符。

Rhino 会检查物件名称是否已经存在，发现有同样名称的物件时，Rhino 会将物件名称截为 6 个字符，并加上“_”及 3 个数字（如 RhinoO_010），末尾 3 个数字由导出程序的网格计数器产生。如果导出的物件没有名称，则 Rhino 会以“Obj_000010”的格式命名物件，末尾 6 个数字由导出程序的网格计数器产生。

4.生成网格面的注意事项

为避免产生过大的网格文件，可以用相应的网格工具建模，因为网格物体的内存占有量相对 NURBS 物件较小。为了输出 STL 文件，最好将高级网格控制中的最大角度和最大长宽比设置为 0。应将边缘到曲面的最大距离设置为所需加工精度左右（0.125 mm）。最好每次只修改一个设置以观察其影响。一旦生成网格，则隐藏原来的 NURBS 对象，用“平坦着色模式”检查网格。

项目八　游艇设计综合实例

【项目描述】

本项目将系统地介绍利用 Rhino 5.0 进行游艇造型设计。通过对本项目两个任务的学习,学生将可以掌握游艇造型设计的基本步骤和方法。

【项目目标】

知识目标

1. 掌握游艇主船体模型的创建;
2. 掌握游艇上层建筑模型的创建。

能力目标

能够利用 Rhino 5.0 进行造型的整体创建。

素质目标

1. 培养学生的自学能力;
2. 培养学生分析问题、解决实际问题的能力。

【学习任务】

学习任务 1:创建游艇主船体模型

学习任务 2:创建游艇上层建筑模型

【任务实施】

任务 8.1　创建游艇主船体模型

1. 利用已有型线图创建船体三维模型。首先导入型线图的 CAD 文件:文件→导入→找到文件位置,并双击文件。

2. 划分图层。创建三个图层→选中一个视图,并群组→在相应图层位置点击鼠标右键,改变物件图层,如图 8-1 所示。将三个方向的线条分别放入对应的图层,以方便后续操作。

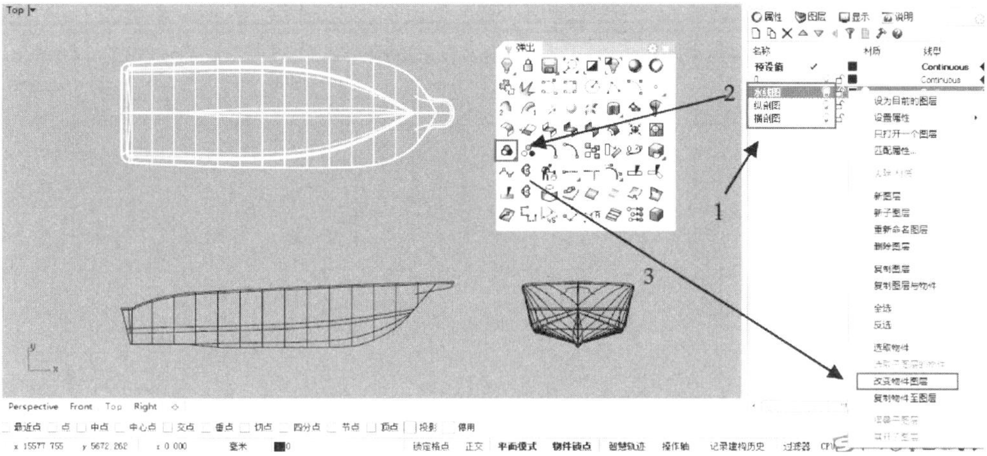

图 8－1　建立图层并进行群组

3. 将物件移动至零点，并旋转至正确角度。

(1)将每个视图的零点移动到系统坐标的原点，如图 8－2 所示。移动的快捷键为“M”，快速指定原点的命令为“0”→回车。

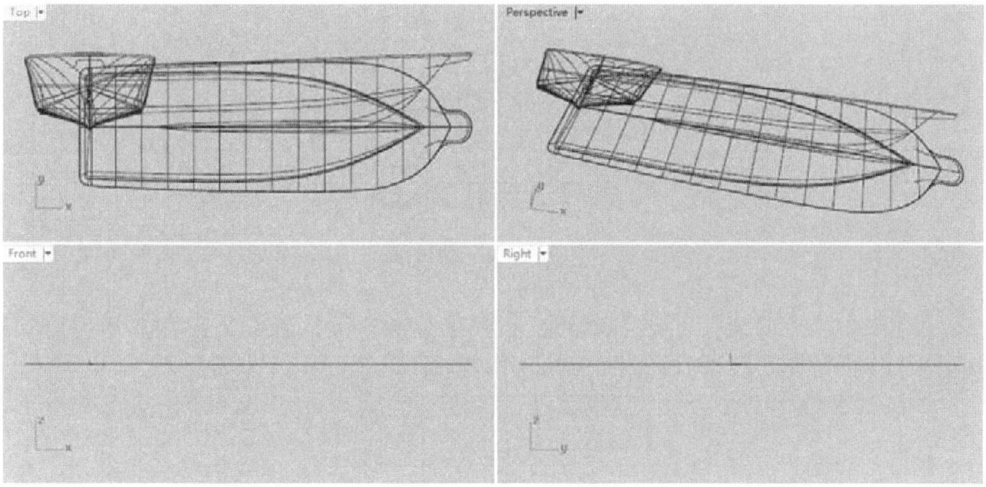

图 8－2　指定视图坐标原点

(2)选择相应物件，执行“旋转”命令，各视图效果如图 8－3 所示。由于每个视图的旋转中心都是系统坐标原点，所以在选择旋转中心点时，直接敲击“0”→回车。“旋转”命令应配合“shift”键使用。

4. 按照肋距将各肋位向前移动。

(1)将其他视图隐藏。

(2)横剖图移动后，只留下肋位线(图 8－4)，其余线条删除即可。

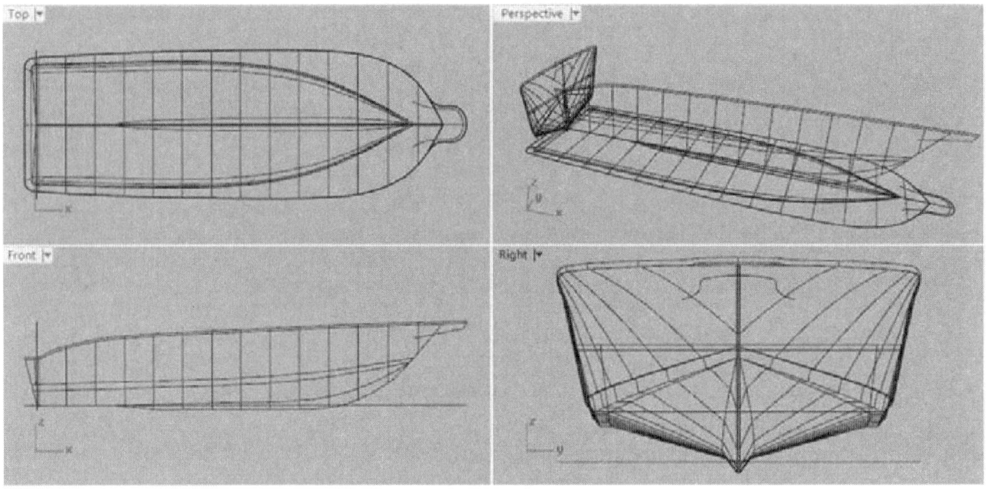

图 8－3　各视图效果

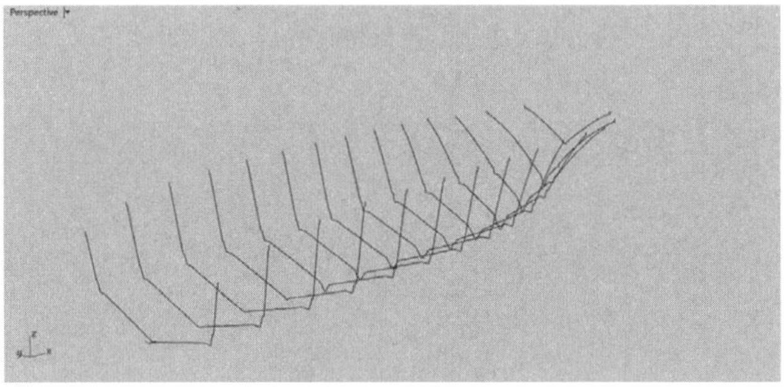

图 8－4　肋位线

5. 使用“内插点曲线”工具绘制舷顶、折角线(图 8－5)：舷侧折角和龙骨折角的最前端点是由水线图与纵剖图共同确定的，纵剖图确定高度，水线图确定宽度。

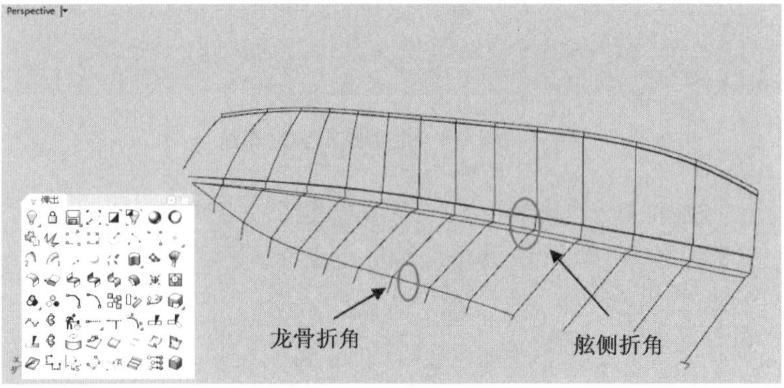

图 8－5　绘制舷顶、折角线

6. 使用“从两个方向建立曲线”工具绘制前端舷墙顶线(图 8－6)：图中黄色线条是使用的线，红色线条是生成的线。

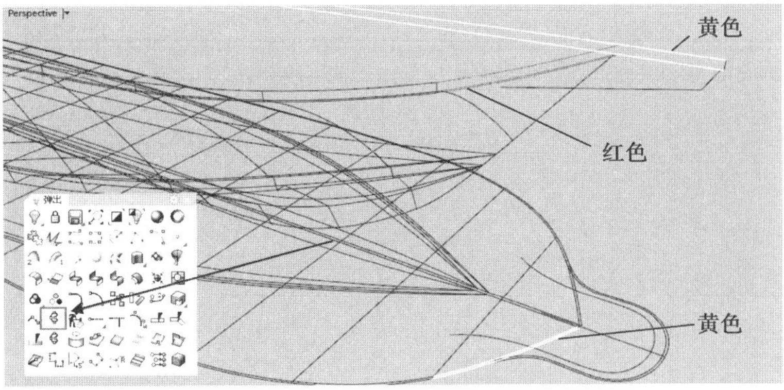

图 8-6 绘制前端舷墙顶线

7. 挤出艉封板线至足够的宽度，同时在三根舷顶线的端点水平向后创建三条直线，如图 8-7 所示。也可使用“从两个方向建立曲线”工具创建这三条直线。

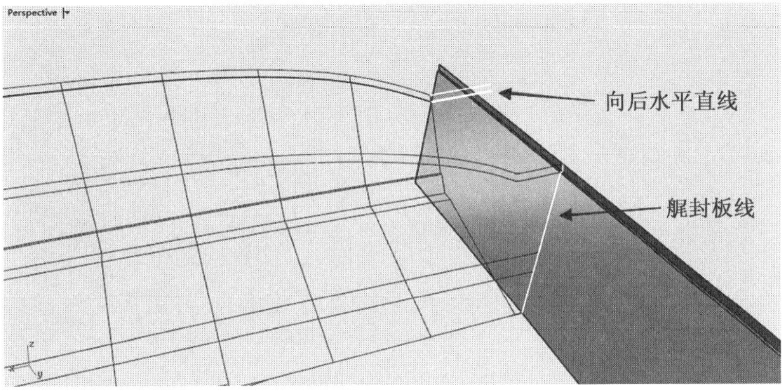

图 8-7 创建三条直线

8. 使用“倒角”工具将对应线条倒圆角（倒角半径为 180 mm），如图 8-8 所示。注意，只有在同一平面内的曲线才能成功使用“倒角”工具，如果倒角失败，则应检查曲线是否在同一平面内。

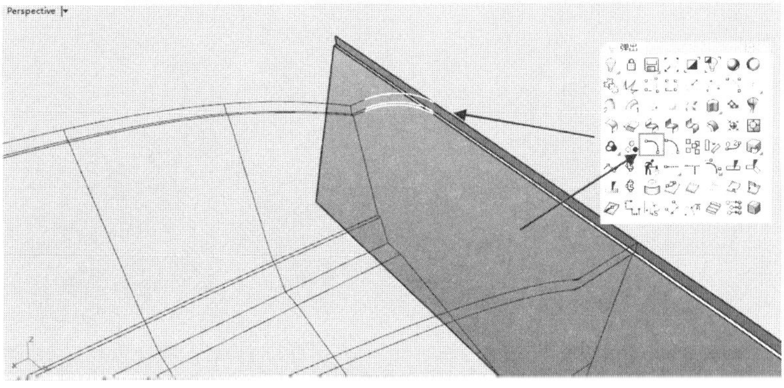

图 8-8 倒圆角

9. 以艉封板为边界，延伸舷侧折角线，如图 8-9 所示。

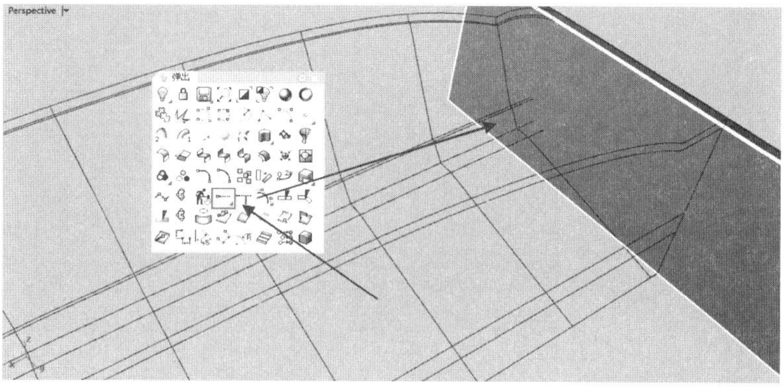

图 8－9　延伸舷侧折角线

10. 将中纵剖线向右复制(由型线图可知,距离为 10 mm),如图 8－10 所示。

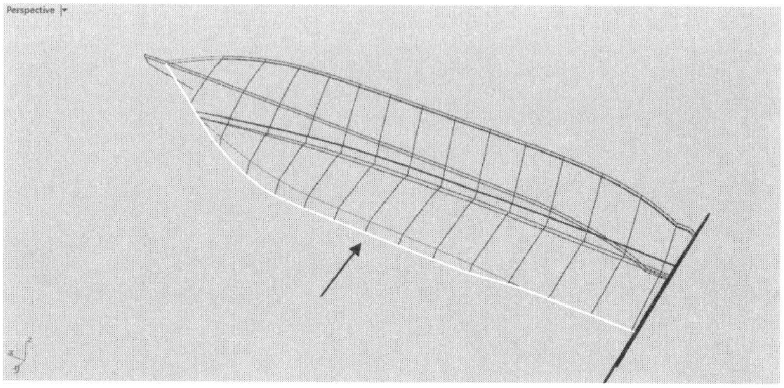

图 8－10　将中剖线向右偏移

11. 删除、修剪多余的线,则船体放样基本完成,如图 8－11 所示。

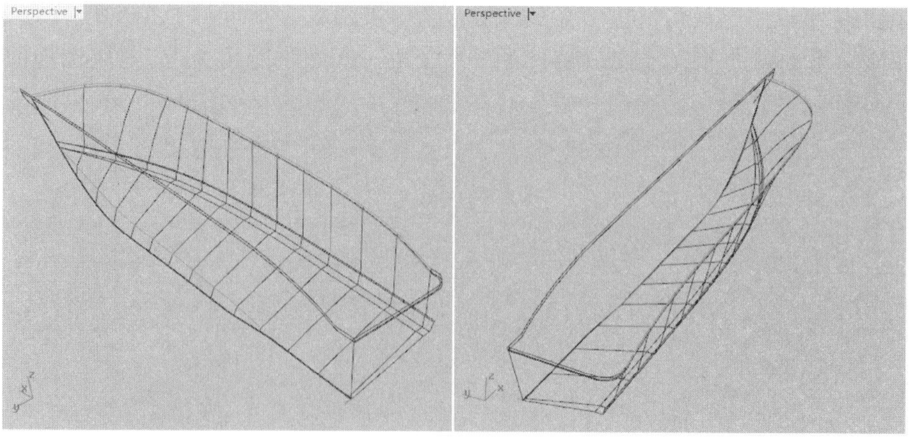

图 8－11　基本完成船体放样

特别说明:上述舷侧折角线、舷顶线均可以通过“从两个方向建立曲线”工具绘制,但是在建模中,如果这条线是可以手动绘制的,则尽可能手动绘制,因为使用“从两个方向建立曲线”工具建立的曲线控制点较多,生成的面结构线也较多,曲面质量就会变差。

12. 将控制点较多的红色线重建，误差在允许范围内即可，如图 8－12 所示。

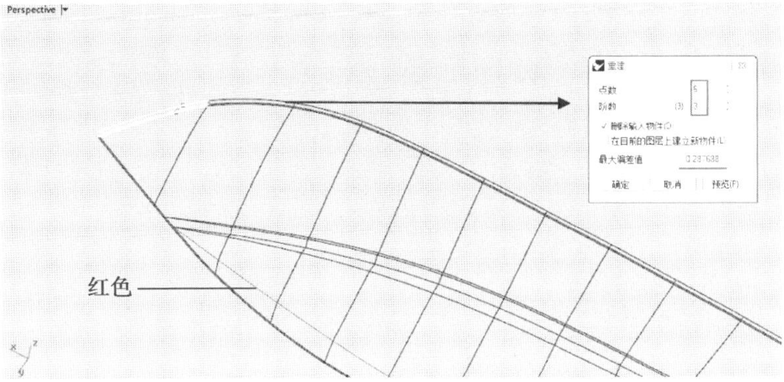

图 8－12　重建曲线

13. 重建曲线后，分别与对应的黑色线进行“衔接曲线”，使整条线光顺，如图 8－13 所示。

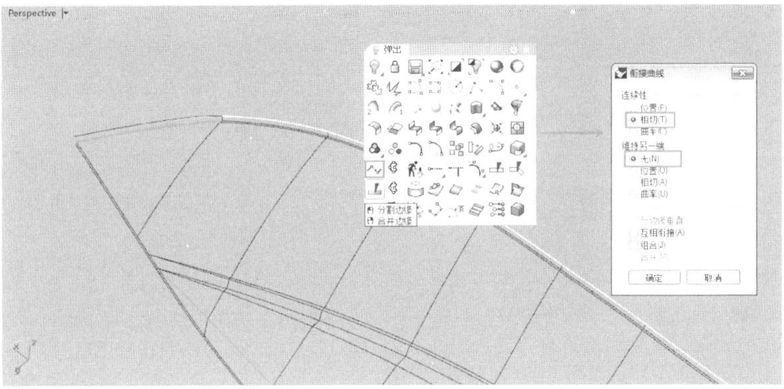

图 8－13　光顺曲线

14. 使用“双轨扫掠”工具建立舷侧板，如图 8－14 所示。但在使用该功能前，应改变图示两曲线的方向，使截面线尽量与轨道线垂直，同时注意，曲线 2 上端点的位置应在图示红色线和黑色线的交点处。

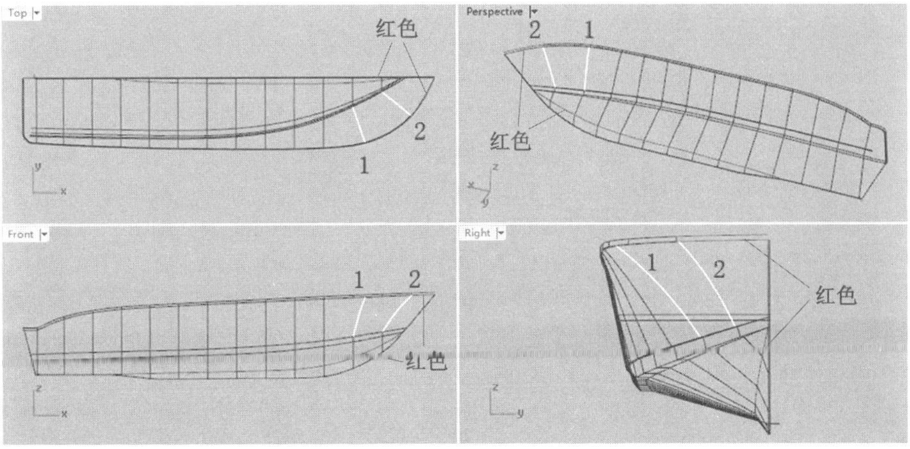

图 8－14　建立舷侧板

15. 图 8－15 所示两面均使用“放样”工具进行建立。

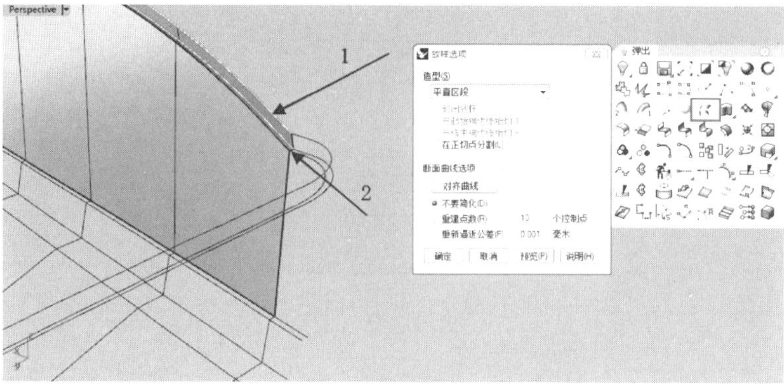

图 8－15　放样

16. 连接各曲线在艉封板上的端点，如图 8－16 所示。

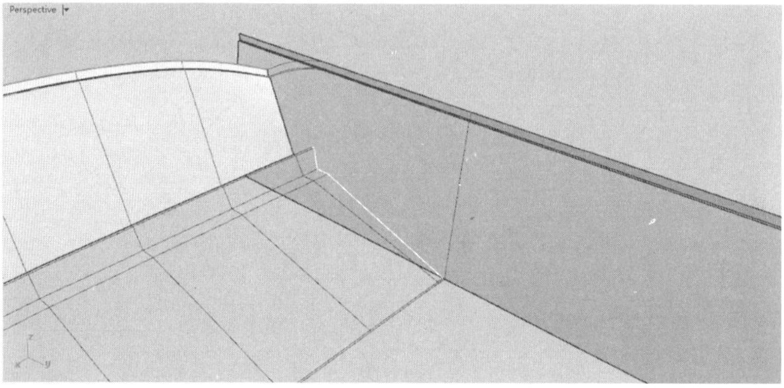

图 8－16　连接各曲线

17. 图 8－17 所示三面均使用“双轨扫掠”工具建立：使用“双轨扫掠”工具建立曲面 1 和曲面 3 时，最后的截面线为最前端的点。

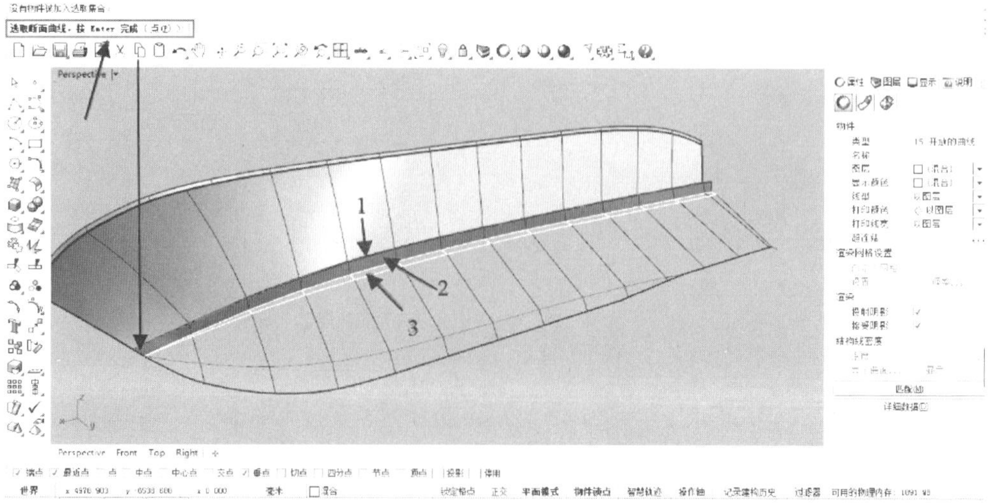

图 8－17　建立曲面 1 和曲面 3

18. 直接使用直线将龙骨折角尾端缺少部分补齐，如图 8－18 所示。此时需将后补的线与原有的线进行“衔接曲线”，以保证整条线的光顺性。

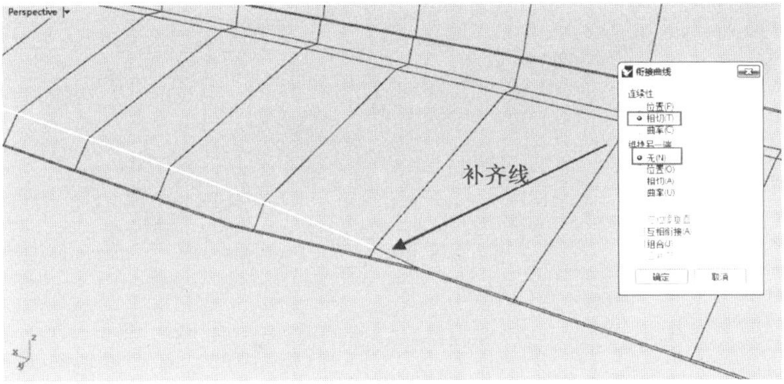

图 8－18　补齐曲线

19. 使用“衔接曲线”工具时，应先选择后建立的线，再选择原来的线，同时应注意对话框内的各选项。使用“衔接曲线”工具之前，应将后建立的曲线重建为“三阶四点曲线”（图 8－19），否则会因曲线阶数（曲线点数）不足导致曲线另一端偏离。

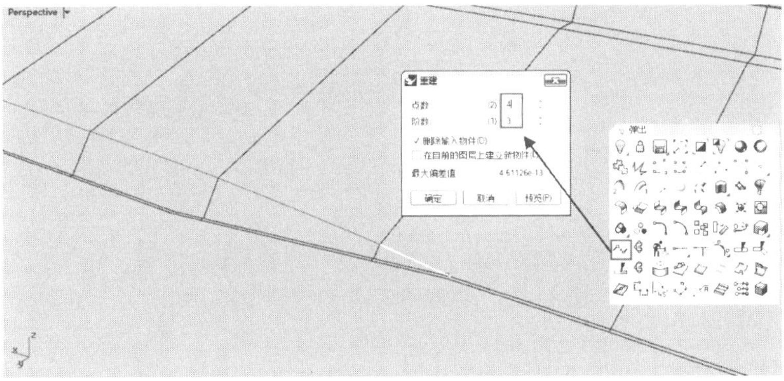

图 8－19　重建“三阶四点曲线”

20. 在龙骨折角尾端建立横向辅助线，如图 8－20 所示。

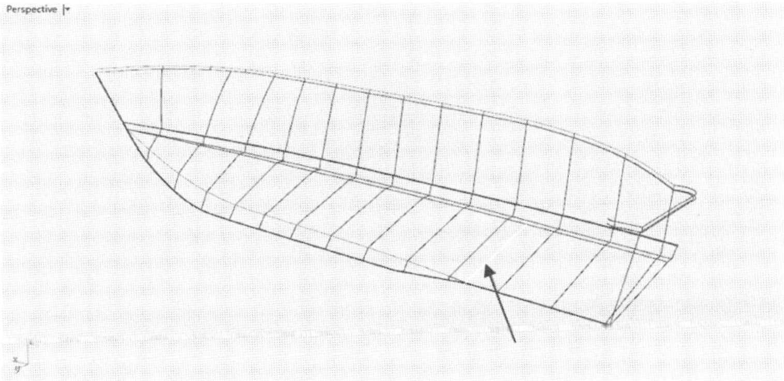

图 8－20　建立横向辅助线

21. 使用“双轨扫掠”工具分别建立两曲面，如图 8－21 所示。

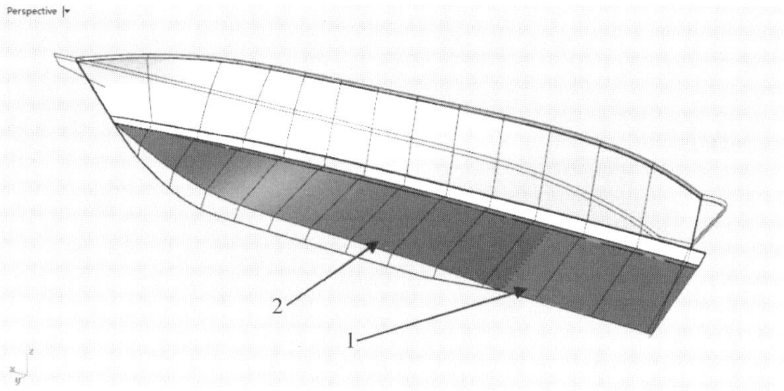

图 8－21　建立两曲面

22. 在龙骨底线折角位置建立横向辅助线，然后使用“双轨扫掠”工具建立两曲面，如图 8－22 所示。

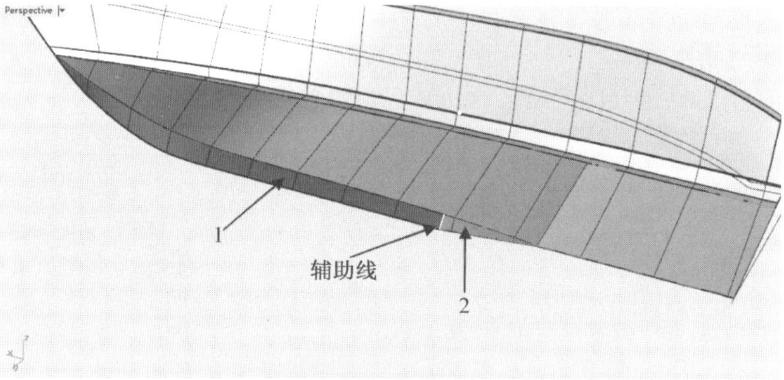

图 8－22　建立横向辅助线并建立两曲面

23. 将艉封板切割为图 8－23 所示外形，为下一步倒角做准备。

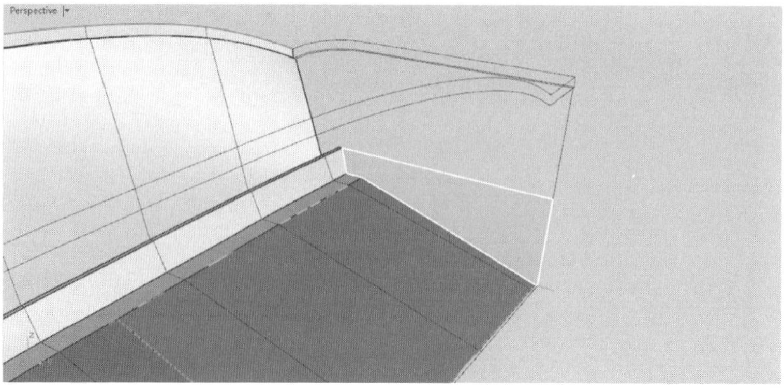

图 8－23　艉封板外形

24. 将图 8－24 所示三面组合，并对图中所示边缘进行倒角，倒角半径为 80 mm。

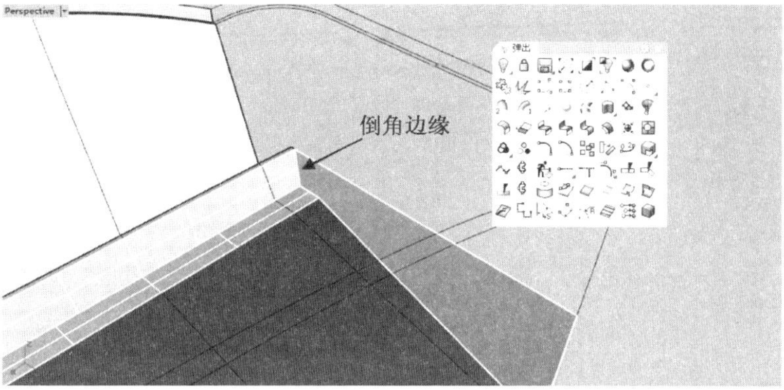

图 8－24 将曲面组合并倒角

25. 倒角后炸开曲面，延长生成的倒角，如图 8－25 所示。

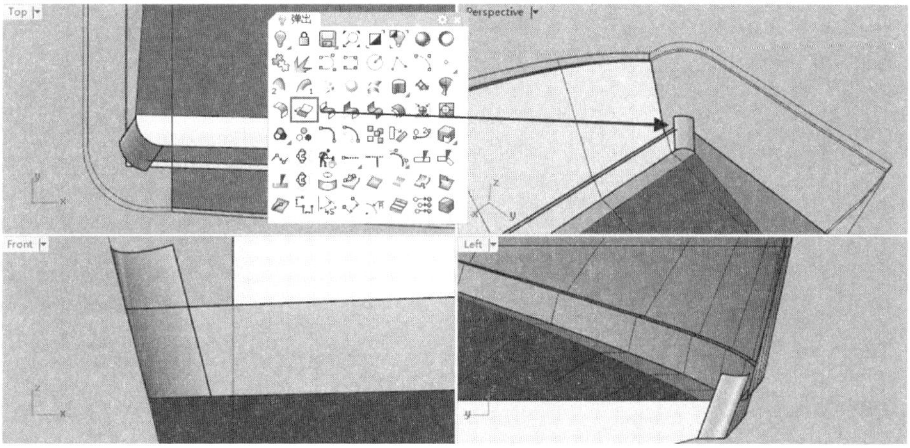

图 8－25 炸开曲面并延长生成的倒角

26. 使用上侧折角的高度对延伸的圆角进行切割，如图 8－26 所示。

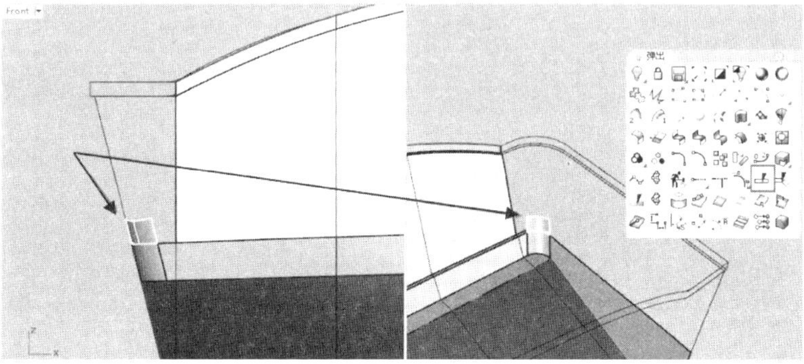

图 8－26 切割圆角

27. 以圆角后端为起点向上绘制上侧圆弧的切线，以圆角前端为起点将折角多余部分切除，如图 8－27 所示。

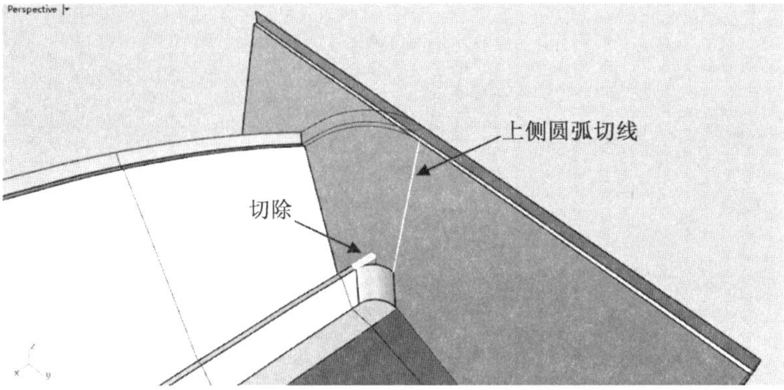

图 8－27　绘制切线并将折角多余部分切除

28. 将图 8－28 所示两线混接,生成折角圆弧。

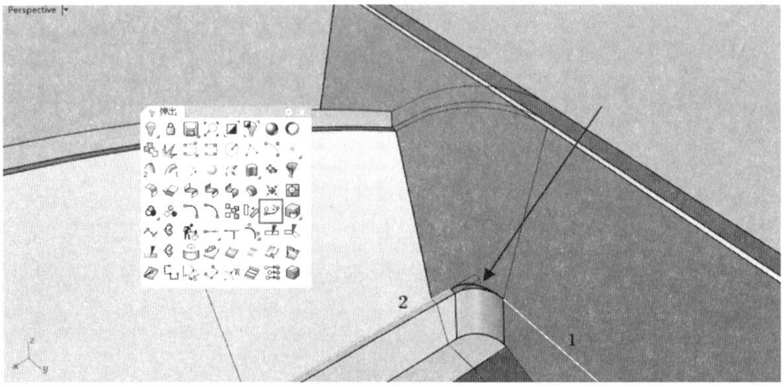

图 8－28　生成折角圆弧

29. 将艉封板按圆弧切线切割,如图 8－29 所示。

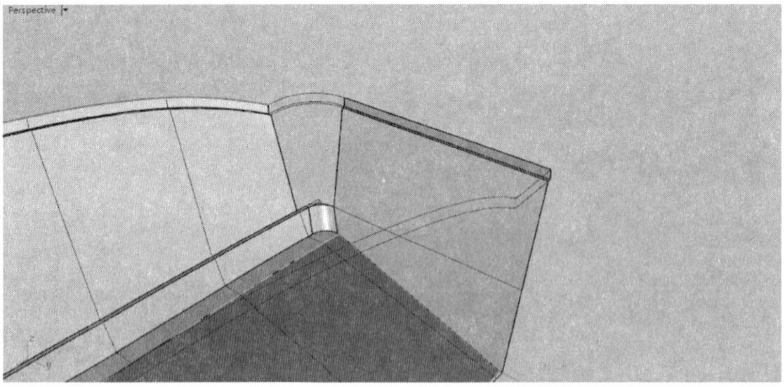

图 8－29　将艉封板按圆弧切线切割

30. 使用“从网格建立曲面”工具生成上侧圆弧,如图 8－30 所示。

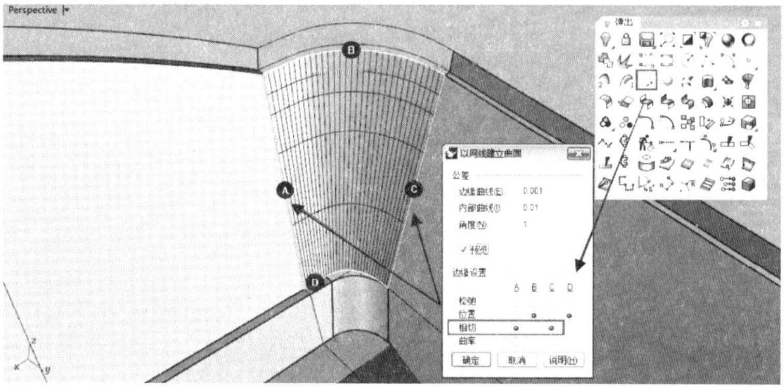

图 8-30　生成上侧圆弧

31. 放样、双轨,如图 8-31 所示。

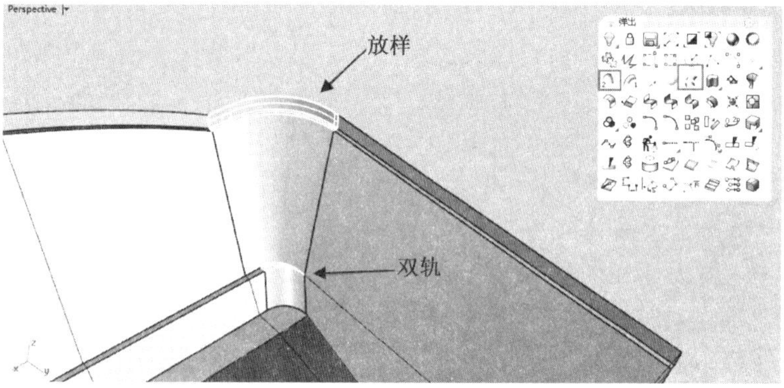

图 8-31　放样、双轨

32. 使用“从两个方向建立曲线”工具建立图示曲线,如图 8-32 所示。

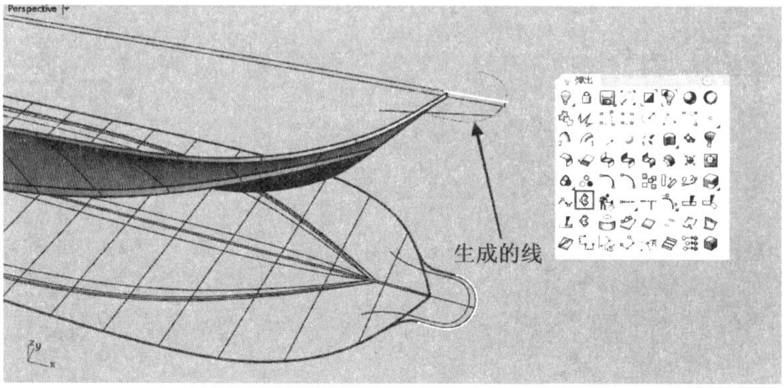

图 8-32　从两个方向建立曲线

33. 同样使用“从两个方向建立曲线”工具建立该位置其他曲线,如图 8-33 所示。

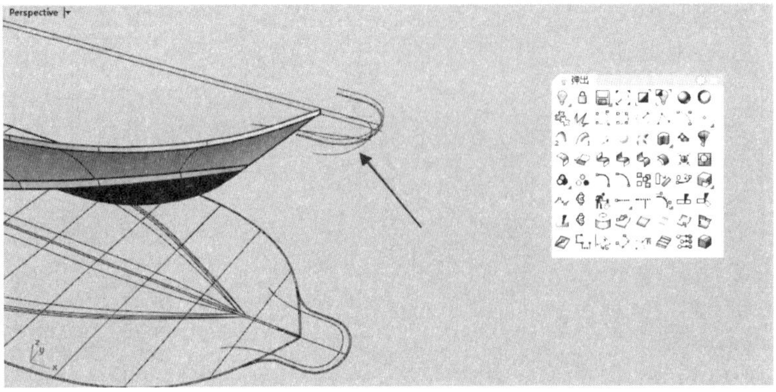

图 8－33　建立其他曲线

34. 将生成的线与船体混接，如图 8－34 所示。

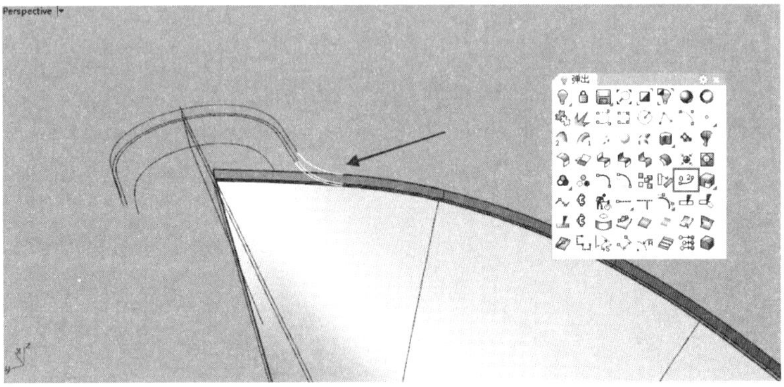

图 8－34　将生成的线与船体混接

35. 将造型底端的线投影至船体，然后将投影曲线和对应的三维曲线混接，如图 8－35 所示。

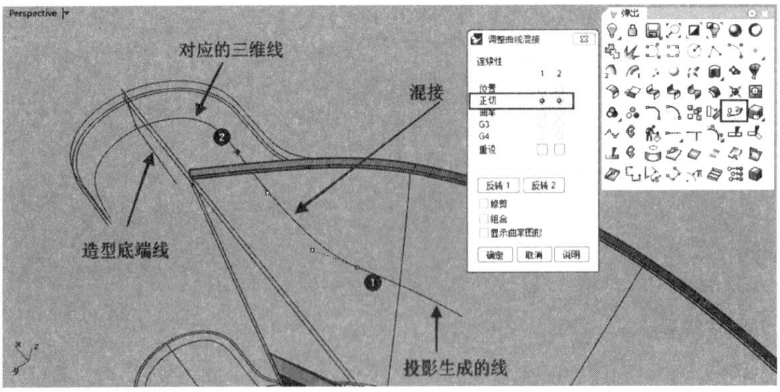

图 8－35　将投影曲线和对应的三维曲线混接

36. 连接图 8－36 所示两线，并将绘制的线垂直投影至船体，作为下一步双轨扫掠的截面线。

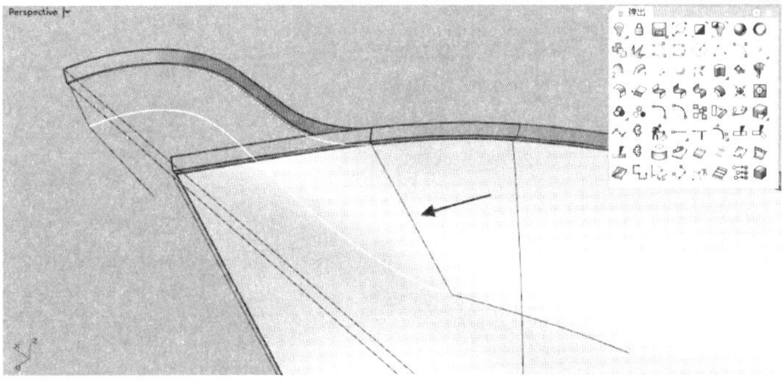

图 8－36　将曲线垂直投影至船体

37. 使用"双轨扫掠"工具建立曲面；挤出造型底端线（图 8－37），并修剪。

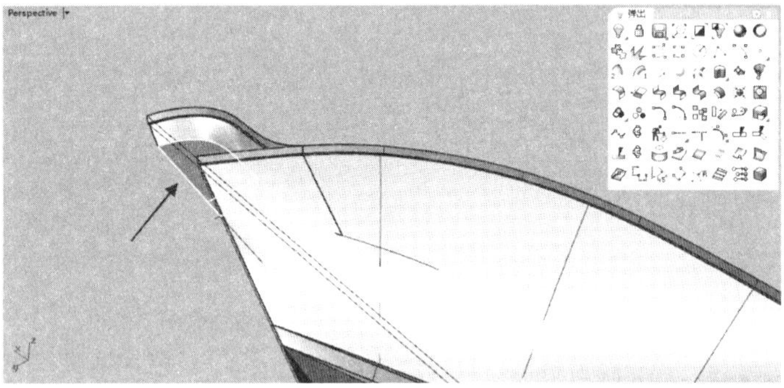

图 8－37　挤出造型底端线

38. 建模完成，如图 8－38 所示。

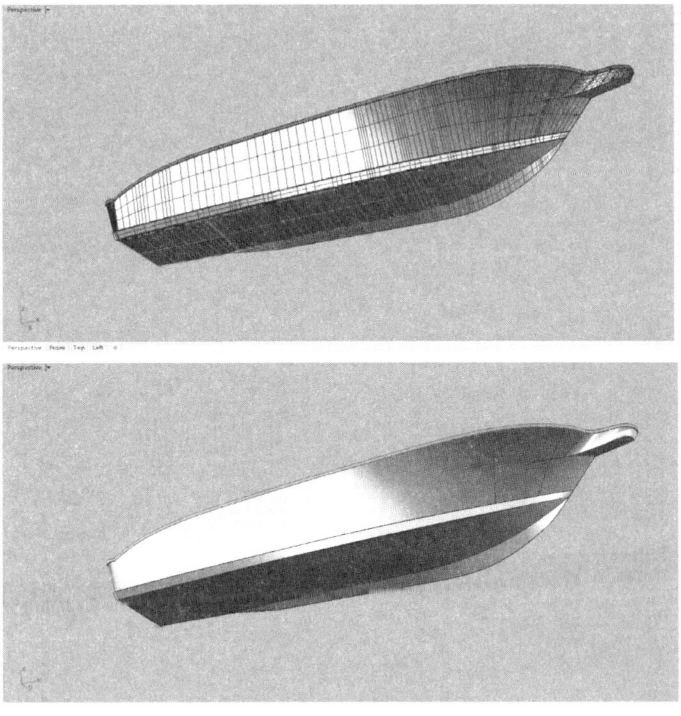

图 8－38　完成建模

任务 8.2 创建游艇上层建筑模型

1. 建模之前,应理顺建模思路。

2. 把目标游艇的三视图导入帧平面,并旋转至正确的角度,如图 8 - 39 所示。

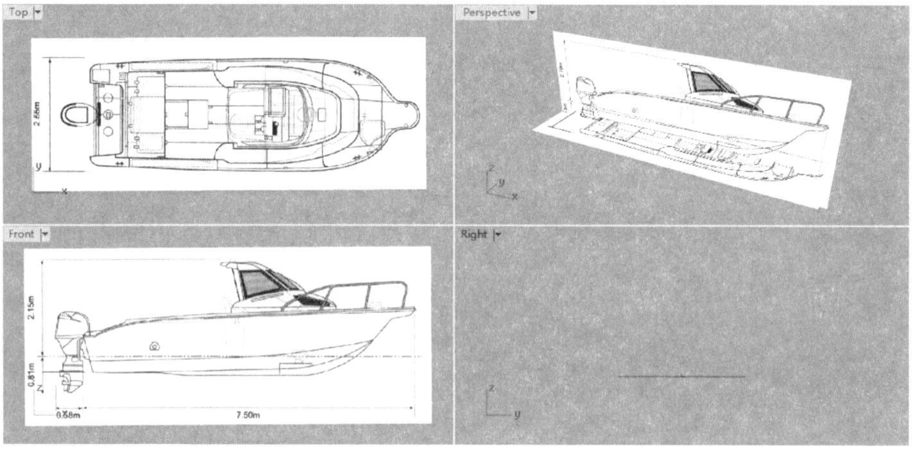

图 8 - 39 将游艇的三视图导入帧平面并旋转

3. 根据背景图片,完成上俯视图和前视图基本线条的绘制,如图 8 - 40 所示。

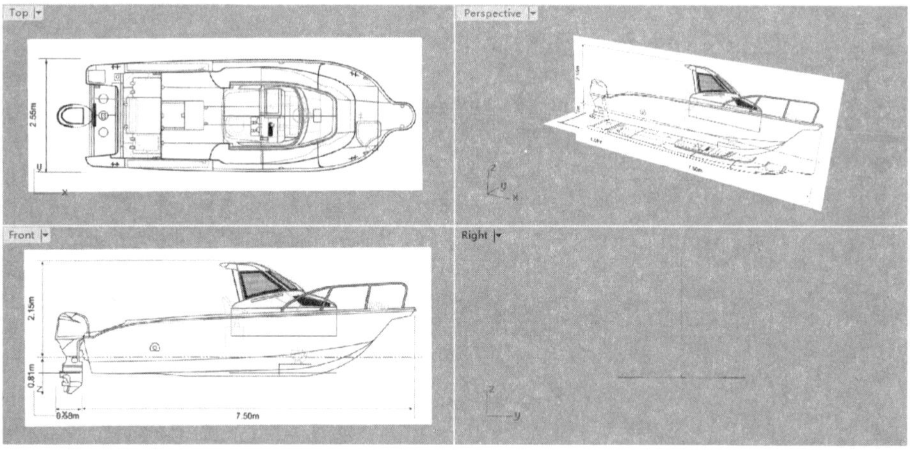

图 8 - 40 绘制基本线条

4. 直接将曲线 1 复制到曲线 2、曲线 3 所在位置,如图 8 - 41 所示。

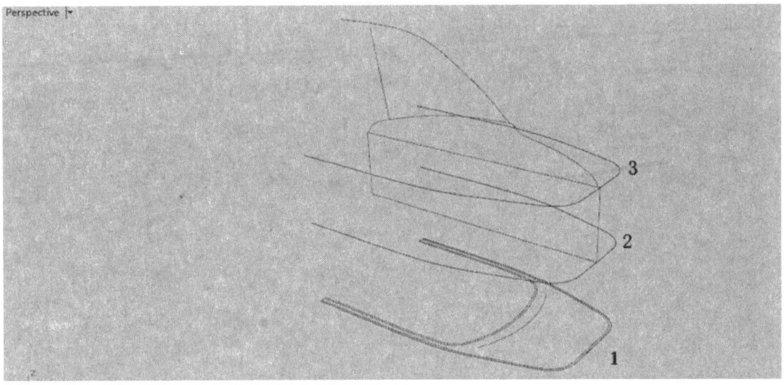

图 8－41　复制曲线 1

5. 直接将曲线 a 复制到曲线 b 所在位置，如图 8－42 所示。

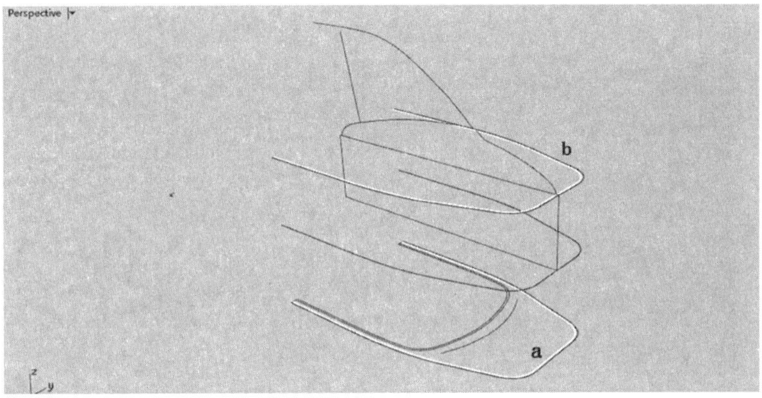

图 8－42　复制曲线 a

6. 直接将曲线 c 复制到曲线 d 所在位置，如图 8－43 所示。

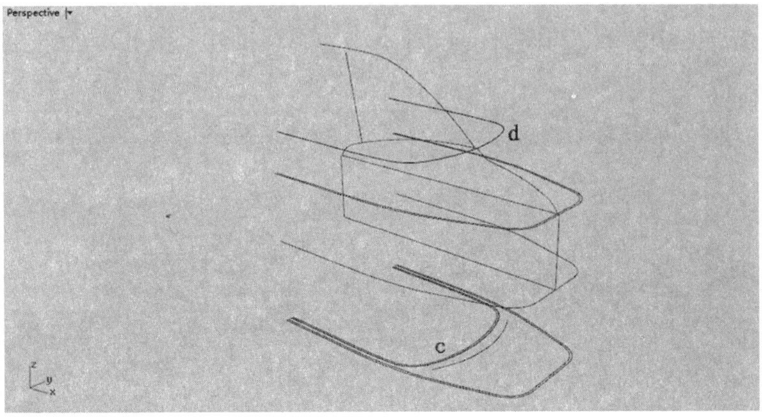

图 8－43　复制曲线 c

7. 直接将曲线 e 复制到曲线 f 所在位置，如图 8－44 所示。

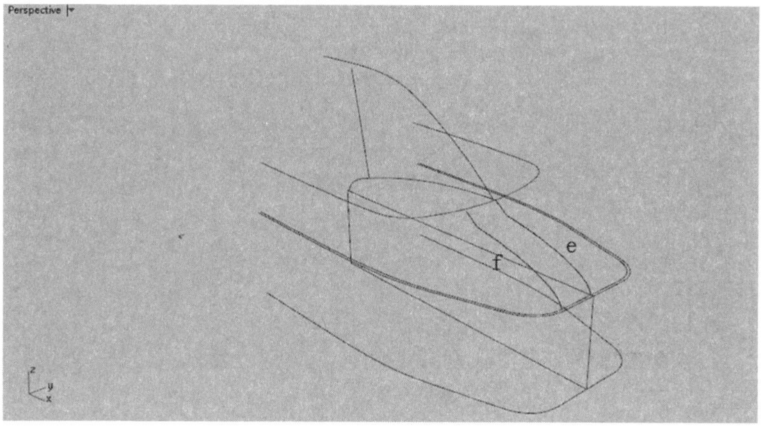

图 8－44　复制曲线 e

8. 使用“旋转”工具旋转曲线 f,使其方向在两个圆弧端点连线上,如图 8－45 所示。

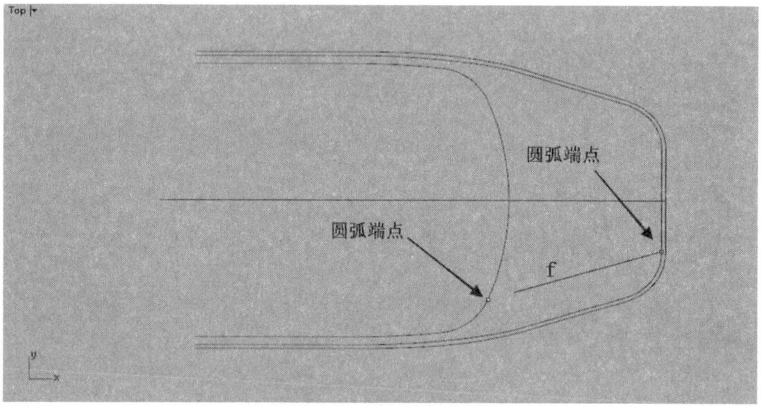

图 8－45　旋转曲线 f

9. 将曲线 f 上段移动至圆弧端点,并调节下段控制点,使其与上段连接,如图 8－46 所示。

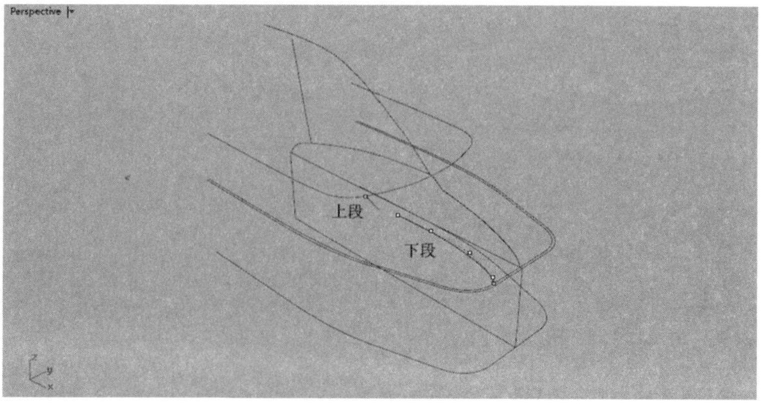

图 8 – 46　调整曲线 f

10. 如图 8 – 47 所示，移动曲线 f 至曲线 g 所在位置，同样将曲线 g 旋转至两圆弧端点的连线方向上；移动曲线 g 上段至圆弧端点，再将上、下段连接。

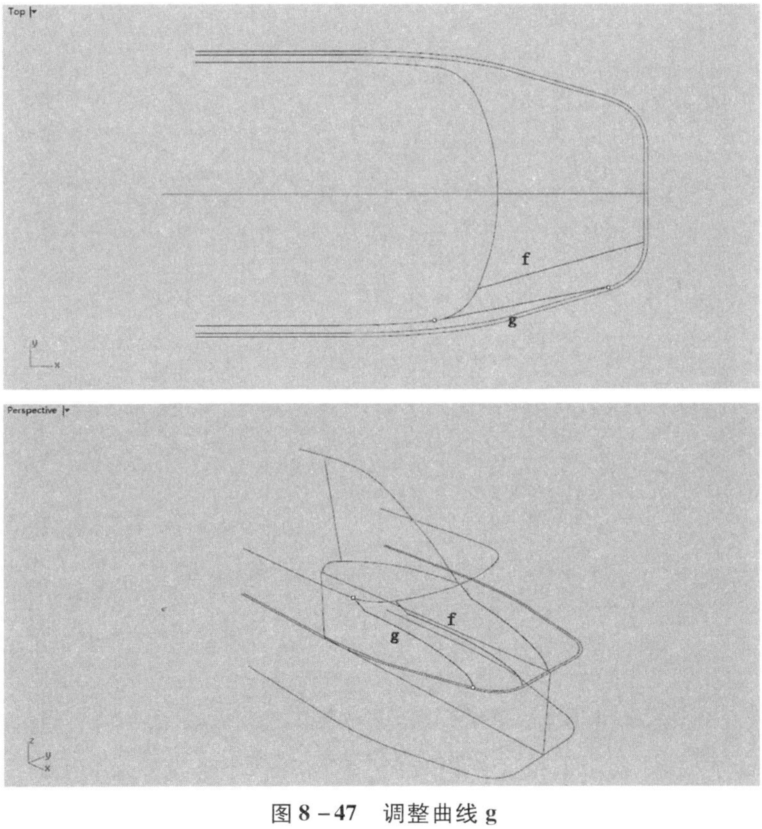

图 8 – 47　调整曲线 g

11. 将曲线 h 复制至曲线 i 所在位置，根据曲线 i 重新调节曲线 e、曲线 f、曲线 g 的折点位置，如图 8 – 48 所示。

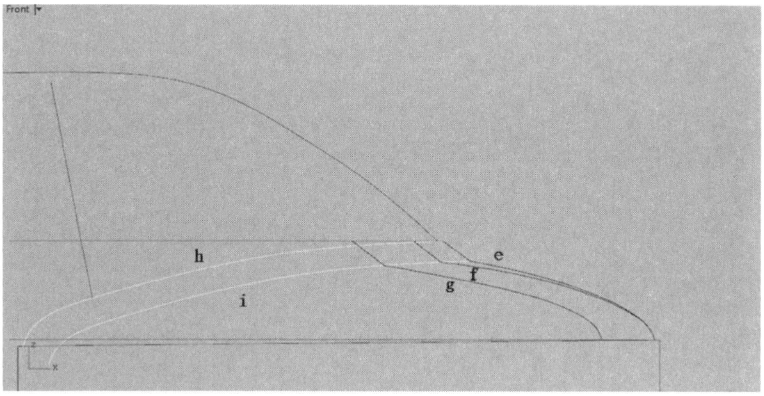

图 8 - 48 调整曲线折点位置

12. 将曲线 g 在折点位置切割出一个切口，并进行混接，如图 8 - 49 所示。

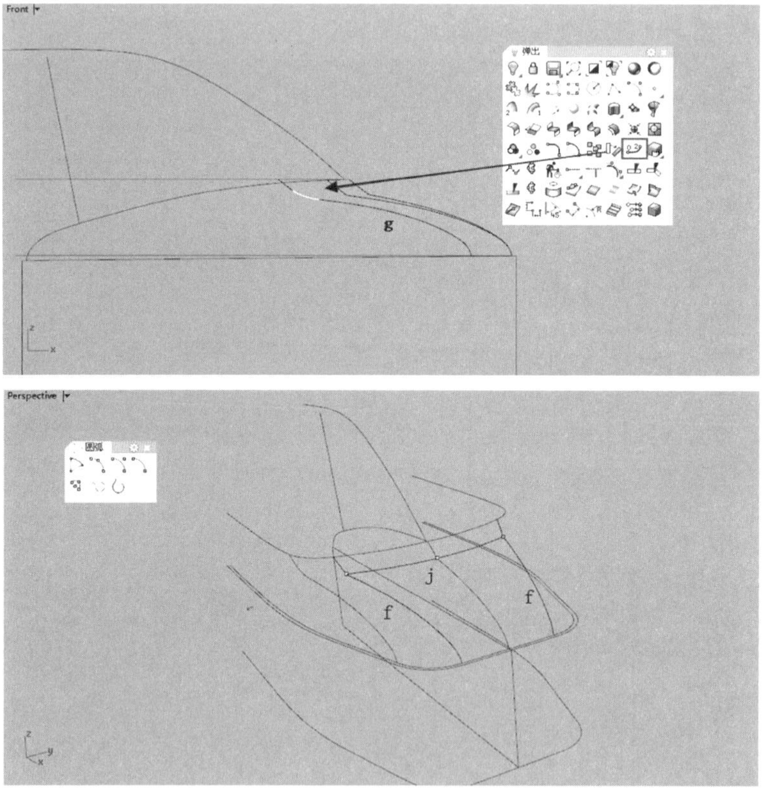

图 8 - 49 切割曲线并进行混接

13. 镜像曲线 f，然后使用“三点画弧”命令绘制曲线 j，至此完成了除上部以外的线条绘制。

14. 使用“放样”工具建立图示两曲面，如图 8 - 50 所示。

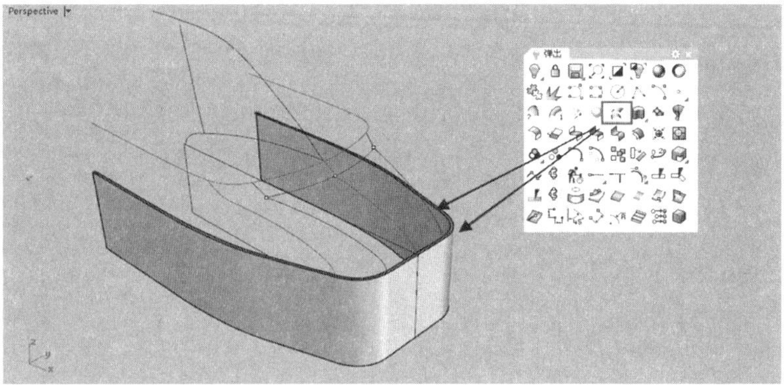

图 8－50　放样曲线

15. 使用“以网线建立曲面”工具建立图 8－51 所示两曲面。

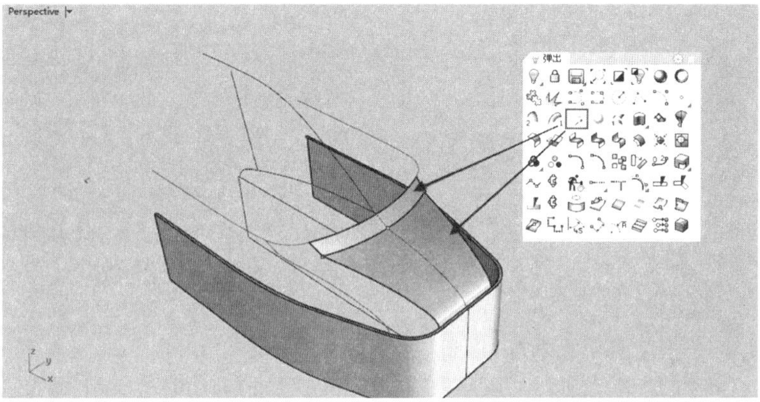

图 8－51　以网线建立曲面(1)

16. 建立辅助线(曲线 k 和曲线 l)，使用“双轨扫掠”工具建立曲面，如图 8－52 所示。

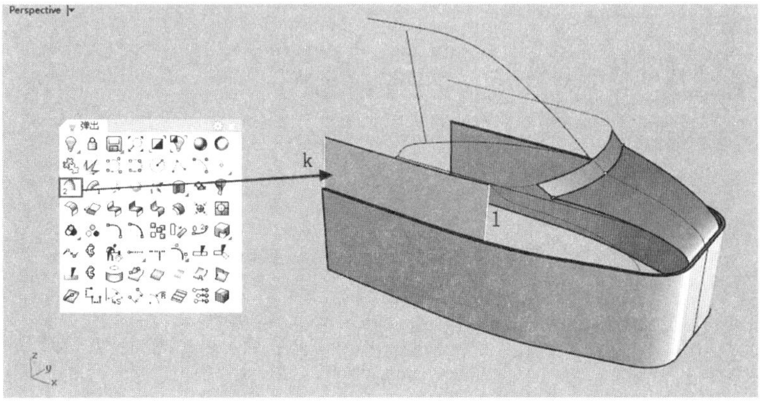

图 8－52　建立辅助线并建立曲面

17. 将曲线 m 复制到曲线 n 所在位置，并对曲线 n 与其后端的曲线 o 执行“衔接曲线”操作，如图 8－53 所示。

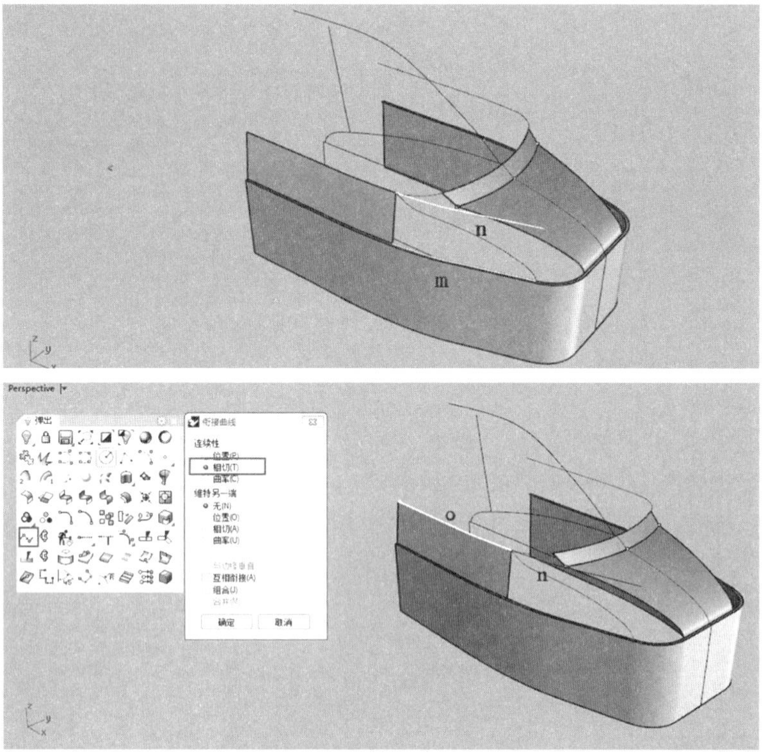

图 8-53　复制并衔接曲线

18. 使用“双轨扫掠”工具建立曲面，如图 8-54 所示。

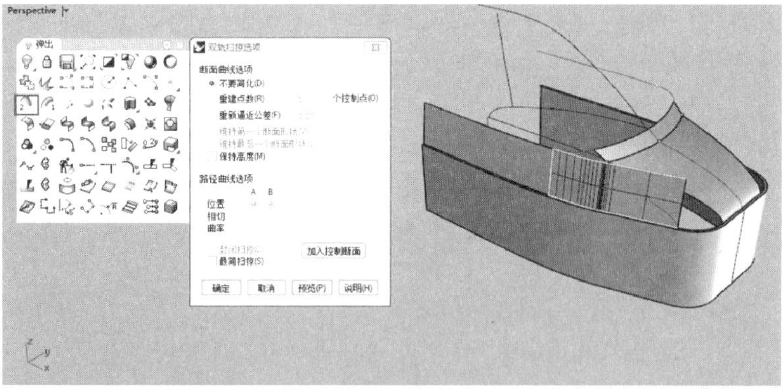

图 8-54　“双轨扫掠”建立曲面(1)

19. 在前视图中，使用曲线 f 分割曲面，如图 8-55 所示。

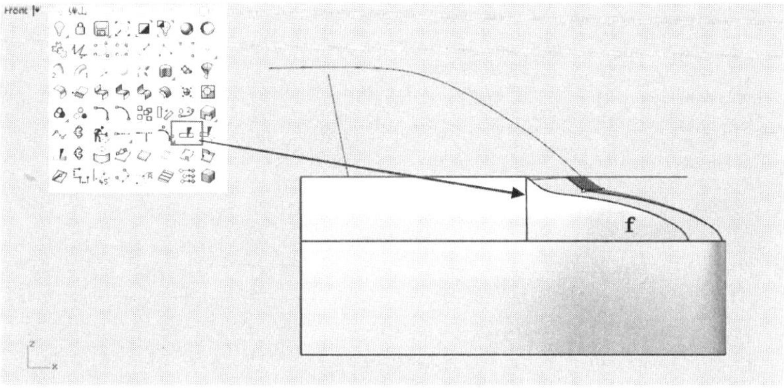

图 8－55　分割曲面

20. 在前视图上，使用“投影”命令将曲线 i 投影到被分割的曲面上，如图 8－56 所示。

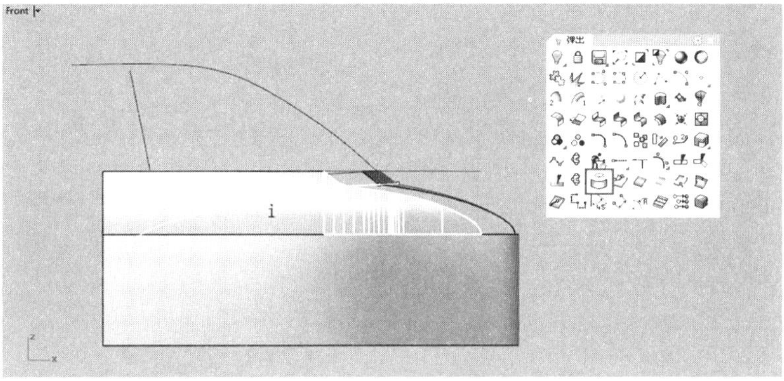

图 8－56　投影曲线

21. 使用“混接”工具将投影产生的曲线 p 与曲线 j 进行混接，如图 8－57 所示。

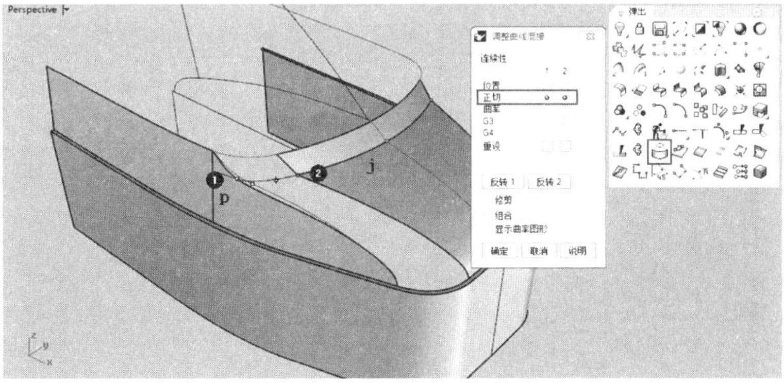

图 8－57　混接曲线(1)

22. 使用“双轨扫掠”工具建立曲面，如图 8－58 所示。

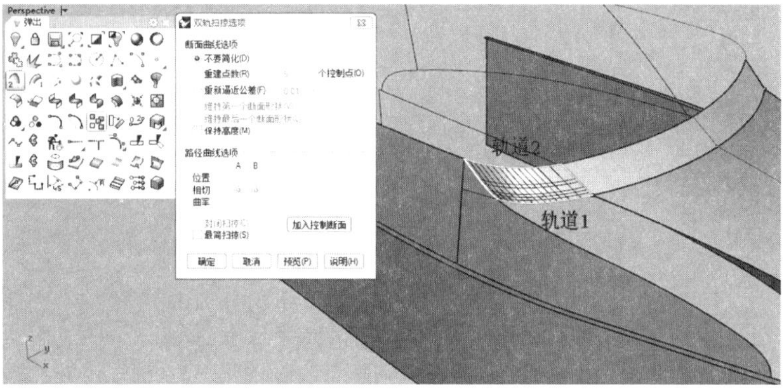

图 8－58 “双轨扫掠”建立曲面(2)

23. 建立三条辅助线,并使用“投影”工具将其投影至图 8－59 所示的面上。

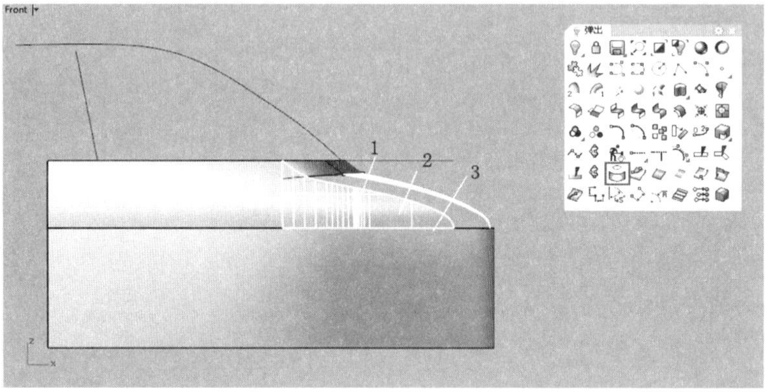

图 8－59 建立辅助线并进行投影

24. 将投影生成的曲线混接,如图 8－60 所示。

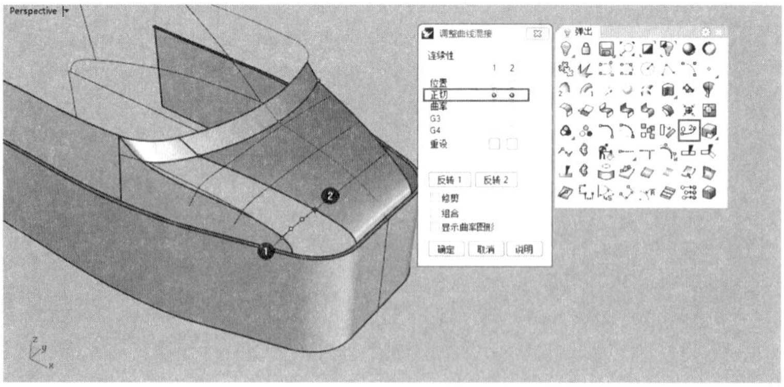

图 8－60 混接曲线(2)

25. 使用“双轨扫掠”工具生成图 8－61 所示曲面。

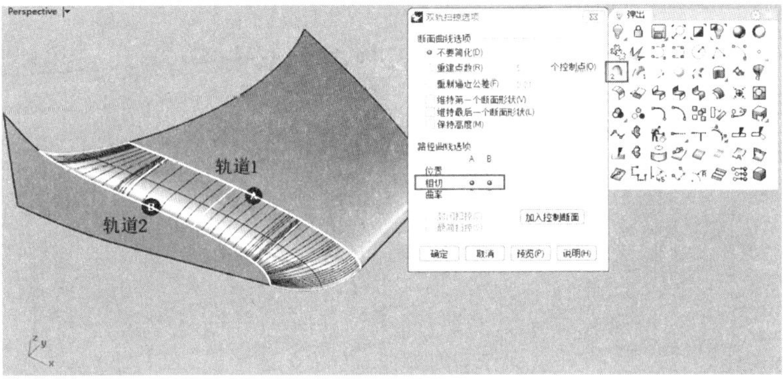

图 8－61　双轨成型

26. 切割掉生成曲面的下端变形部分，使用“以网线建立曲面”工具进行补面，如图 8－62 所示。

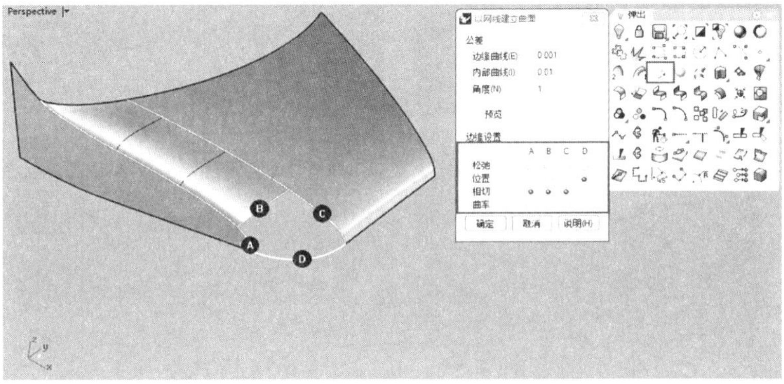

图 8－62　补面

27. 对图 8－63 所示两面进行倒角，倒角半径为 100 mm。

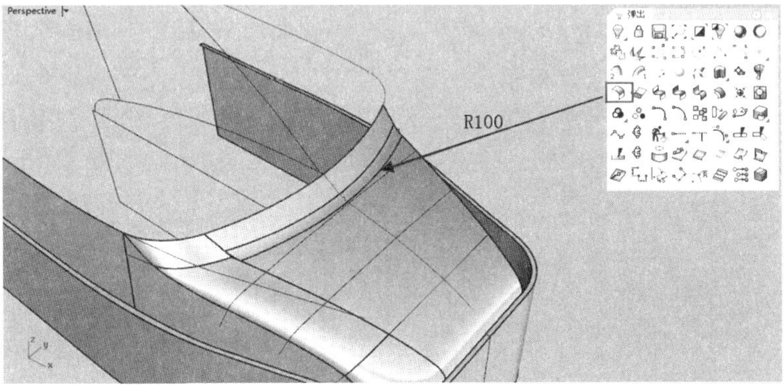

图 8－63　对曲面进行倒角

28. 平滑延伸倒角生成的两边缘，并用延伸的边缘切割外侧两曲面，如图 8－64 所示。

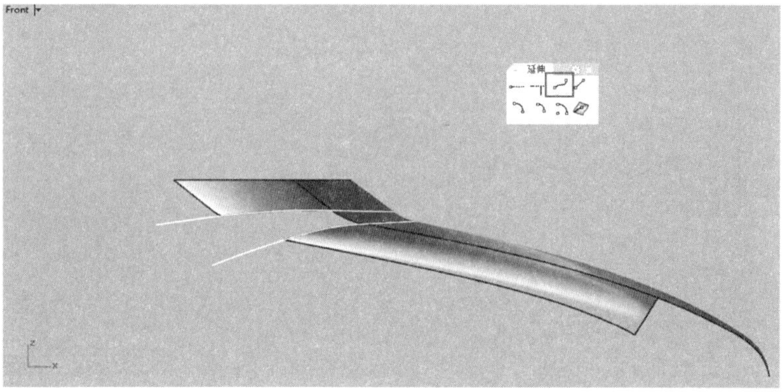

图 8－64　平滑延伸边缘并进行切割

29. 使用“以网线建立曲面”工具建立图 8－65 所示曲面。

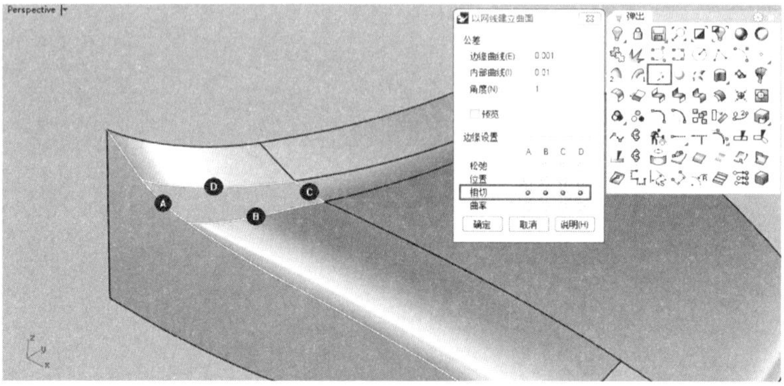

图 8－65　以网线建立曲面(2)

30. 以上即完成游艇上层建筑下部分的建模。
31. 理顺游艇上层建筑上部分建模思路。
32. 将曲线 d 向内偏移至曲线 q 的下端点，得到曲线 r，如图 8－66 所示。

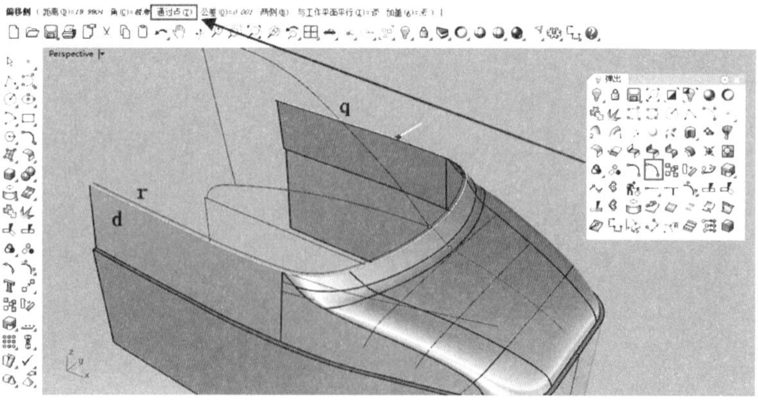

图 8－66　偏移曲线 d

33. 复制曲线 q 至图 8－67 所示圆弧切点，得到曲线 s。

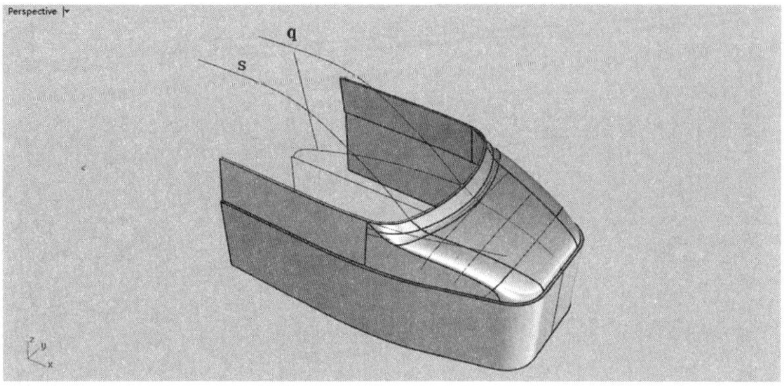

图 8－67　复制曲线 q

34. 打开曲线 s 控制点，在前视图中将其调整至图 8－68 所示形状，以使驾驶室顶呈现一定圆拱。

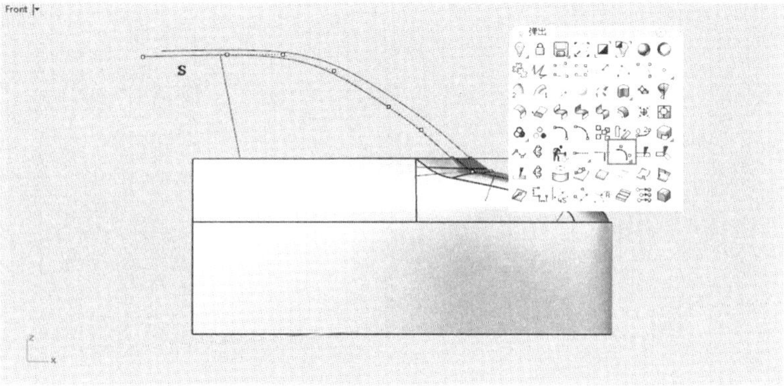

图 8－68　调整曲线 s

35. 剪切曲线 s 后侧多余部分，并将曲线 s 镜像至另一侧，如图 8－69 所示。

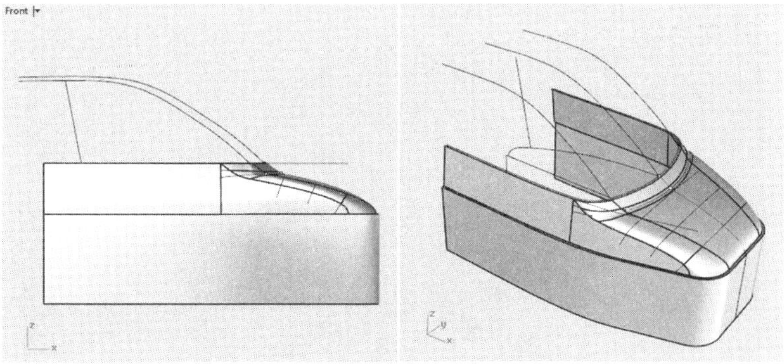

图 8－69　剪切曲线 s 并进行镜像

36. 使用“圆弧”命令绘制曲线 t，如图 8－70 所示。

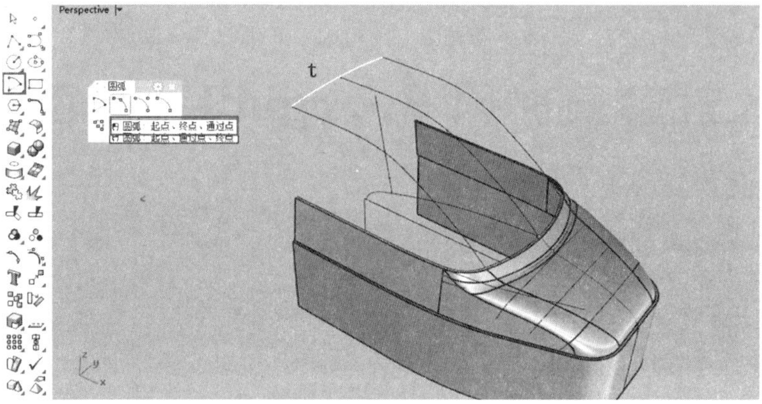

图 8－70　绘制曲线 t

37. 以网线建立曲面，如图 8－71 所示。

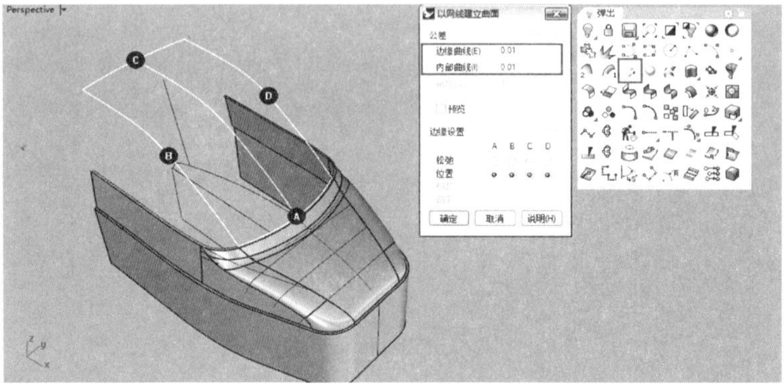

图 8－71　以网线建立曲线(3)

38. 复制曲线 s 至圆弧另一端点，得到曲线 u，如图 8－72 所示。

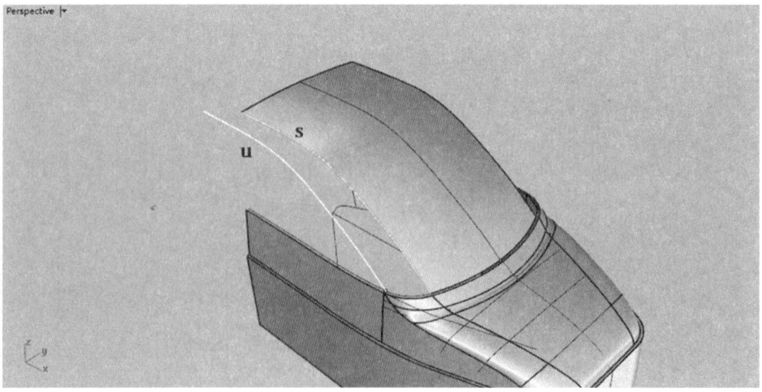

图 8－72　复制曲线 s 得到曲线 u

39. 切割曲线 u 后侧多余部分，并调节控制点，如图 8－73 所示。

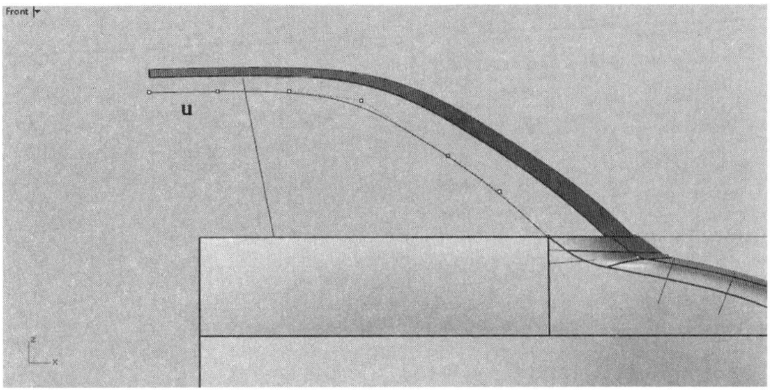

图 8－73　切割曲线 u 并调节控制点

40. 绘制曲线 v，并使用“双轨扫掠”工具建面，如图 8－74 所示。

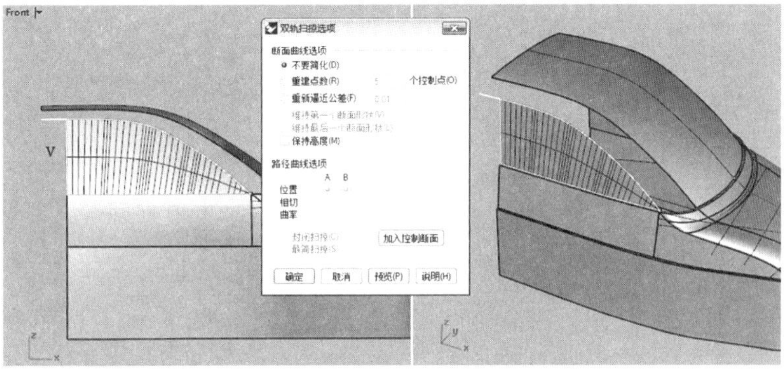

图 8－74　“双轨扫掠”建面

41. 延长曲线 v，并将其投影到顶面，得到曲线 w，然后使用“调整曲线混接”工具混接曲线 v 和曲线 w，得到曲线 x，如图 8－75 所示。

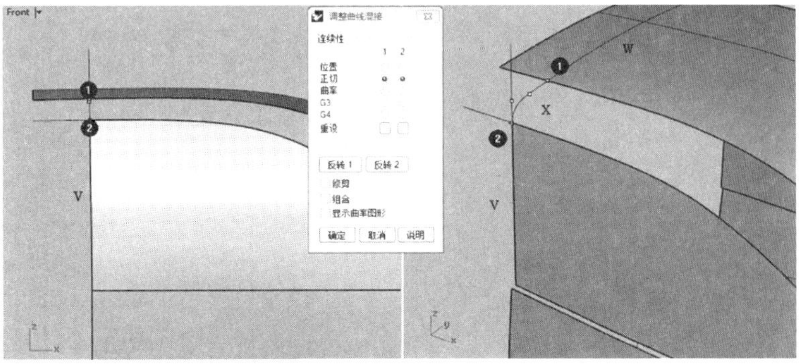

图 8－75　投影、混接曲线

42. 使用“以网线建立曲面”工具建立图 8－76 所示曲面。

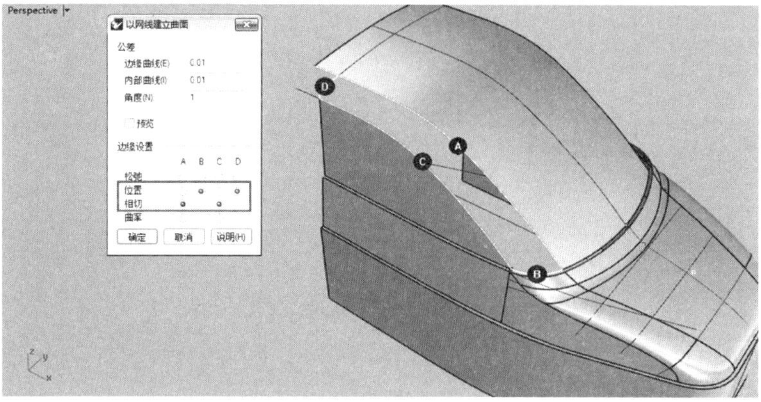

图 8－76 网格建面

43. 使用根据帧平面绘制的后侧轮廓线切割曲面，如图 8－77 所示。

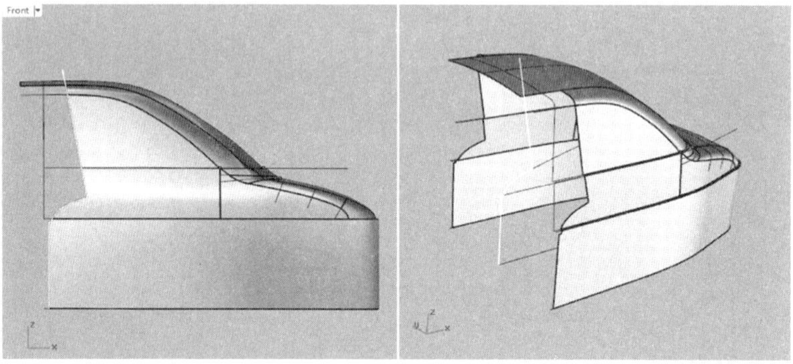

图 8－77 切割曲面

44. 根据顶盖圆弧形状将顶盖切割，如图 8－78 所示。

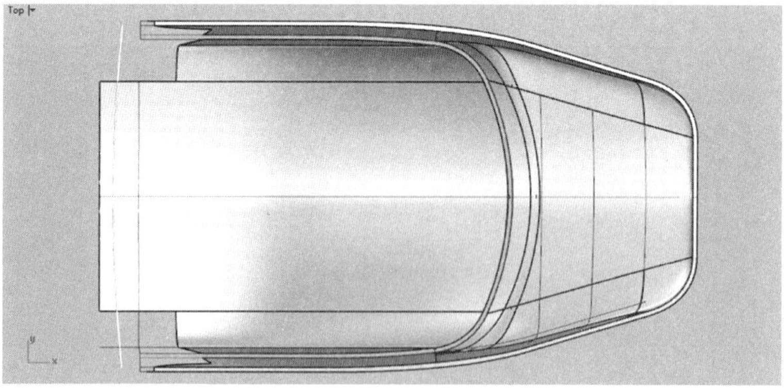

图 8－78 切割顶盖

45. 根据顶盖尾部切点位置，混接出图 8－79 所示曲线。

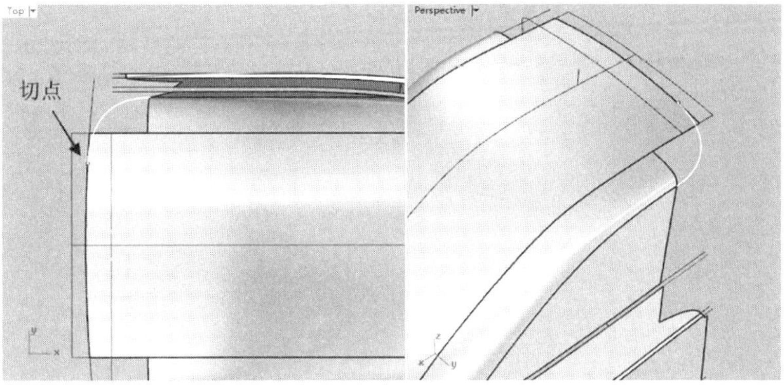

图 8－79　混接曲线

46. 使用“双轨扫掠”工具补出图 8－80 所示曲面。

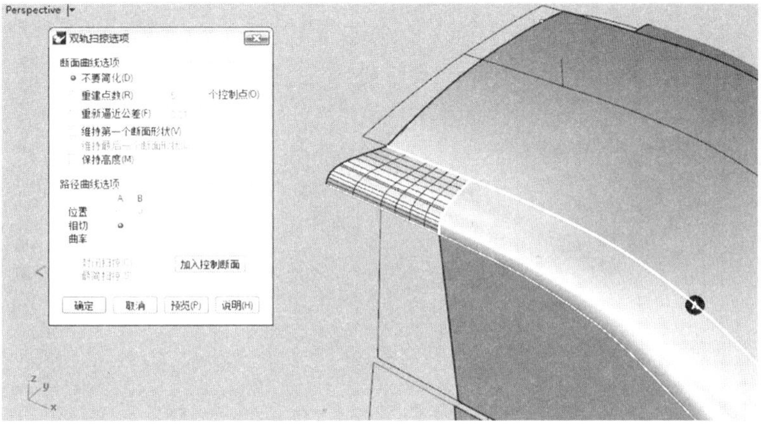

图 8－80　补出曲面

47. 将顶盖及后补的顶面切割，完成游艇上层建筑建模，如图 8－81 所示。

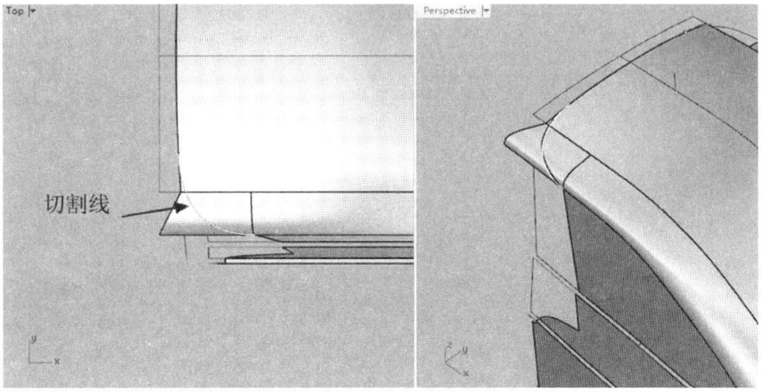

图 8－81　完成上层建筑建模